干部 *应知应会* 法律知识精讲系列

封丽霞 / 总主编

国家安全法律
知识精讲

孙东方　张　彤　王怡坤 / 著

中央党校出版集团
国家行政学院出版社
NATIONAL ACADEMY OF GOVERNANCE PRESS

图书在版编目（CIP）数据

国家安全法律知识精讲/孙东方，张彤，王怡坤著
. -- 北京：国家行政学院出版社，2024.7
ISBN 978-7-5150-2911-5

Ⅰ.①国… Ⅱ.①孙… ②张… ③王… Ⅲ.①国家安全法－中国－学习参考资料 Ⅳ.① D922.144

中国国家版本馆 CIP 数据核字 (2024) 第 096691 号

书　　名	国家安全法律知识精讲
	GUOJIA ANQUAN FALÜ ZHISHI JINGJIANG
作　　者	孙东方　张　彤　王怡坤　著
统筹策划	刘韫劼
责任编辑	李　东
责任校对	许海利
责任印制	吴　霞
出版发行	国家行政学院出版社
	（北京市海淀区长春桥路6号　100089）
综 合 办	（010）68928887
发 行 部	（010）68928866
经　　销	新华书店
印　　刷	北京盛通印刷股份有限公司
版　　次	2024年7月北京第1版
印　　次	2024年7月北京第1次印刷
开　　本	170毫米×240毫米　16开
印　　张	20.5
字　　数	240千字
定　　价	64.00元

本书如有印装质量问题，可随时调换，联系电话：（010）68929022

序言

做尊法学法守法用法的模范

为深入贯彻落实习近平法治思想，依据《法治中国建设规划（2020—2025年）》等要求，中央办公厅、国务院办公厅联合印发《关于建立领导干部应知应会党内法规和国家法律清单制度的意见》，对领导干部应知应会党规国法的重点内容进行明确，突出强调领导干部作为全面依法治国的"关键少数"在法治社会建设中的示范带头作用。这对于推动领导干部自觉遵守党规国法、提升运用法治思维履职尽责能力，督促领导干部严于律己、严负其责、严管所辖将产生积极深刻的影响与裨益。

学法懂法是守法用法的基础和前置环节，也应作为领导干部履职从政的必修课。仅有简单的直觉产生不了法治意识，更不可能具有科学性质的法治思维。法律知识是各级领导干部知识体系中的基础内容。这是因为，领导干部具体行使党的执政权和国家立法权、行政权、监察权、司法权。如果不了解国家法律"应知应会"的一般性知识，就根本谈不上依法用权和正确履职，也谈不上运用法治思维和法治方式去化解经济发展和社会治理中的各种难题。

现实当中，尽管依法治国早已被确定为党治国理政的基本方式，但还有一些领导干部仍然不学法、不懂法，甚至是不屑学法，有的连基本法律常识都不知道。习近平总书记指出:"在那些违法乱纪、胡作非为的领导干部中,相当多的人是长期不学法、不懂法。许多腐败分子在其忏悔录中都谈到,不知法是自己走向腐败深渊的一个重要原因。各级领导干部或多或少都学过一些法律知识,但同全面推进依法治国的要求相比,还很不够,必须加强学习,打牢依法办事的理论基础和知识基础。要系统学习中国特色社会主义法治理论,准确把握我们党处理法治问题的基本立场。"习近平总书记还强调:"法律规定白纸黑字摆在那儿,要多学学、多看看,心中高悬法律的明镜,手中紧握法律的戒尺,知晓为官做事的尺度。法律是行使权力的依据,只有把这个依据掌握住了,才能正确开展工作。"

显然,各级领导干部要真正做到"法无授权不可为"和"法定职责必须为",就要求领导干部知道有哪些法定职责,哪些可为,哪些不可为,弄明白党内法规和国家法律规定怎么用权,什么事能干、什么事不能干,心中高悬法律法规的明镜,手中紧握法律法规的戒尺,知晓为官做事的尺度,而这些必须通过学法的过程来获得。为此,领导干部必须养成经常"充电"、常规化学习法律知识的习惯,把学习应知应会的党内法规和国家法律作为履职从政的必修课,把学习法律法规作为学习的"新常态",真正做到先学一步、先学再干。只有掌握了基本的法律法规知识,才能在脑子里绷紧法律底线这根"弦",才能把宏观抽象的依法治国转变为具体的法治思维和行为方式,才能真正养成依法用权和依法办事的行动自觉。

中央办公厅、国务院办公厅《关于建立领导干部应知应会党内法规和国家法律清单制度的意见》列明了领导干部应当掌握的最基本的国家法律,主要包括认真学习宪法、总体国家安全观和国家安全法、推动高质量发展相关法律、民法典、刑法和公职人员政务处分法、行政法律以及与履职密切相关的其他法律。

第一，宪法是领导干部要认真学习的。宪法是国家的"母法"和根本大法，是法律体系之统帅，具有最高的法律地位、法律效力和法律权威。关于领导干部学习宪法的必要性，习近平总书记专门指出，我们就是在不折不扣贯彻着以宪法为核心的依宪治国、依宪执政，我们依据的是中华人民共和国宪法。每个党政组织、每个领导干部必须服从和遵守宪法法律。因此，作为维护宪法权威和保证宪法实施的最直接责任者，各级党政机关尤其是党政主要领导干部务必学好宪法、学懂宪法、学透宪法。

第二，学习总体国家安全观和国家安全法。国家安全是中华民族复兴的根基，也是推进党和国家各项工作的前提。通过学习保守国家秘密法、网络安全法、生物安全法、突发事件应对法、反恐怖主义法、反间谍法、数据安全法等法律制度，领导干部要增强国家安全意识和素养，统筹发展与安全，提高运用法律武器防范化解重大风险的能力，增强依法斗争本领，把维护国家安全贯彻到党和国家工作的各个方面和全部过程。

第三，学习高质量发展相关法律。高质量发展是全面建设社会主义现代化国家的首要任务，也是当前各地区各部门的工作中心。与之相关的法律主要包括循环经济促进法、乡村振兴促进法、预算法、科学技术进步法、中小企业促进法、外商投资法等，以及与建设现代化产业体系、优化营商环境、全面推进乡村振兴、推进高水平对外开放、实施科教兴国战略、推动绿色发展等相关的法律。通过这方面法律知识的学习，领导干部要坚定以法治为引领推动经济高质量发展的信心与自觉，依法保护民营产权和企业家权益，依法规范和引导资本健康发展，营造市场化、法治化、国际化一流营商环境。

第四，学习民法典。民法典是新中国成立以来我国第一部以法典命名的法律，在中国特色社会主义法律体系中具有重要地位，是一部固根本、稳预期、利长远的基础性法律。民法典颁布之后，中共中央政治局专门就"切实实施民法典"进行集体学习。习近平总书记要求，各级领导干部要做学习、遵守、维护民法典的表率，提高运用民法典维护人民权益、化解矛盾纠纷、促进社会和谐稳定能力和水平。领导干部学习民法典，才能了解政府在维护人民生命健康、财产安全、交易便利、生活幸福、人格尊严等方面的法定职责，更好保障人民合法权益。

第五，学习刑法和公职人员政务处分法。刑法是关于犯罪与刑罚的规范性文件的总称，专门规定犯罪的构成要件、罪名以及刑罚的主要种类。一方面，通过学习刑法，领导干部能够了解和掌握罪刑法定、平等适用、罪责刑相适应等刑法的基本原则，在实践当中既要依法打击犯罪又要依法保障人权。另一方面，学习关于国家工作人员职务犯罪、单位犯罪等方面的刑法规定及公职人员政务处分法，有助于领导干部树立底线思维，不触碰法律红线。

第六，学习行政法。行政法的价值首先在于"限权"，即把公权力关进法律法规所铸就的制度之笼，借此来保证各项权力在法治的轨道上运行。行政法的另一重大价值在于"保民"，即以法律形式规定政府的权限范围，要求政府"法无授权不可为""法定职责必须为"。领导干部应当学习行政诉讼法、行政强制法、行政复议法、行政处罚法、行政许可法、国家赔偿法、公务员法等，从而有效规范行政许可、行政处罚、行政强制、行政裁决等活动，提高依法决策、依法用权的能力。

为落实中央办公厅、国务院办公厅《关于建立领导干部应知应会党内法规和国家法律清单制度的意见》，提高领导干部学习应知应会国家法律的精准性、科学性、系统性、实效性，中央党校（国家行政学院）政治和法律教研部策划并组织撰写了这套"干部应知应会法律知识精讲系列"丛书。本丛书以广大领导干部为主要阅读对象，紧贴领导干部的工作需要，力求集理论性、实践性、可读性于一体。希望这套丛书对于领导干部学习掌握应知应会国家法律，认真践行习近平法治思想有所启发和帮助。

封丽霞
2024年5月

前言
PREFACE

法是维护国家安全之重器。党的十八大以来，中国特色社会主义进入了新时代。面对国家安全的新形势新特点新要求，以习近平同志为核心的党中央，高度重视国家安全法治建设，构建国家安全法律制度体系，提高国家安全法治化水平，为维护和塑造中国特色国家安全筑牢了法治保障。2023年8月，中共中央办公厅、国务院办公厅印发了《关于建立领导干部应知应会党内法规和国家法律清单制度的意见》，要求领导干部带头尊规学规守规用规，带头尊法学法守法用法，认真学习总体国家安全观和国家安全法。鉴于此，我们撰写了领导干部应知应会的《国家安全法律知识精讲》。

本书分为十二讲。第一讲国家安全法律概说对国家安全法律涉及的基本概念、国家安全法律的主要内容及学习国家安全法律的重要意义进行了阐述，第二讲国家安全法、第三讲保密法、第四讲网络安全法、第五讲生物安全法、第六讲突发事件应对法、第七讲反恐怖主义法、第八讲反间谍法、第九讲数据安全法、第十讲境外非政府组织境内活动管理法、第十一讲香港国安法、第十二讲个人信息保护法，按照"法律概述－法律知识要点－常见法律问题"的逻辑展开，分别从立法或修法背景和过程、立法理念、立法的目的任务、知识要点以及常见法律问题等方面，进行了梳理和讲解。

本书坚持以习近平新时代中国特色社会主义思想为指导，深入学习贯彻习近平法治思想和总体国家安全观，抓住领导干部这个"关键少数"，以增强法治观念、提升法治思维能力、遵守党规国法为目标，建立健全领导干部应知应会党内法规和国家法律清单制度，推动领导干部深刻领悟"两个确立"的决定性意义，做到"两个维护"。坚持宪法法律至上的理念，坚决捍卫宪法和国家安全相关法律的权威和尊严。坚持统筹发展和安全，提高领导干部运用法律武器防范化解重大风险的能力，增强依法斗争本领。坚持运用法治思维和法治方式维护国家安全，强化法治在保护群众权益、调处利益关系、化解社会矛盾中的权威地位，不断提高社会治理的法治化水平。坚持社会主义法治原则，坚决支持国家安全相关机构依法行使职权，齐心协力开创国家安全工作新局面。

本书由孙东方、张彤、王怡坤共同完成。孙东方撰写导论、第一讲、第二讲、第四讲。张彤撰写第五讲、第六讲、第七讲、第九讲、第十讲。王怡坤撰写第三讲、第八讲、第十一讲。孙东方负责全书提纲拟定和统稿。中央党校出版集团国家行政学院出版社的编辑老师对书稿进行了细致审读、调整和编辑，对他们的辛苦付出和所作贡献一并感谢！

目 录
CONTENTS

第一讲　国家安全法律概说

一　国家安全法律涉及的基本概念　/ 002

二　国家安全法律的主要内容　/ 007

三　学习国家安全法律的重要意义　/ 009

第二讲　国家安全法

一　法律概述　/ 016

二　法律知识要点　/ 022

三　常见法律问题　/ 035

第三讲　保密法

一　法律概述　/ 042

二　法律知识要点　/ 048

三　常见法律问题　/ 062

第四讲 网络安全法

一 法律概述 / 070

二 法律知识要点 / 073

三 常见法律问题 / 088

第五讲 生物安全法

一 法律概述 / 094

二 法律知识要点 / 101

三 常见法律问题 / 110

第六讲 突发事件应对法

一 法律概述 / 118

二 法律知识要点 / 124

三 常见法律问题 / 147

第七讲 反恐怖主义法

一 法律概述 / 154

二 法律知识要点 / 157

三 常见法律问题 / 182

目录

第八讲　反间谍法

一　法律概述　/ 188

二　法律知识要点　/ 195

三　常见法律问题　/ 210

第九讲　数据安全法

一　法律概述　/ 220

二　法律知识要点　/ 223

三　常见法律问题　/ 237

第十讲　境外非政府组织境内活动管理法

一　法律概述　/ 242

二　法律知识要点　/ 246

三　常见法律问题　/ 259

第十一讲　香港国安法

一　法律概述　/ 266

二　法律知识要点　/ 273

三　焦点案例：全国人大常委会就黎智英案对香港国安法进行释法　/ 289

第十二讲　个人信息保护法

一　法律概述　/ 296

二　法律知识要点　/ 299

三　常见法律问题　/ 309

国家安全法律概说

第一讲
CHAPTER 1

法律是治国之重器，法治是国家治理体系和治理能力的重要依托。全面推进依法治国，是解决党和国家事业发展面临的一系列重大问题，解放和增强社会活力、促进社会公平正义、维护社会和谐稳定、确保党和国家长治久安的根本要求。党的十八大以来，面对国家安全的新形势新特点新要求，以习近平同志为核心的党中央，高度重视国家安全法治建设。提高国家安全法治化水平，推动国家安全体系和能力现代化，加快形成一套立足基本国情、体现时代特点、适应安全环境，内容协调、程序严密、配套完备、运行有效的中国特色国家安全法律制度体系，为全面践行总体国家安全观、切实维护重点领域国家安全筑牢了法治保障，为走中国特色国家安全道路奠定了法治根基。

一 国家安全法律涉及的基本概念

（一）国家安全

国家安全是指国家政权、主权、统一和领土完整、人民福祉、经济社会可持续发展和国家其他重大利益相对处于没有危险和不受内外威胁的状态，以及保障持续安全状态的能力。

（二）国家秘密

国家秘密是关系国家安全和利益，依照法定程序确定，在一定时间内只限一定范围的人员知悉的事项。下列涉及国家安全和利益的事项，泄露后可能损害国家在政治、经济、国防、外交等领域的安全和利益的，应当确定为国家秘密：（1）国家事务重大决策中的秘密事项；（2）国防建设和武装力量活动中的秘密事项；（3）外交和外事活动中的秘密事项以及对外承担保密义务的秘密事项；（4）国民经济和社会发展中的秘密事项；（5）科学技术中的秘密事项；（6）维护国家安全活动和追查刑事犯罪中的秘密事项；（7）经国家保密行政管理部门确定的其他秘密事项。政党的秘密事项中符合前款规定的，属于国家秘密。

（三）网络主权

网络主权是国家主权在网络空间的自然延伸，是一国基于国家主权对本国境内的网络设施、网络主体、网络行为及相关网络数据和信息等所享有的最高权和对外独立权。

网络主权具体包括以下权利。（1）独立权。主权国家有权自主选择网络发展道路、治理模式和公共政策，不受任何外来干涉。（2）平等权。按照《联合国宪章》的主权平等原则，主权国家有权平等参与网络空间国际治理，共同制定国际规则。（3）管辖权。管辖权又包括以下权利：①立法规制权。主权国家为保障国家安全、社会公共利益，保护公民、法人和其他组织的合法权益，有权对本国境内的网络设施、网络主体、网络行为及相关网络数据和信息等制定法律法规。②行政管理权。主权国家为维护良好的网络空间秩序，有权依法对本国境内的网络设施、网络主体、网络行为及相关网络数据和信息等加以管理。③司法管辖权。主权国家有权依法对本国境内的网络设施、网络主体、网络行为及相关网络数据和信息等进行司法管辖。主权国家有权基于公认的国际法原则，对本国境外与本国具有真实充分联系的特定网络行为，以及与之相关的网络设施、网络主体等行使必要且合理的属人管辖权、保护性管辖权和普遍性管辖权。为顺利实施此类管辖权，主权国家可以本着克制、礼让和对等的精神，寻求相关国家和地区的协助。(4)防卫权。主权国家有权开展本国的网络安全能力建设，并有权在《联合国宪章》框架下采取合法合理措施，维护本国在网络空间的正当权益不受外来侵犯。

（四）生物安全

生物安全是指国家有效防范和应对危险生物因子及相关因素威胁，生物技术能够稳定健康发展，人民生命健康和生态系统相对处于没有危险和不受威胁的状态，生物领域具备维护国家安全和持续发展的能力。

（五）突发事件

突发事件是指突然发生，造成或者可能造成严重社会危害，需要采取应急处置措施予以应对的自然灾害、事故灾难、公共卫生事件和社会安全事件。按照社会危害程度、影响范围等因素，自然灾害、事故灾难、公共卫生事件分为特别重大、重大、较大和一般四级。法律、行政法规或者国务院另有规定的，从其规定。突发事件的分级标准由国务院或者国务院确定的部门制定。

（六）恐怖主义

恐怖主义是指通过暴力、破坏、恐吓等手段，制造社会恐慌、危害公共安全、侵犯人身财产，或者胁迫国家机关、国际组织，以实现其政治、意识形态等目的的主张和行为。恐怖活动是指恐怖主义性质的下列行为：（1）组织、策划、准备实施、实施造成或者意图造成人员伤亡、重大财产损失、公共设施损坏、社会秩序混乱等严重社会危害的活动的；（2）宣扬恐怖主义，煽动实施恐怖活动，或者非法持有宣扬恐怖主义的物品，强制他人在公共场所穿戴宣扬恐怖主义的服饰、标志的；（3）组织、领导、参加恐怖活动组织的；（4）为恐怖活动组织、恐怖活动人员、实施恐怖活动或者恐怖活动培训提供信息、资金、物资、劳务、技术、场所等支持、协助、便利的；（5）其他恐怖活动。

（七）间谍行为

间谍行为是指下列行为：（1）间谍组织及其代理人实施或者指使、资助他人实施，或者境内外机构、组织、个人与其相勾结实施的危害中华人民共和国国家安全的活动；（2）参加间谍组织或者接受间谍组织及其代理人的任务，或者投靠间谍组织及其代理人；（3）间谍组织及其代理人以外的其他境外机构、组织、个人实施或者指使、资助他人实施，或者境内机构、组织、个人与其相勾结实施的窃取、刺探、收买、非法提供国家秘密、情报以及其他关系国家安全和利益的文件、数据、资料、物品，或者策动、引诱、胁迫、收买国家工作人员叛变的活动；（4）间谍组织及其代理人实施或者指使、资助他人实施，或者境内外机构、组织、个人与其相勾结实施针对国家机关、涉密单位或者关键信息基础设施等的网络攻击、侵入、干扰、控制、破坏等活动；（5）为敌人指示攻击目标；（6）进行其他间谍活动。

（八）数据安全

数据是指任何以电子或者其他方式对信息的记录。数据处理包括数据的收集、存储、使用、加工、传输、提供、公开等。数据安全是指通过采取必要措施，确保数据处于有效保护和合法利用的状态，以及具备保障持续安全状态的能力。

（九）境外非政府组织

境外非政府组织是指在境外合法成立的基金会、社会团体、智库机构等非营利、非政府的社会组织。境外非政府组织在中国境内开展活动应当遵守中国法律，不得危害中国的国家统一、安全和民族团结，不得损害中国国家利益、社会公共利益和公民、法人以及其他组织的合法权益。境外非政府组织在中国境内不得从事或者资助营利性活动、政治活动，不得非法从事或者资助宗教活动。

（十）中央人民政府对香港特别行政区有关的国家安全事务负有根本责任

根本责任主要是指中央维护相关国家安全的责任是固有的、初始的、原始的；中央所负的是全面的责任；中央对香港维护国家安全事务承担最高责任，对相关事务所作的决定就是最终决定。具体体现在如下方面：一是国家安全事务属于中央事权；二是中央可直接行使中央事权的相关权力，也有权授权香港特区行使；三是从国家层面建立香港维护国家安全的法律制度和执行机制，是中央承担维护国家安全根本责任的体现。

（十一）个人信息

个人信息是以电子或者其他方式记录的与已识别或者可识别的自然人有关的各种信息，不包括匿名化处理后的信息。个人信息的处理包括个人信息的收集、存储、使用、加工、传输、提供、公开、删除等。

二 国家安全法律的主要内容

我国涉及国家安全的法律法规已达到200余部，其中数十部法律术语直接规范国家安全问题专门立法。立法形式多样，既有法律、行政法规，也有地方性法规、地方政府规章和部门规章，已初步搭建起国家安全法律制度框架。我国还缔结和加入了一些国家条约、公约，在防止核扩散，打击分裂主义、极端主义、恐怖主义，应对气候变化等方面，履行一定的国际责任和义务，开展国际安全合作。我国国家安全方面的法律法规主要包括以下几种：一是宪法；二是国家安全领域综合性立法；三是国家安全领域的专门立法；四是相关法律中涉及维护国家安全的部分条款和内容。

为贯彻党中央的决策部署，加快构建国家安全法律制度体系，2015年6月1日，全国人大常委会对《十二届全国人大常委会立法规划》进行调整时，根据形势和任务的需要，增加了一些涉及国家安全的立法项目。立法规划调整后涉及国家安全的立法项目包括：国家安全法、反间谍法、反恐怖主义法、网络安全法、境外非政府组织境内活动管理法、国防交通法、深海海底区域资源勘探开发法、粮食法、能源法、陆地国界法、海洋基本法、航空法、测绘法（修改）、军事设施保护法（修改）、人民防空法（修改）以及有关国家经济安全、促进军民融合、航天等方面的立法项目。国务院将需要提请全国人大常委会审议的法律草案，需要制定、修订行政法规的立法项目分别列入了年度立法工作计划。

按照立法规划，全国人大常委会稳步推进相关立法工作的起草和审议工作。2015年审议通过国家安全法、刑法修正案（九）、反恐怖主义法；2016年审议通过境外非政府组织境内活动管理法、国防交通法、深海海底区域资源勘探开发法、网络安全法、全国人大常委会关于军官制度改革期间暂时调整适用相关法律规定的决定；2017年审议通过国家情报法、核安全法、测绘法（修订）、全国人大常委会关于武警部队改革期间暂时调整适用相关法律规定的决定；2018年审议通过新修订的药品管理法、全国人大常委会关于中国海警局行使海上维权执法职权的决定等；2019年审议通过密码法、新修订的固体废物污染环境防治法等；2020年审议通过新修订的国防法、生物安全法、香港国安法、出口管制法、退役军人保障法等；2021年审议通过数据安全法、个人信息保护法、陆地国界法、新修订的军事设施保护法等；2022年审议通过新修订的反间谍法、反垄断法（修正）等；2023年审议通过了新修订的海洋环境保护法、粮食安全保障法等；2024年审议通过了新修订的保守国家秘密法等。同时，近年来审议通过的一些法律中，如慈善法、公共文化服务保障法、电影产业促进法、公共图书馆法等也有涉及维护国家安全的规定。

本书主要选择了其中的《中华人民共和国国家安全法》《中华人民共和国保守国家秘密法》《中华人民共和国网络安全法》《中华人民

共和国生物安全法》《中华人民共和国突发事件应对法》《中华人民共和国反恐怖主义法》《中华人民共和国反间谍法》《中华人民共和国数据安全法》《中华人民共和国境外非政府组织境内活动管理法》《中华人民共和国香港特别行政区维护国家安全法》《中华人民共和国个人信息保护法》[①]等11部法律，从立法或修法背景和过程、立法理念、立法的目的任务、知识要点以及常见法律问题等方面，进行了梳理和讲解。

三 学习国家安全法律的重要意义

（一）深入学习习近平法治思想的必然要求

法治是中国共产党和中国人民的不懈追求。一百多年来，中国共产党在领导人民进行革命、建设、改革的伟大历程中，为追求法治、探索法治、建设法治、推进法治、厉行法治进行了艰辛奋斗，走过了不平凡的历程。习近平法治思想，是马克思主义法治理论中国化的最新成果，是中国特色社会主义法治理论的重大创新发展，是习近平新时代中国特色社会主义思想的重要组成部分，是新时代全面依法治国的根本遵循和行动指南。习近平总书记强调："各级领导干部在推进依法治国方面肩负着重要责任，全面依法治国必须抓住领导干部这个'关键少数'。"各级党组织和党员领导干部要认真学习领会习近平法治

[①] 本书在后续展开讲解时，涉及的具体法律名称均使用简称，如《中华人民共和国国家安全法》简称为《国家安全法》。

思想的重大意义、核心要义、精神实质、丰富内涵、实践要求,坚持读原著、学原文、悟原理,努力掌握贯穿其中的马克思主义立场观点方法,不断提高依法执政能力和水平,不断推进各项治国理政活动的制度化、法律化。

(二)贯彻落实党中央重大部署的必然要求

为深入贯彻落实党的二十大精神,推动领导干部带头尊规学规守规用规,带头尊法学法守法用法,2023年,中共中央办公厅、国务院办公厅印发了《关于建立领导干部应知应会党内法规和国家法律清单制度的意见》(以下简称《意见》)。《意见》指出,坚持以习近平新时代中国特色社会主义思想为指导,深入学习贯彻习近平法治思想,抓住领导干部这个"关键少数",以增强法治观念、提升法治思维能力、遵守党规国法为目标,建立健全领导干部应知应会党内法规和国家法律清单制度,推动领导干部深刻领悟"两个确立"的决定性意义,做到"两个维护";牢固树立党章意识,更加自觉地学习党内法规,用党章党规党纪约束自己的一言一行;牢固树立宪法法律至上、法律面前人人平等、权由法定、权依法使等基本法治观念,做到在法治之下想问题、作决策、办事情。《意见》要求,认真学习总体国家安全观和国家安全法。根据工作需要,学习保守国家秘密法、网络安全法、生物安全法、突发事件应对法、反恐怖主义法、反间谍法、数据安全法等,统筹发展和安全,提高领导干部运用法律武器防范化解重大风险的能力,增强依法斗争本领。

（三）提高广大党员领导干部国家安全法治斗争能力的必然要求

国家安全形势的新变化、新任务，对广大干部做好国家安全工作提出了新的能力要求。广大干部要顺应时代要求，不断提升法治素养、法治能力，弘扬法治理念、法治精神，切实把维护国家安全纳入法治化轨道加以推进。带头学习宪法和国家安全法律法规，厘清宪法法律明确的职责义务，知晓维护国家安全的法律底线，提升维护国家安全的法律素养。坚定不移坚持宪法法律至上的理念，把握好"法定职权必须为、法无授权不可为"的基本要求，坚决捍卫宪法和国家安全相关法律的权威和尊严。积极适应国家治理能力现代化的新要求，善于运用法治思维和法治方式维护国家安全，进一步强化法治在保护群众权益、调处利益关系、化解社会矛盾中的权威地位，不断提高社会治理的法治化水平。坚持社会主义法治原则，尊重和保障人权，维护国家安全和社会稳定，不得侵犯个人和组织的合法权益。旗帜鲜明地重视、理解、支持国家安全相关机构依法行使职权，齐心协力开创国家安全工作新局面。

国家安全法

第二讲
CHAPTER 2

CHAPTER 2

扫码查阅法律

第二讲 国家安全法

1993年我国制定的国家安全法,主要规定了国家安全机关反间谍及其他维护国家安全的职责。随着2014年反间谍法公布施行后,1993年《国家安全法》相应废止。2015年7月1日,新的《国家安全法》由第十二届全国人大常委会第十五次会议审议通过并公布,自公布之日起施行。国家安全法的颁布实施,是我国国家安全发展史上具有里程碑意义的一件大事,是推进国家治理体系和治理能力现代化、确保国家长治久安的重要举措,对实现"两个一百年"奋斗目标和中华民族伟大复兴具有重大而深远的意义。

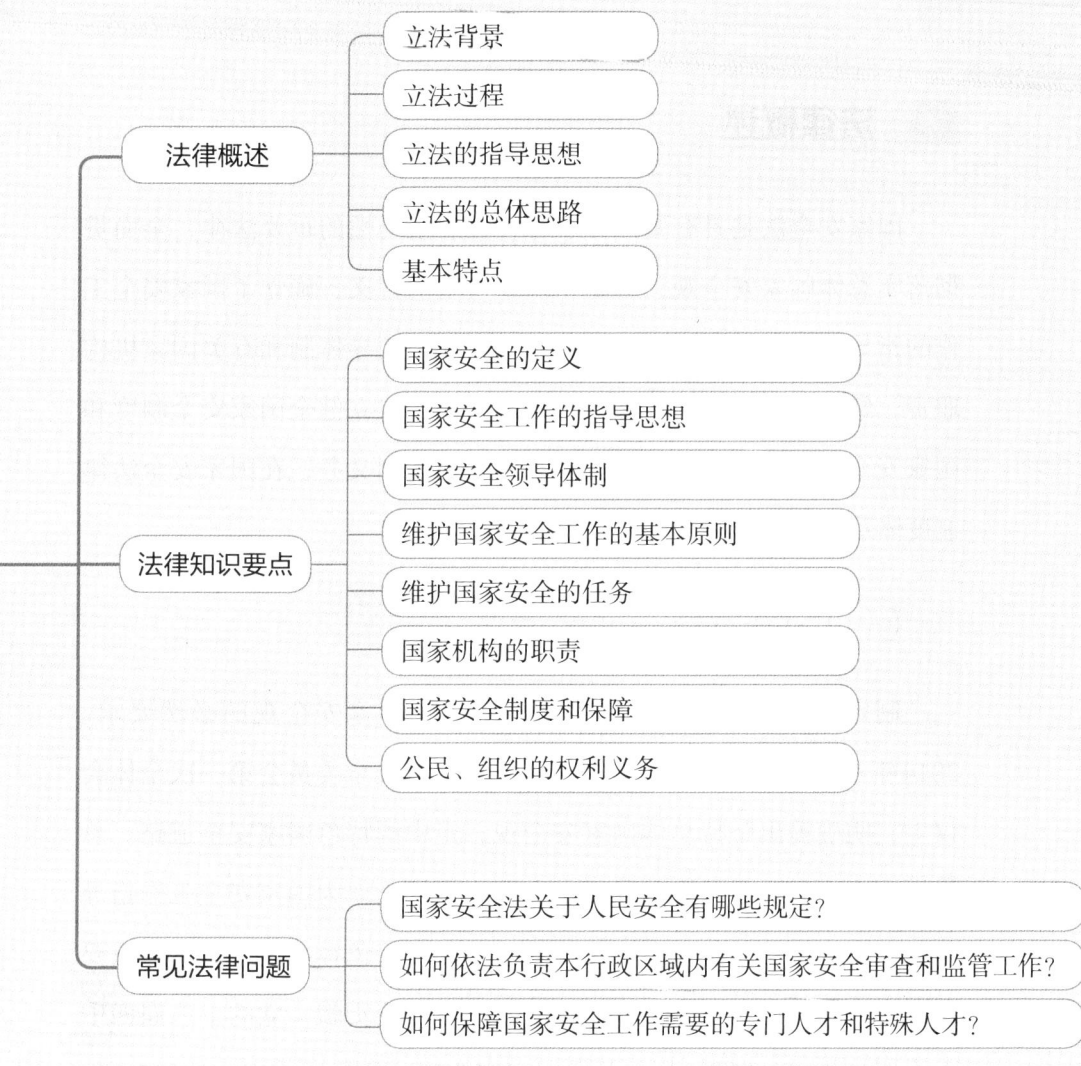

一 法律概述

国家安全法是具有基础性、综合性、全局性的重要法律，全面贯彻落实总体国家安全观，界定了国家安全的含义，确立了国家安全工作的指导思想和基本原则，明确了国家安全领导体制和有关国家机构职责，细化了维护国家安全各领域的任务，建立健全国家安全制度和国家安全保障体系，规定了公民和组织的权利义务，在国家安全法律制度体系中发挥统领作用。

（一）立法背景

制定国家安全法是全面贯彻落实总体国家安全观的必然要求。2014年4月15日，习近平总书记在中央国家安全委员会第一次全体会议上，明确提出坚持总体国家安全观，走中国特色国家安全道路。总体国家安全观，是在我们党历史上第一个被确立为国家安全工作指导思想的重大战略思想，是习近平新时代中国特色社会主义思想的重要组成部分，是当代中国对世界的重要思想理论贡献。党的十八届四中全会明确指出，"贯彻落实总体国家安全观，加快国家安全法治建设，抓紧出台反恐怖等一批急需法律，推进公共安全法治化，构建国家安全法律制度体系"[1]。为此，有必要以法律的形式确立总体国家安全观的指导地位，把维护政治安全、巩固中国共产党的领导地位和中国特色

---

[1] 《中共中央关于全面推进依法治国若干重大问题的决定》，人民出版社2014年版，第14页。

社会主义制度作为影响国家安全最基本、最核心的问题突出出来,确立坚持中国共产党对国家安全工作的领导和国家安全领导体制等,为构建国家安全体系,走出一条中国特色国家安全道路奠定坚实的法律基础。①

制定国家安全法是维护和塑造中国特色国家安全的必然要求。进入新时代,我国国家安全内涵和外延比历史上任何时候都要丰富,时空领域比历史上任何时候都要宽广,内外因素比历史上任何时候都要复杂,各种可以预见和难以预见的安全风险挑战前所未有。从外部环境看,当今世界处于百年未有之大变局,进入新的动荡变革期。大发展带来大变革,大变革促动大调整。和平、发展、合作、共赢的历史潮流不可阻挡,但时代潮流中也有险滩、暗礁,各类风险挑战加速积聚。世界经济增长动能不足,保护主义、单边主义日益严重,大国竞争日趋激烈,地区热点此起彼伏,恐怖主义、网络安全、气候变化等非传统安全威胁持续蔓延。老的根源没有从根本上遏制消除,旧的结构性矛盾在新条件下不断强化,一些难以预见的问题以前所未有的速度接踵而来。复杂严峻已经成为全球安全的新现实。从自身发展看,我国处于新的历史方位,进入战略机遇和风险挑战并存、不确定难预料因素增多的时期。前进道路不可能一帆风顺,越是接近奋斗目标,前进阻力和风险压力就越大。在新征程上,还有许多"娄山关"、"腊子口"需要跨越,还有许多"雪山"、"草地"需要征服。确保我们党永不变质、确保红色江山永不变色,确保人民日益增长的美好生活需要不断满足,确保历史机遇不失之交臂,确保中华民族伟大复兴进程

---

① 《总体国家安全观干部读本》编委会:《总体国家安全观干部读本》,人民出版社2016年版,第208页。

不被滞缓打断，既是全体中国人民的共同心愿，也是新时代对国家安全提出的根本要求。面对波谲云诡的国际形势、复杂敏感的周边环境、艰巨繁重的改革发展稳定任务和全面建成社会主义现代化强国的目标要求，要在深刻变化的时代中赢得主动，要在伟大斗争中赢得胜利，就要以更长远的战略眼光把握国家安全面临的新课题，迫切需要制定一部立足全局、应对国家安全各种风险挑战、统领国家安全各领域立法工作的综合性法律。

制定国家安全法是加快提升我国国家安全法治化水平的必然要求。为落实党的十八届三中全会决策部署，党中央成立了中央国家安全委员会，建立了集中统一、高效权威的国家安全领导体制。针对国家安全工作存在的国家安全资源和力量分散、统筹协调不够，国家安全战略规划缺乏、顶层设计不够，情报信息捕捉滞后、综合研判不够，应对机制运转迟缓、快速反应不够等问题[1]，有必要以法律的形式确立国家安全工作的相关制度，明确各部门各地方维护国家安全的职责，规范国家机关、公民和组织维护国家安全的责任、权利和义务，形成维护国家安全的整体合力。党的十八届四中全会对加快国家安全法治建设提出了明确要求。为此，需要制定一部立足全局、统领国家安全各领域立法工作的综合性法律，同时为制定其他与维护国家安全需要相适应，立足我国国情、体现时代特点、适应安全环境，内容协调、程序严密、配套完备、运行有效的中国特色国家安全法律制度体系提供基础支撑，为维护我国国家安全提供坚实的法律制度保障。

---

[1] 参见《总体国家安全观干部读本》编委会编著《总体国家安全观读本》，人民出版社2016年版，第208页。

（二）立法过程

党的十八大报告明确指出，完善国家安全战略和工作机制，高度警惕和坚决防范敌对势力的分裂、渗透、颠覆活动，确保国家安全。党中央对加强政治、军事、经济、文化、网络等各领域国家安全工作作出一系列部署。

党的十八届三中全会决定，通过完善国家安全体制和国家安全战略，确保国家安全。习近平总书记在党的十八届三中全会决定的说明中，对完善国家安全体制和国家安全战略作了重要阐述。2014年1月24日，中央国家安全委员会正式成立，其职能定位是中央关于国家安全工作的决策和议事协调机构，直接向中央政治局、中央政治局常务委员会负责，统筹协调涉及国家安全的重大事项和重要工作。2014年4月，党中央决定成立国家安全法立法工作领导小组，着手制定新的国家安全法。党的十八届三中全会提出，"良法是善治之前提"，要发挥立法的引领和推动作用。2015年1月23日，中央政治局审议通过《国家安全战略纲要》，为新的国家安全法的出台奠定了重要基础。

中央国家安全委员会办公室会同全国人大常委会法制工作委员会办公室组建了由十几个有关部门参加的工作专班，开展国家安全法起草工作。在起草过程中，认真研究了近年来全国人大代表、政协委员和社会各界人士的有关意见建议；分类整理了国内外有关立法资料，特别是美国、俄罗斯等主要国家相关法律；书面征求了53个中央部门意见，召开了多场座谈会，并到广东等十几个地方调研或者召开地方座谈会，广泛听取了部门、地方和专家学者的意见。形成《中华人民共和国国家安全法（草案）》稿后，又分别征求了中央有关方面和国务院法制办、最高人民法院、最高人民检察院以及有关专家的意见。经过反复研究沟通，对修改稿进一步完善，形成了《中华人民共和国国家安全法（草案）》。[①]2015年7月1日，新的国家安全法由第十二届全国人大常委会第十五次会议审议通过并公布，自公布之日起施行。

（三）立法的指导思想

坚持以邓小平理论、"三个代表"重要思想、科学发展观、习近平新时代中国特色社会主义思想为指导，深入贯彻总体国家安全观，以人民安全为宗旨，以政治安全为根本，以经济安全为基础，以军事、文化、社会、科技安全为保障，以促进国际安全为依托，构建中国特色国家安全制度体系，推进国家治理体系和治理能力现代化，为实现国家长期可持续安全提供坚实的法治保障。[②]

（四）立法的总体思路

第一，全面贯彻中央精神，把握正确政治方向。国家安全法政治性、政策性很强，要按照中央的要求，从维护国家核心利益出发，在本法中全面贯彻落实总体国家安全观和中央一系列关于国家安全的方针政策。

第二，坚持问题导向，着力解决国家安全领域的突出问题。根据国家安全新形势新特点，明确维护国家安全的基本原则和任务，重点解决国家安全各领域带有普遍性的问题和亟待立法填补空白的问题，

[①] 《中华人民共和国国家安全法》，法律出版社2015年版，第23页。
[②] 郑淑娜主编《〈中华人民共和国国家安全法〉导读与释义》，中国民主法制出版社2016年版，第20页。

同时为今后制定相关法律法规预留空间，埋好接口。

第三，坚持从我国国情出发，体现中国特色。要做到统筹国内国际两个大局，借鉴别国有益经验，但绝不照搬照抄。要立足我国基本国情，从我国国家安全面临的新形势新任务出发，走中国特色国家安全道路。

（五）基本特点

国家安全法是一部具有基础性、综合性、全局性的重要法律，是国家安全法律制度体系中起统领作用的基本法律。

基础性突出体现在，国家安全法为构建和完善中国特色国家安全法律制度体系提供了完整的框架，为在实践中不断提升国家安全法治水平和斗争能力，提供了有力的法律和制度保障。

综合性突出体现在，国家安全法既明确了宣誓性、原则性维护国家安全的任务和职责，又明确了操作性很强的国家安全制度和保障；既重申了宪法关于全国人大及其常委会、国务院、中央军委等国家机关维护国家安全的职责和公民维护国家安全的义务，又规定了维护国家安全具体制度机制方面的要求、保障措施等。

全局性突出体现在，国家安全法立足当下、着眼长远，以法律的形式明确了国家安全领导体制，突出党中央对国家安全工作的集中统一领导，对全党、全国、全社会共同维护国家安全明确了法律要求，同时统筹国内国际两个大局，对当前和今后一个时期维护国家安全的主要任务和保障作出了具体安排。

二 法律知识要点

《国家安全法》共7章84条，目标明确、内容丰富、体系完整，集中反映了我国现阶段国家安全领域的立法水平。国家安全法以明确的法律形式确立了总体国家安全观的指导地位和国家安全领导体制，规定了维护国家安全的各项任务，建立了以维护国家安全的各项制度，为走中国特色国家安全道路奠定了坚实的法律基础。

（一）国家安全的定义

什么是国家安全？这是国家安全法首先要解决的问题。国家安全通常既指国家处于安全状态，又指国家维护这种安全状态的能力。国家安全与国家利益紧密相关，维护国家安全就是维护国家利益，既包括核心利益又包括核心利益之外足以影响国家安全的其他重要利益。为此，《国家安全法》第二条规定："国家安全是指国家政权、主权、统一和领土完整、人民福祉、经济社会可持续发展和国家其他重大利益相对处于没有危险和不受内外威胁的状态，以及保障持续安全状态的能力。"理解把握这一定义的关键有三：一是国家安全根本着眼点是维护国家核心利益和其他重大利益。核心利益和其他重大利益，涉及国家的生存、独立和发展，任何国家都将其列为维护国家安全的首要核心目标，不容争议、不容妥协、不容干涉。本法规定的国家政权、主权、统一和领土完整、人民福祉、经济社会可持续发展，是我国的核心利益，也是任何国家构成的基本要素（国民、主权、领土、政权）。[①] 二是国家相对处于没有危险和不受内外威胁的状态。安全具有相对性，风险因素不可能完全消除。没有绝对安全，我们也不追求所谓的绝对安全。三是国家维持这种安全状态的能力。国家安全不是权宜之计，是为了长治久安，既要立足于当下防范化解重大风险，又要着眼于长远强化体系和能力建设。尤其是，当危及国家安全的形态、对象、手段、时空领域发生变化时，维护国家安全的目标设计和战略战术也要作出相应的调整。

（二）国家安全工作的指导思想

党的十八大以来，面对更为严峻的国家安全形势，面对前所未有的外部压力，面对人民群众日益增长的国家安全需要，习近平总书记创造性提出总体国家安全观，深刻揭示了中国特色国家安全的本质，科学回答了作为一个发展中的社会主义大国如何既解决好大国发展进程中面临的安全共性问题，同时又处理好中华民族伟大复兴关键阶段面临的特殊安全问题，实现了我们党国家安全理论的历史性飞跃，充分体现了我们党理论升华和实践创造同步发展的内在逻辑，为新时代国家安全工作提供了科学指南和根本遵循。

总体国家安全观的核心要义，集中体现为"十个坚持"：坚持党对国家安全工作的绝对领导，坚持中国特色国家安全道路，坚持以人民安全为宗旨，坚持统筹发展和安全，坚持把政治安全放在首要位置，坚持统筹推进各领域安全，坚持把防范化解国家安全风险摆在突出位置，坚持推进国际共同安全，坚持推进国家安全体系和能力现代化，

---

① 郑淑娜主编《〈中华人民共和国国家安全法〉导读与释义》，中国民主法制出版社2016年版，第22页。

坚持加强国家安全干部队伍建设。①

在总体国家安全观的科学指引下，新时代国家安全工作取得了历史性成就，实现了从分散到集中、迟缓到高效、被动到主动的历史性变革。我们坚定维护政权安全、制度安全，意识形态领域形势发生全局性、根本性转变，顶住和反击外部极端打压遏制，推动香港局势实现由乱到治的重大转折，深入开展涉台、涉疆、涉藏、涉海等斗争，防范化解经济金融风险，解决"卡脖子"问题取得重要进展，生态环境保护发生全局性变化，科学统筹疫情防控和经济社会发展，新型领域安全能力持续增强，既防"黑天鹅"又防"灰犀牛"，经受住了来自政治、经济、意识形态、自然界等方面的一系列重大考验，国家主权、安全、发展利益得到全面维护，社会大局保持长期稳定。中国成为世界上最有安全感的国家之一。②

国家安全法重要贡献之一，就是以明确法律的形式将总体国家安全观的指导地位确立下来，为维护和塑造中国特色国家安全奠定了重要制度基础。本法第三条规定："国家安全工作应当坚持总体国家安全观，以人民安全为宗旨，以政治安全为根本，以经济安全为基础，以军事、文化、社会安全为保障，以促进国际安全为依托，维护各领域国家安全，构建国家安全体系，走中国特色国家安全道路。"同时，坚持总体国家安全观也是本法的立法指导思想。本法所有章节、所有条款都遵循了总体国家安全观的要求，充分体现了总体国家安全观的丰富思想内涵。

---

① 中共中央宣传部、中央国家安全委员会办公室：《总体国家安全观学习纲要》，学习出版社、人民出版社2022年版，第8—9页。

② 参见中共中央宣传部、中央国家安全委员会办公室编《总体国家安全观学习纲要》，学习出版社、人民出版社2022年版，第6页。

（三）国家安全领导体制

党的领导是中国特色社会主义最本质特征和最大优势。习近平总书记指出："我国社会主义政治制度优越性的一个突出特点是党总揽全局、协调各方的领导核心作用。"[①] 坚持党对国家安全工作的绝对领导，是中国国家安全的最大特色，是国家安全工作的根本原则，是维护国家安全和社会安定的根本保证，是抵御重大风险、解决复杂问题、处理复杂矛盾、驾驭复杂局面的必然要求。"绝对"是由国家安全工作强烈的内在政治属性所决定。我国是实行人民民主专政的社会主义国家。工人阶级对国家的领导地位是通过自己的先锋队中国共产党来实现，具体又通过中国共产党领导的国家机器来维护，这就从本质上直接决定了国家安全工作对人民实行民主、对敌人实行专政的鲜明属性。坚守人民的立场、遵循人民的意志、回应人民的期待，由党来指挥、党来决策、党来部署，没有死角、不留空白，这是"绝对"的科学内涵，也是中国特色国家安全与其他国家安全的最大不同。

坚持党的绝对领导不是空洞的口号，需要一个抓手、一个平台。尤其是，由于安全形势的复杂性、安全威胁的多样性，大国国家安全工作已经超越了传统部门工作范围，广泛涉及国家生活的诸多领域和方面。这就产生了一个普遍性难题，就是谁来领导、谁来统筹、谁来推进、谁来落实。习近平总书记指出："当前，我国面临对外维护国家主权、安全、发展利益，对内维护政治安全和社会稳定的双重压力，各种可以预见和难以预见的风险因素明显增多。而我们的安全工作体

[①] 习近平：《论坚持党对一切工作的领导》，中央文献出版社2019年版，第9页。

制机制还不能适应维护国家安全的需要,需要搭建一个强有力的平台统筹国家安全工作。设立国家安全委员会,加强对国家安全工作的集中统一领导,已是当务之急。"[①] 中央国家安全委员会以集中统一、科学谋划、统分结合、协调行动、精干高效为原则,抓好国家安全方针政策贯彻落实,聚焦重点,抓纲带目,整合资源,集中发力,对国家安全实施更为有力的统领和协调。为此,本法第四条、第五条规定:"坚持中国共产党对国家安全工作的领导,建立集中统一、高效权威的国家安全领导体制";"中央国家安全领导机构负责国家安全工作的决策和议事协调,研究制定、指导实施国家安全战略和有关重大方针政策,统筹协调国家安全重大事项和重要工作,推动国家安全法治建设"。

(四)维护国家安全工作的基本原则

按照总体国家安全观要求,根据宪法和有关法律规定,本法明确了维护国家安全工作的基本原则,即坚持法治和保障人权原则、坚持维护国家安全与经济社会发展相协调和统筹各领域安全原则、坚持标本兼治、预防为主原则、坚持专门工作与群众路线相结合原则。本法第七条规定:"维护国家安全,应该遵守宪法和法律,坚持社会主义法治原则,尊重和保障人权,依法保护公民的权利和自由。"第八条规定:"维护国家安全,应当与经济社会发展相协调。国家安全工作应当统筹内部安全和外部安全、国土安全和国民安全、传统安全和非传统安全、自身安全和共同安全。"第九条规定:"维护国家安全,应当坚持预防为主、标本兼治,专门工作与群众路线相结合,充分发挥专门

[①] 习近平:《关于〈中共中央关于全面深化改革若干重大问题的决定〉的说明》,《人民日报》2013年11月16日。

机关和其他有关机关维护国家安全的职能作用，广泛动员公民和组织，防范、制止和依法惩治危害国家安全的行为。"为彰显我国促进共同安全、维护世界和平的立场和主张，第十条规定："维护国家安全，应当坚持互信、互利、平等、协作，积极同外国政府和国际组织开展安全交流合作，履行国际安全义务，促进共同安全，维护世界和平。"

（五）维护国家安全的任务

按照总体国家安全观要求，本法第二章规定了维护国家安全的根本任务，以及维护政治安全、国土安全、军事安全、经济安全、文化安全、科技安全、网络安全、社会安全、生态安全、核安全、海外利益安全、新型领域安全等国家安全重点领域的具体任务。

维护政治安全。坚持中国共产党的领导，维护中国特色社会主义制度，发展社会主义民主政治，健全社会主义法治，强化权力运行制约和监督机制，保障人民当家作主的各项权利。防范、制止和依法惩治任何叛国、分裂国家、煽动叛乱、颠覆或者煽动颠覆人民民主专政政权的行为；防范、制止和依法惩治窃取、泄露国家秘密等危害国家安全的行为；防范、制止和依法惩治境外势力的渗透、破坏、颠覆、分裂活动。坚持和完善民族区域自治制度，坚持各民族一律平等，防范、制止和依法惩治民族分裂活动，维护国家统一、民族团结和社会和谐。依法保护公民宗教信仰自由和正常宗教活动，防范、制止和依法惩治利用宗教名义进行危害国家安全的违法犯罪活动，反对境外势力干涉境内宗教事务，依法取缔邪教组织，防范、制止和依法惩治邪教违法犯罪活动。

维护国土安全。加强边防、海防和空防建设，采取一切必要的防卫和管控措施，保卫领陆、内水、领海和领空安全，维护国家领土主权和海洋权益。

维护军事安全。加强武装力量革命化、现代化、正规化建设，建设与保卫国家安全和发展利益需要相适应的武装力量；实施积极防御军事战略方针，防备和抵御侵略，制止武装颠覆和分裂；开展国际军事安全合作，实施联合国维和、国际救援、海上护航和维护国家海外利益的军事行动，维护国家主权、安全、领土完整、发展利益和世界和平。

维护经济安全。维护国家基本经济制度和社会主义市场经济秩序，健全预防和化解经济安全风险的制度机制，保障关系国民经济命脉的重要行业和关键领域、重点产业、重大基础设施和重大建设项目以及其他重大经济利益安全。健全金融宏观审慎管理和金融风险防范、处置机制，加强金融基础设施和基础能力建设，防范和化解系统性、区域性金融风险，防范和抵御外部金融风险的冲击。合理利用和保护资源能源，有效管控战略资源能源的开发，加强战略资源能源储备，完善资源能源运输战略通道建设和安全保护措施，加强国际资源能源合作，全面提升应急保障能力，保障经济社会发展所需的资源能源持续、可靠和有效供给。健全粮食安全保障体系，保护和提高粮食综合生产能力，完善粮食储备制度、流通体系和市场调控机制，健全粮食安全预警制度，保障粮食供给和质量安全。

维护文化安全。坚持社会主义先进文化前进方向，继承和弘扬中华优秀传统文化，培育和践行社会主义核心价值观，防范和抵制不良文化的影响，掌握意识形态领域主导权，增强文化整体实力和竞争力。

维护科技安全。加强自主创新能力建设，加快发展自主可控的战略高新技术和重要领域核心关键技术，加强知识产权的运用、保护和科技保密能力建设，保障重大技术和工程的安全。

维护网络安全。建设网络与信息安全保障体系，提升网络与信息安全保护能力。加强网络和信息技术的创新研究和开发应用，实现网络和信息核心技术、关键基础设施和重要领域信息系统及数据的安全可控；加强网络管理，防范、制止和依法惩治网络攻击、网络入侵、网络窃密、散布违法有害信息等网络违法犯罪行为，维护国家网络空间主权、安全和发展利益。

维护社会安全。反对一切形式的恐怖主义和极端主义，加强防范和处置恐怖主义的能力建设，依法开展情报、调查、防范、处置以及资金监管等工作，依法取缔恐怖活动组织和严厉惩治暴力恐怖活动。健全有效预防和化解社会矛盾的体制机制，健全公共安全体系，积极预防、减少和化解社会矛盾，妥善处置公共卫生、社会安全等影响国家安全和社会稳定的突发事件，促进社会和谐，维护公共安全和社会安定。

维护生态安全。完善生态环境保护制度体系，加大生态建设和环境保护力度，划定生态保护红线，强化生态风险的预警和防控，妥善处置突发环境事件，保障人民赖以生存发展的大气、水、土壤等自然环境和条件不受威胁和破坏，促进人与自然和谐发展。

维护核安全。坚持和平利用核能和核技术，加强国际合作，防止核扩散，完善防扩散机制，加强对核设施、核材料、核活动和核废料处置的安全管理、监管和保护，加强核事故应急体系和应急能力建设，防止、控制和消除核事故对公民生命健康和生态环境的危害，不断增强有效应对和防范核威胁、核攻击的能力。

维护海外利益安全。依法采取必要措施，保护海外中国公民、组织和机构的安全和正当权益，保护国家的海外利益不受威胁和侵害。

维护新型领域安全。坚持和平探索和利用外层空间、国际海底区域和极地，增强安全进出、科学考察、开发利用的能力，加强国际合作，维护我国在外层空间、国际海底区域和极地的活动、资产和其他利益的安全。

维护国家安全，要坚持国家安全一切为了人民、一切依靠人民，夯实国家安全的社会基础。本法突出体现了"以人民安全为宗旨"的国家安全观念，在立法宗旨中强调"保护人民的根本利益"，在基本原则中强调"尊重和保障人权，保护公民的合法权利和自由"，在维护国家安全的任务中纳入"保卫人民安全"。这充分彰显了我们党作为马克思主义政党的鲜明属性和坚持人民至上的根本立场。

（六）国家机构的职责

根据宪法和法律规定，本法第三章规定了全国人大及其常委会、国务院、中央军委、中央各部门和地方包括香港、澳门两个特别行政区维护国家安全方面的责任，并对各级国家机关及其工作人员履行职责应当贯彻维护国家安全的原则作出了专门规定。

全国人民代表大会依照宪法规定，决定战争和和平的问题，行使宪法规定的涉及国家安全的其他职权。全国人民代表大会常务委员会依照宪法规定，决定战争状态的宣布，决定全国总动员或者局部动员，决定全国或者个别省、自治区、直辖市进入紧急状态，行使宪法规定的和全国人民代表大会授予的涉及国家安全的其他职权。

中华人民共和国主席根据全国人民代表大会的决定和全国人民代表大会常务委员会的决定，宣布进入紧急状态，宣布战争状态，发布动员令，行使宪法规定的涉及国家安全的其他职权。

国务院根据宪法和法律，制定涉及国家安全的行政法规，规定有关行政措施，发布有关决定和命令；实施国家安全法律法规和政策；依照法律规定决定省、自治区、直辖市的范围内部分地区进入紧急状态；行使宪法法律规定的和全国人民代表大会及其常务委员会授予的涉及国家安全的其他职权。

中央军事委员会领导全国武装力量，决定军事战略和武装力量的作战方针，统一指挥维护国家安全的军事行动，制定涉及国家安全的军事法规，发布有关决定和命令。

中央国家机关各部门按照职责分工，贯彻执行国家安全方针政策和法律法规，管理指导本系统、本领域国家安全工作。

地方各级人民代表大会和县级以上地方各级人民代表大会常务委员会在本行政区域内，保证国家安全法律法规的遵守和执行。地方各级人民政府依照法律法规规定管理本行政区域内的国家安全工作。香港特别行政区、澳门特别行政区应当履行维护国家安全的责任。

人民法院依照法律规定行使审判权，人民检察院依照法律规定行使检察权，惩治危害国家安全的犯罪。

国家安全机关、公安机关依法搜集涉及国家安全的情报信息，在国家安全工作中依法行使侦查、拘留、预审和执行逮捕以及法律规定的其他职权。有关军事机关在国家安全工作中依法行使相关职权。

国家机关及其工作人员在国家安全工作和涉及国家安全活动中，应当严格依法履行职责，不得超越职权、滥用职权，不得侵犯个人和组织的合法权益。

（七）国家安全制度和保障

维护国家安全，要靠制度、机制和保障措施来支撑。本法第四章在总结以往实践经验的基础上，明确了建立国家安全制度的基本要求，即"实行统分结合、协调高效的国家安全制度"和工作协调、督促检查、会商研判、协同联动、决策咨询等机制，从国家安全工作的现实需要出发，建立健全了维护国家安全的五项具体制度。

一是国家安全战略的制定、实施和监督制度。国家安全战略是关于国家安全目标、方针、途径和手段等的宏观和长远筹划，是综合运用国家军事、外交、政治、经济和文化等多种手段应对威胁和挑战的顶层设计。2015年，中央政治局审议通过的《国家安全战略纲要》，是新中国成立以来第一份指导国家安全工作的纲领性文件。在此基础上，2021年中央政治局审议通过的《国家安全战略（2021—2025年）》，在全面评估国际、国内安全形势的基础上，系统规划了国家安全的战略目标、战略任务、战略方针、重点政策等，强调要着力增强国家安全的支撑能力、指导能力和运筹能力。国家安全战略具有实效性，所明确的任务、规定的措施、要达到的目标都要看得见、摸得着，因此必须切实加以落实，并为此建立了相应督促检查和责任追究机制。

二是建立健全情报信息制度。国家健全统一归口、反应灵敏、准确高效、运转顺畅的情报信息收集、研判和使用制度，建立情报信息工作协调机制，实现情报信息的及时收集、准确研判、有效使用和共享。国家安全机关、公安机关、有关军事机关根据职责分工，依法搜集涉及国家安全的情报信息。国家机关各部门在履行职责过程中，对于获取的涉及国家安全的有关信息应当及时上报。开展情报信息工作，应当充分运用现代科学技术手段，加强对情报信息的鉴别、筛选、综合和研判分析。情报信息的报送应当及时、准确、客观，不得迟报、漏报、瞒报和谎报。

三是建立健全国家安全风险预防、评估和预警制度。国家制定完善应对各领域国家安全风险预案。建立国家安全风险评估机制，定期开展各领域国家安全风险调查评估。有关部门应当定期向中央国家安全领导机构提交国家安全风险评估报告。健全国家安全风险监测预警制度，根据国家安全风险程度，及时发布相应风险预警。对可能即将发生或者已经发生的危害国家安全的事件，县级以上地方人民政府及其有关主管部门应当立即按照规定向上一级人民政府及其有关主管部门报告，必要时可以越级上报。

四是建立国家安全审查和监管制度。对影响或者可能影响国家安全的外商投资、特定物项和关键技术、网络信息技术产品和服务、涉及国家安全事项的建设项目，以及其他重大事项和活动，进行国家安全审查，有效预防和化解国家安全风险。中央国家机关各部门依照法律、行政法规行使国家安全审查职责，依法作出国家安全审查决定或者提出安全审查意见并监督执行。省、自治区、直辖市依法负责本行政区域内有关国家安全审查和监管工作。

五是建立国家安全危机管控制度。发生危及国家安全的重大事件，中央有关部门和有关地方根据中央国家安全领导机构的统一部署，依法启动应急预案，采取管控处置措施。发生危及国家安全的特别重大事件，需要进入紧急状态、战争状态或者进行全国总动员、局部动员的，由全国人民代表大会、全国人民代表大会常务委员会或者国务院依照宪法和有关法律规定的权限和程序决定。履行国家安全危机管控职责的有关机关依法采取处置国家安全危机的管控措施，应当与国家安全危机可能造成的危害的性质、程度和范围相适应；有多种措施可供选择的，应当选择有利于最大程度保护公民、组织权益的措施。健全国家安全危机的信息报告和发布机制。履行国家安全危机管控职责的有关机关，应当按照规定准确、及时报告，并依法将有关国家安全危机事件发生、发展、管控处置及善后情况统一向社会发布。国家安全威胁和危害得到控制或者消除后，应当及时解除管控处置措施，做好善后工作。

本法第五章对国家安全保障作了明确规定，强调健全国家安全保障体系，增强维护国家安全的能力，健全国家安全法律制度体系，推动国家安全法治建设；同时对财政、物资、科技、专门人才、专门工作手段和宣传教育保障作了规定。

（八）公民、组织的权利义务

本法第六章规定了公民和组织应当履行维护国家安全的义务：一是遵守宪法、法律法规关于国家安全的有关规定；二是及时报告危害国家安全活动的线索；三是如实提供所知悉的涉及危害国家安全活动的证据；四是为国家安全工作提供便利条件或者其他协助；五是向国家安全机关、公安机关和有关军事机关提供必要的支持和协助；六是保守所知悉的国家秘密；七是法律、行政法规规定的其他义务。任何个人和组织不得有危害国家安全的行为，不得向危害国家安全的个人或者组织提供任何资助或者协助。

在强调维护国家安全义务的同时，本法也注重保护公民、组织在维护国家安全中的权利。一是公民和组织支持、协助国家安全工作的行为受法律保护。因支持、协助国家安全工作，本人或者其近亲属的人身安全面临危险的，可以向公安机关、国家安全机关请求予以保护。公安机关、国家安全机关应当会同有关部门依法采取保护措施。二是公民和组织因支持、协助国家安全工作导致财产损失的，按照国家有关规定给予补偿；造成人身伤害或者死亡的，按照国家有关规定给予抚恤优待。三是公民和组织对国家安全工作有向国家机关提出批评建议的权利，对国家机关及其工作人员在国家安全工作中的违法失职行为有提出申诉、控告和检举的权利。

三 常见法律问题

（一）国家安全法关于人民安全有哪些规定？

坚持以人民安全为宗旨是国家安全法的突出亮点，主要体现在两个方面：一是对人民安全的重视和保护。比如，第一条在立法宗旨中明确"保护人民的根本利益"；第二条将"人民福祉"纳入国家核心利益；第三条强调总体国家安全观要"以人民安全为宗旨"；第七条突出"尊重和保障人权，依法保护公民的权利和自由"；第十六条规定"国家维护和发展最广大人民的根本利益，保卫人民安全，创造良好生存发展条件和安定工作生活环境，保障公民的生命财产安全和其他合法权益"；第二十七条规定"依法保护公民宗教信仰自由"；第三十三条规定"国家依法采取必要措施，保护海外中国公民、组织和机构的安全和正当权益";等等。二是依法处理国家安全与公民权利之间的关系。比如,第七条强调维护国家安全应当遵守宪法和法律,坚持社会主义法治原则,把社会主义法治作为开展国家安全工作的准绳;第六十六条规定"履行国家安全危机管控职责的有关机关依法采取处置国家安全危机的管控措施,应当与国家安全危机可能造成的危害的性质、程度和范围相适应;有多种措施可供选择的,应当选择有利于最大程度保护公民、组织权益的措施";第八十三条规定"在国家安全工作中,需要采取限制公民权利和自由的特别措施时,应当依法进行,并以维护国家安全的实际需要为限度";等等。

(二)如何依法负责本行政区域内有关国家安全审查和监管工作?

本法第三章第四十条规定:"地方各级人民代表大会和县级以上地方各级人民代表大会常务委员会在本行政区域内,保证国家安全法律法规的遵守和执行。地方各级人民政府依照法律法规规定管理本行政区域内的国家安全工作。"第四章第六十一条规定:"省、自治区、直辖市依法负责本行政区域内有关国家安全审查和监管工作。"首先,要严格依照法律规定和事权划分进行。中央和地方在各个领域都有明确的职责和权限,在进行国家安全审查和监管的过程中,要严格按照已经明确的职责和权限进行,既不能由中央部门本身承担所有的审查监管职责,也不能完全将审查监管职责下放。中央国家机关各部门按照职责分工,贯彻执行国家安全方针政策和法律法规,管理指导本系统、本领域国家安全工作,依照法律、行政法规行使国家安全审查职责,依法作出国家安全审查决定或者提出安全审查意见并监督执行。省、自治区、直辖市要依照本部门法定职责开展,并严格遵守法定的范围、条件、程序,对于具体事项是否符合国家安全审查标准,如果中央部门有明确规定的,要严格按照本领域的相关规定执行。依法应当由中央部门开展审查的,地方有关职能部门不能越权直接行使审查职责。依法应当由省、自治区、直辖市有关职能部门开展审查的,有关部门要有效实施法律规定,切实履行审查和监督职责。其次,要结合本地实际依法开展工作。我国幅员辽阔,各地经济、社会、文化发展不尽相同,国家安全审查事项涉及的范围较广。因此,在开展具体审查工作中,不仅要严格把握标准、依法办事,也要紧密围绕地方实际,确保国家安全审查的科学性和实际效果。[1]

(三)如何保障国家安全工作需要的专门人才和特殊人才?

国家安全工作是对抗性、专业性、机密性极强的工作,从事这项专门工作的人员必须具备一定的专业知识和较强的专业能力。在法律中对国家安全工作专门人才、特殊人才的保障作出明确规定是世界多数国家的一般做法。必须从专门工作的特点出发,对国家安全工作专门人才、特殊人才的招录、培养和管理各个环节加强顶层涉及和法律支持。根据《国家安全法》第七十四条规定,国家采取必要措施,招录、培养和管理国家安全工作专门人才和特殊人才。根据维护国家安全工作的需要,国家依法保护有关机关专门从事国家安全工作人员的身份和合法权益,加大人身保护和安置保障力度。"专门人才"主要是

---

[1] 郑淑娜主编《〈中华人民共和国国家安全法〉导读与释义》,中国民主法制出版社2016年版,第237页。

指为了开展国家安全工作的需要，招录、培养、选拔、任用的具有开展有关专门工作职业素养的人才力量。"特殊人才"主要是指国家安全工作中，具备特殊能力、才能的人才力量。"招录"主要是指招考、录用、遴选，也就是专门人才和特殊人才的"进口"关。"培养"主要是指根据国家安全工作的需要，对国家安全工作人员进行培训、教育，使其具备从事相关专门、特殊工作的有关技能和素养。"管理"主要是指根据国家安全工作需要和专门人才、特殊人才的特点，对专门人才、特殊人才的任用、考核、晋升、退出、职级待遇、补贴优待等方面的综合管理措施。

保密法

第三讲
CHAPTER 3

CHAPTER 3

扫码查阅法律

第三讲　**保密法**

　　保密工作历来是党和国家的一项重要工作，关系国家安全和利益。1988年制定、2010年首次修订的《中华人民共和国保守国家秘密法》有力促进了保密事业发展，对于保守国家秘密、维护国家安全和利益发挥了重要作用。2024年2月27日，新保密法由第十四届全国人大常委会第八次会议修订通过，并于2024年5月1日起施行。相较于2010年修订版，新修订的保密法在维持原有6个章节的体例下，丰富相关内容，最终涵盖65条法律条款。保密法的修订颁布是中国特色社会主义法治建设中的一项重要举措，对于做好新形势下保密工作，维护国家安全和利益，保障改革开放和社会主义现代化建设事业的顺利进行，具有重要而深远的意义。

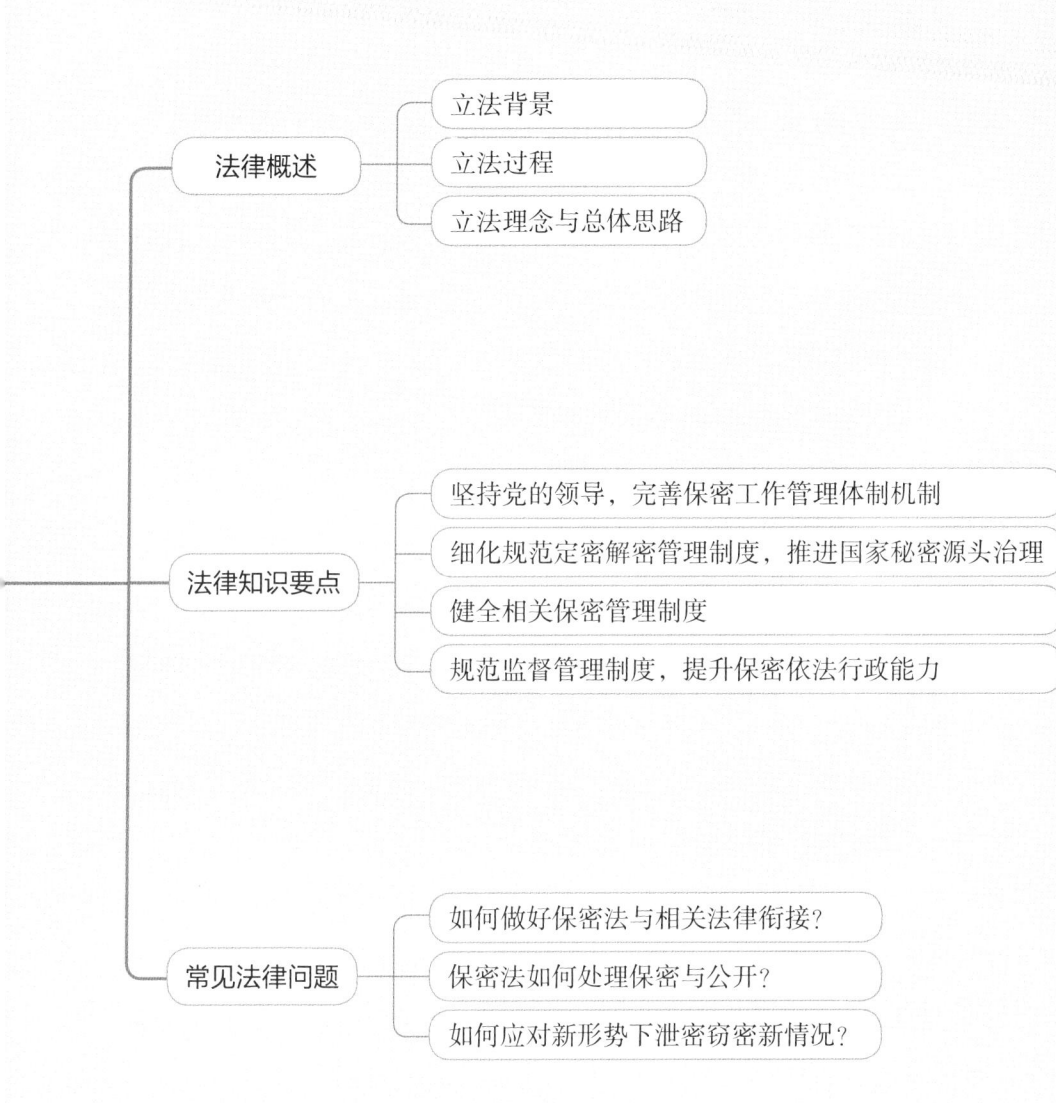

```
法律概述 ┬─ 立法背景
        ├─ 立法过程
        └─ 立法理念与总体思路

法律知识要点 ┬─ 坚持党的领导，完善保密工作管理体制机制
            ├─ 细化规范定密解密管理制度，推进国家秘密源头治理
            ├─ 健全相关保密管理制度
            └─ 规范监督管理制度，提升保密依法行政能力

常见法律问题 ┬─ 如何做好保密法与相关法律衔接？
            ├─ 保密法如何处理保密与公开？
            └─ 如何应对新形势下泄密窃密新情况？
```

一 法律概述

新保密法是一部符合我国国情、具有鲜明时代特色的法律，它的修订公布是党和国家保密事业发展中的一件大事，是适应时代发展潮流，在法治轨道上不断推进国家安全体系和能力现代化的必然要求，是全面贯彻落实总体国家安全观的客观需要。

（一）立法背景

保密法是搞好新形势下保密工作的法律依据和重要保证，体现着鲜明的时代特征。随着近年来国际形势深刻变革，针对我国的窃密活动日益猖獗，保密工作面临的环境更加复杂，形势更加严峻。为应对保密工作的新形势和新任务，亟须再次修订保密法，实现维护国家安全最高价值。

1. 社会主义现代化建设与中华民族伟大复兴的必然要求

党的二十大鲜明提出新时代新征程党的使命任务，发出全面建设社会主义现代化国家、全面推进中华民族伟大复兴的动员令。习近平总书记郑重宣示："从现在起，中国共产党的中心任务就是团结带领全国各族人民全面建成社会主义现代化强国、实现第二个百年奋斗目标，以中国式现代化全面推进中华民族伟大复兴。"国家安全是民族复兴的根基，社会稳定是国家强盛的前提。保密法作为国家安全法律体系的重要组成部分，是一部管理保守国家秘密工作的法律，直接涉及国家安全和利益，对于保守国家秘密、维护国家安全和利益发挥着重要作用。当前，在全面建成社会主义现代化强国、实现第二个百年奋斗目标，以中国式现代化全面推进中华民族伟大复兴的大背景下，修订保密法有利于更高质量维护国家安全，为社会主义现代化建设和中华民族伟大复兴塑造更好的安全环境、提供有力的法治保障。

2. 坚持问题导向、回应我国保密工作新形势新任务的实践需要

当前，我国保密工作面临的形势十分严峻复杂，窃密与反窃密的斗争尖锐复杂，保密工作面临新形势新任务。一方面，当前国家安全问题的复杂程度、艰巨程度明显加大，保密工作实践中出现的新形势新问题亟须在法律上进行定性并寻求解决方案。比如，一些新的群团组织、社会组织和其他组织进入涉密领域，国家秘密流动性增强、流向复杂、管理难度加大。又比如，随着大数据的发展，单一数据进行汇聚、关联引发的泄密风险交织叠加，亟须法律进行规定调整。另一方面，党的十八大以来，有关机关在长期适用法律的过程中积累了成熟有效的政策措施与实践经验，需要通过修改法律以进行提炼总结。修订保密法，加强对专门工作的法治保障，具有现实的必然性和紧迫性。

3. 贯彻落实总体国家安全观、完善国家安全法治体系的重要举措

党的十八大以来，我国国家安全体系与能力得到全面加强，国家安全领导体制和法治体系、战略体系、政策体系不断完善。一方面，此次修法是贯彻落实总体国家安全观的需要。党的二十大指出，必须坚定贯彻总体国家安全观。以立法形式维护国家安全是国际通行做法，保密法作为维护我国国家安全法治体系的一部重要法律，为加强反窃

密工作、防止窃密行为发挥了关键性作用。此次修订是适应新时代维护国家安全的要求，坚持系统观念、更高水平、更全面贯彻落实总体国家安全观，推动国家治理体系和治理能力现代化的重要举措。另一方面，此次修法是构建完善国家安全法治体系的需要。党的十八大以来，以2015年公布具有统领性质的国家安全法为代表，我国持续在多个国家安全领域加快法制建设，制定、修改了一系列涉及军事、国防方面的法律，包括反恐怖主义法、生物安全法、网络安全法、数据安全法等。国家安全法治体系的"四梁八柱"已经形成，并且还将继续发展和完善。保密法作为国家安全法治体系的重要组成部分，既需要与国家安全法治体系相关法律做好衔接，形成系统性合力，又需要根据保密工作新形势新任务进行及时修订调整，进一步完善国家安全法治体系。

（二）立法过程

1. 1988年保密法立法过程

1950年10月党中央就作出了《关于加强保守党与国家机密的决定》，1951年中央人民政府政务院即颁布了《保守国家机密暂行条例》，对全国的保密工作进行规范。党的十一届三中全会以来，国家保密工作面临着许多新情况。一方面，由于"文化大革命"对保密工作的破坏，造成了对保密工作的认识和管理的严重混乱；另一方面，随着我国改革开放的深入和发展，党和国家的各条战线对保密工作不断提出许多新问题、新要求，保密工作的任务日益繁重。这就要求必须有一个与之相适应的全国性法律规范，以加强保密工作。为此，从1980年开始，中央组织有关部门成立了一个法规起草小组，在借鉴国外的经验并结合我国的实际情况的基础上，草拟了《中华人民共和国保守国家秘密法（草案）》。1988年1月，草案经国务院常务会议讨论通过，并提请全国人大常委会审议。1988年9月5日，保密法由第七届全国人大常委会第三次会议审议通过，并于1989年5月1日起施行。

2. 2010年保密法修订过程

1995年12月中央正式决定修改保密法。经过较长时间的调研、论证和试点工作，国家保密局起草了修订方案，于2003年和2006年两次在全国范围征求意见，形成了修订草案，于2007年12月报国务院。国务院法制办先后两次征求有关地区和部门的意见，并多次召开协调会，对修订草案作了进一步修改。2009年4月1日，保密法修订草案经国务院第五十五次常务会议讨论通过，提请全国人大常委会审议。2009年6月第十一届全国人大常委会第九次会议进行了第一次审议，2010年2月第十一届全国人大常委会第十三次会议进行了第二次审议。其间，全国人大法律委、全国人大常委会法工委根据常委会审议提出的意见，到有关省、自治区、直辖市和部分保密资质单位进行了调研，对草案作了修改完善。2010年4月26日至29日第十一届全国人大常委会第十四次会议进行了第三次审议，4月29日下午，修订草案以高票获得通过，规定法律自2010年10月1日起正式施行。

3. 2023年保密法修订过程

2023年，修订保密法已列入全国人大常委会和国务院年度立法工作计划。司法部先后两次大范围征求有关中央单位、地方政府、协会、企事业单位和专家学者意见，赴地方开展实地调研，在此基础上会同国家保密局反复研究修改，形成了修订草案。2023年10月20日，修订草案提请第十四届全国人大常委会第六次会议进行初次审议。会后，法制工作委员会将修订草案印发中央有关部门、省（自治区、直辖市）、基层立法联系点和高等院校、法学研究机构等征求意见，并于2023年10月25日在中国人大网全文公布修订草案，征求社会公众意见。宪法和法律委员会先后召开两次会议，根据常委会组成人员审议意见和各方面意见，对修订草案进行了审议。2024年2月27日，修订草案二次审议稿由第十四届全国人大常委会第八次会议审议通过，规定法律自2024年5月1日起施行。

（三）立法理念与总体思路

新保密法坚持以习近平新时代中国特色社会主义思想为指导，深入贯彻党中央关于保密工作的决策部署和习近平总书记重要指示批示精神，全面贯彻习近平法治思想，坚持总体国家安全观，统筹发展和安全，将党的十八大以来保密工作成熟有效的政策措施和实践经验上升为法律制度，对原有保密法进行及时修改调整。

1. 坚持党对保密工作的统一领导，发挥党管保密的政治优势和组织优势

保密工作应党而生、伴党而行、为党而兴，始终是党和国家的一项重要工作。党的领导是保密事业发展的根本保证，党管保密是保密工作的政治优势和组织优势，既是巩固党的执政地位、加强党的执政能力建设的重要内容，也是做好新时代历史方位下保密工作的根本要求。中国共产党一百多年以来革命、建设、改革的实践经验证明，坚持党对保密工作的领导、党管保密，是我国保密事业沿着正确方向健康发展的必然要求。此次保密法修订，旗帜鲜明地将党管保密写入法律，体现了坚持党对保密工作的统一领导这一首要立法理念。

2. 贯彻落实总体国家安全观，统筹发展和安全

安全是发展的基础，稳定是强盛的前提。党的十八大以来，以习近平同志为核心的党中央站在统筹中华民族伟大复兴战略全局和世界百年未有之大变局的高度，统筹国内国际两个大局、安全发展两件大事，创造了新时代中国特色社会主义的伟大成就。实践证明，贯彻落实总体国家安全观，统筹发展和安全是我们党治国理政的一个重大原则。维护国家安全与利益、统筹好发展与安全是新时代保密法治建设的重要原则。

3. 坚持问题导向，着力解决保密工作中的突出问题

一方面，面对新时期保密工作中出现的一些新形势新问题，在法律上进行定性并寻求解决方案。国家秘密的存在形态和运行方式、保密工作的对象、领域和环境等诸多方面均出现了新的变化。针对新形势下保密工作的突出问题，本法通过完善定密解密制度、健全涉密管理制度等多项措施积极予以回应。针对新形势下保密工作的突出问题，本法通过完善定密解密制度、健全涉密管理制度等多项措施积极予以回应。另一方面，对于党的十八大以来有关机关在长期适用法律的过程中积累了成熟有效的政策措施与实践经验，通过修改法律以进行提炼总结，并以法律的形式确定下来。

4. 坚持统筹协调，形成维护国家安全的系统性合力

党的十八大以来，在总体国家安全观的指导、党中央的领导下，我国国家安全法治体系加速构建。目前，国家安全法治体系的"四梁八柱"已经形成，并且还将不断发展和完善。保密法作为国家安全法治体系的重要组成部分，需要与国家安全法治体系的相关法律做好衔接，形成系统性合力。因此，新保密法将坚持统筹协调，与相关法律

做好衔接作为重要立法理念，在法律概念、法律规范内容等方面与其他相关法律做好衔接，形成加强保密工作、维护国家安全和利益的系统性合力。

5. 坚持依宪立法，依法立法，体现新时代全面依法治国的要求

本法是依照我国宪法制定的，开展保密工作的直接任务是反窃密、防窃密，实质任务是维护以政权安全、制度安全为核心的政治安全，直接反映国家安全领域的宪法实施。宪法中对坚持党的领导、捍卫社会主义制度、坚决与敌对势力作斗争、尊重和保障人权、严格执法、全民守法等有明确规定和要求。修订保密法的过程亦是在保守国家秘密工作领域全面实施宪法的过程，保密法的相关内容需要从遵循宪法原则、贯彻宪法要求、体现宪法精神的立场进行理解和具体执行。另外，本法在总则中强调保密工作应该坚持依法管理的方针，更加体现了依法治国方略在保密工作领域的运用和彰显。

二 法律知识要点

保密法修订全面贯彻习近平法治思想和总体国家安全观，将党中央作出的关于保密工作的符合时代发展和变化的一系列重要部署转化为国家意志，充分总结吸收了近年来保密工作理论和实践成果，依法全面加强保密工作。本法共6章65条，重点从以下四个方面作出修订：一是加强党的领导，完善保密管理体制机制；二是完善定密解密制度，推进国家秘密源头治理；三是着眼经济社会发展，推进保密制度创新

升级;四是规范监督管理制度,提升保密依法行政能力。

(一)坚持党的领导,完善保密工作管理体制机制

健全保密管理体制是加强保密工作的必然要求和重要保证。党和国家历来十分重视保密工作管理体制建设。本法着眼于保密工作管理体制机制,着力加强制度设计与调整,通过修改总则、增加专门条款规定等方式,进一步完善我国保密工作管理体制机制,破除体制机制障碍、补足短板,整体提升保密工作的质量和效果。

1. 加强党对保密工作的绝对领导

本次修订在总则中增加专门内容规定中国共产党对保密工作的领导,并明确中央保密工作领导机构职责。党的领导是中国特色社会主义最本质的特征,是社会主义法治最根本的保证。党管保密是保密工作长期实践和历史经验的总结,是保密工作必须坚持的政治原则。本法总则新增第三条规定"坚持中国共产党对保守国家秘密(以下简称保密)工作的领导",将坚持党对保密工作的领导落实到法律条款中,同时进一步明确了中央保密工作领导机构的职责,规定"中央保密工作领导机构领导全国保密工作,研究制定、指导实施国家保密工作战略和重大方针政策,统筹协调国家保密重大事项和重要工作,推进国家保密法治建设",有利于更好发挥党管保密的政治优势和组织优势,应对新形势下保密工作的风险挑战。

2. 坚持总体国家安全观,完善法律基本原则

区别于2010年《保密法》中规定的"积极防范、突出重点、依法管理"的方针,新修订《保密法》第四条对我国保密工作的基本原则进行了修改完善,规定"保密工作坚持总体国家安全观,遵循党管保

密、依法管理、积极防范、突出重点、技管并重、创新发展的原则"。明确把保密工作坚持总体国家安全观，遵循党管保密，以及根据社会的创新发展等原则写进了法律里。一方面，明确提出保密工作要坚持总体国家安全观，使法律条文内容的具体含义、设置的具体措施与总体国家安全观保持一致，与总体国家安全观理论体系同步发展，进一步切实维护国家安全；另一方面，除党管保密外，新增"技管并重，创新发展"原则，回应新时代保密工作的一系列新情况新问题，注重技术防护和管理措施双管齐下，切实维护国家秘密安全。

3. 进一步完善机关、单位保密工作责任制

国家机关和涉及国家秘密的单位（以下简称机关、单位）管理本机关和本单位的保密工作。2010年《保密法》第七条规定"机关、单位应当实行保密工作责任制，健全保密管理制度，完善保密防护措施，开展保密宣传教育，开展保密检查"，对涉密机关单位的保密工作责任进行了规定，然而却并未对机关、单位应实行的保密工作责任制进一步细化。实践情况中，由于相当多的机关、单位其主要业务并非涉密业务，因此其对应予实行的保密工作责任制并未安排专门机构或者专人负责，导致长期以来保密工作浮于表面，存在落实不到位、处理不专业的问题。新修订《保密法》第八条对机关、单位应当实行的保密工作责任制进行了进一步细化安排，规定"机关、单位应实行保密工作责任制，依法设置保密工作机构或者指定专人负责保密工作"。机关、单位管理本机关、本单位保密工作专业性、制度性、有效性显著提升。

4. 加强保密宣传教育，筑牢保密人民防线

保密工作的本质就是为了人民，更离不开人民的支持和帮助。在新时期需要进一步增强人民群众保密安全防范意识和国家安全素养，发挥人民群众在加强国家保密工作方面的重要作用。2010年《保密法》第七条规定"机关、单位应当开展保密宣传教育",从涉密机关、单位层面出发,提出了加强保密工作宣传教育的必然性,却未有从全社会层面加强保密宣传教育的内容。新保密法专门增加了加强保密宣传教育的内容条款,增强全社会保密意识,增强保密的社会共识。本法新增第九条规定:"国家采取多种形式加强保密宣传教育,将保密教育纳入国民教育体系和公务员教育培训体系,鼓励大众传播媒介面向社会进行保密宣传教育,普及保密知识,宣传保密法治,增强全社会的保密意识。"这一条款不但体现了加强保密宣传教育的硬性规定,还说明了加强保密宣传教育的重点要求,即要加强保密宣传教育的广泛性、经常性和多样性:运用多种形式、鼓励大众传媒加强开展面向社会的保密宣传教育,体现了加强保密宣传教育对象的广泛性和形式手段的多样性;而将保密教育纳入国民教育体系和公务员教育培训体系,则将保密宣传教育制度化、日常化,体现了保密宣传教育的经常性。这一规定是国家安全法中加强国家安全教育内容在保密工作领域的具体体现,有利于夯实保密工作社会基础,夯实保密工作人民防线。

5. 坚持创新引领,推动保密科技自立自强

进入21世纪以来,全球科技创新进入空前密集活跃的时期,新一轮科技革命和产业变革方兴未艾,互联网、大数据、人工智能等新技术、新应用迅速发展,给保密工作带来新形势、新任务、新挑战。在此背景下,本法增加支持保密科技创新和保密科技防护制度措施条款。一方面,在总则中新增第十条,规定"国家鼓励和支持保密科学技术研究和应用,提升自主创新能力,依法保护保密领域的知识产权",支持保密科技创新,明确国家对保密科学技术研究和应用的鼓励、支持,

强调提升自主创新能力，依法保护保密领域的知识产权，为保密科技实现高水平自立自强提供法律支持。另一方面，本法第三章第三十条、第三十一条、第三十二条新增了涉密信息系统全流程管理和风险评估相关规定，对用于保护国家秘密的安全保密产品、保密技术装备等提出明确要求，在以保密科技自立自强强化国家保密工作效能的同时，坚持底线思维，防范保密科技应用可能会带来的各项风险隐患，提升保密科技应用在国家保密工作中的效用性和安全性。

6. 完善保密工作经费保障制度

将保密工作纳入国民经济和社会规划，保障所需经费。保密经费是保密工作体系有效运行的重要基础，是保密管理工作不可或缺的财力支撑。2010年《保密法》未列出明确条款，对保密工作经费保障内容进行细化安排。新修订《保密法》在总则中增加第十一条，明确将保密工作纳入国民经济和社会发展规划，要求保障所需经费。本法第十一条规定"县级以上人民政府应当将保密工作纳入本级国民经济和社会发展规划，所需经费列入本级预算。机关、单位开展保密工作所需经费应当列入本机关、本单位年度预算或者年度收支计划"。通过明确保密主体单位对保密工作的经费保障责任，将保密工作经费制度化，进一步提升了保密工作保障能力，完善了保密工作管理体制机制。

7. 加强保密队伍建设和专业人才培养，提升保密工作专业能力

保密工作要发展，关键是人，要把人才队伍建设摆在极为重要的突出位置。一是直接强调要加强保密干部队伍建设和专业人才培养。本法第十二条规定"国家加强保密人才培养和队伍建设，完善相关激励保障机制"。具体来看，要重视保密人才的选拔、培养和保留，打

造思想政治强、专业技术精、工作作风实的专业人才队伍。二是任用、聘用涉密人员应当按照有关规定进行审查。本法第四十三条规定"涉密人员应当具有良好的政治素质和品行，经过保密教育培训，具备胜任涉密岗位的工作能力和保密知识技能，签订保密承诺书，严格遵守国家保密规定，承担保密责任"，对涉密人员应该具备的能力素质进行明确要求。三是完善保密人才评价激励机制。对比2010年《保密法》，新修订内容扩大了保密人才评价激励机制的对象、内容与手段。在对象方面，将"单位"改为"组织"反映了一些新的群团组织、社会组织和其他组织进入涉密领域，扩大评价激励机制对象的要求。在内容方面，修改为"在保守、保护国家秘密工作中"，将一切涉及国家保密工作的内容纳入评价激励体系。在手段方面，将"奖励"更改为"表彰和奖励"，激励方式由物质激励为主丰富为物质激励与精神激励相结合。从总体上看，有利于进一步强化保密干部队伍建设和保密专业人才培养。

（二）细化规范定密解密管理制度，推进国家秘密源头治理

定密解密，即依法确定国家秘密和依法解除国家秘密，是保密工作管理的基础性工作。精准定密是维护国家秘密安全的基础，及时解密是便利信息资源合理利用的客观要求。此次保密法修订增强了定密解密制度条文的周延性和实践中的可操作性，既有利于维护国家秘密安全，又有利于信息资源合理利用。

1. 明确保密事项范围确定的相关主体和实行原则

一方面，对保密事项范围的规定主体进行修改调整。2010年《保

密法》第十一条规定："国家秘密及其密级的具体范围，由国家保密行政管理部门分别会同外交、公安、国家安全和其他中央有关机关规定。"可见国家保密行政管理部门并无单独规定国家秘密及其密级具体范围的权限。新修订《保密法》第十五条明确规定"国家秘密及其密级的具体范围（以下简称保密事项范围），由国家保密行政管理部门单独或者会同有关中央国家机关规定"。这有利于国家保密行政管理机关及时制定、修订保密事项范围，进一步明确国家保密行政管理机关权责，推动保密事项范围制定规范化、及时化、有效化。另一方面，保密事项范围事关定密的科学性，为防止太多太泛。新修订《保密法》第十五条明确保密事项范围的确定应当遵循必要、合理原则，科学论证评估，并根据情况变化及时调整。避免泛化国家秘密范围，从而对相关机关、单位、企业管理经营工作造成不必要的影响，从源头上提升了定密工作的科学性和准确性。

2. 增加了特殊情形下的省级以上主管部门授权定密制度，完善定密授权机制

定密授权，是指具有法定原始定密权限的机关依照法定程序，在规定权限内，授予有关机关、单位特定事项原始定密权的行政行为。2010年《保密法》规定可以作出定密授权的机关是中央国家机关、省级机关以及设区的市、自治州级机关。其中可以作出定密授权的机关只能在主管业务工作和职权范围内作出定密授权决定，导致存在部分情况无法按照规定授权定密。因此，新修订《保密法》第十七条增加内容指出，"特殊情况下无法按照上述规定授权定密的，国家保密行政管理部门或者省、自治区、直辖市保密行政管理部门可以授予机关、单位定密权限"，解决了个别单位定密授权主体不明确的问题，进一步完善了定密授权机制，解决了实践中定密工作的难题。

3. 对密点标注作出原则性规定

密点，即保密要点，是指决定一个事项具备国家秘密本质属性的关键内容，是国家秘密的最小单元，可以与非国家秘密以及其他密点明确区分。定密时明确国家秘密的密点，是做好保密管理的迫切需要。本法第十九条规定："机关、单位对所产生的国家秘密事项，应当按照保密事项范围的规定确定密级，同时确定保密期限和知悉范围；有条件的可以标注密点。"当前，在实际工作中，由于部分工作人员依法依规定密意识不强，定密责任意识不牢，存在一些笼统定密、以载体形式定密的习惯，不利于维护国家秘密安全。本法首次以法律形式对密点标注作出原则性规定，其目的在于改变定密工作中随意定密、拍脑袋定密的情况，使定密工作在安全可控的情况下，更加实用、科学和严谨。

4. 增加电子涉密文件依法标密规定

在国家秘密载体上标注国家秘密标志，是依法确定国家秘密的一项重要内容。其作用在于规范国家秘密的制度化、标准化管理，提醒相关人员履行保密义务。互联网信息技术的发展引发了政务办公的变革，各机关、单位在履职过程中，产生了一系列的电子文件。2023年，国务院办公厅印发《政务服务电子文件归档和电子档案管理办法》，其中第十五条规定："涉及国家秘密的政务服务电子文件归档和电子档案管理，依照有关保守国家秘密的法律、行政法规规定办理。"然而，2010年《保密法》并未对电子涉密文件的定密管理作出要求。新修订《保密法》第二十二条新增内容，专门规定"涉及国家秘密的电子文件应当按照国家有关规定作出国家秘密标志"。此项修改内容应对了新时期保密工作中出现的新形势新问题，将长期以来对涉密电子文件管理的实践经验以法律方式予以落实。

5.细化解密规定，规范解密制度

依法开展降密解密工作，做到依据充分、程序规范、及时稳妥。本法从两个方面对解密制度进行修改完善：一方面，明确规定机关、单位应当每年审核所确定的国家秘密。将2010年《保密法》中规定的定期审核改为每年审核，更加有利于明确机关、单位审核所确定国家秘密的责任，保障审核制度有效落地。另一方面，明确了未履行解密审核责任造成严重后果的法律责任。本法第五十八条规定："机关、单位违反本法规定，对应当定密的事项不定密，对不应当定密的事项定密，或者未履行解密审核责任，造成严重后果的，依法对直接负责的主管人员和其他直接责任人员给予处分。"进一步压实定密机关、单位解密审核的主体责任，解密审核工作更加制度化、规范化，既有利于确保国家秘密安全，又有利于便利信息资源合理利用。

（三）健全相关保密管理制度

新形势、新任务下，保密工作出现了一些新表现、新业态，亟须健全保密管理制度，对党的十八大以来保密工作成熟有效的政策措施和实践经验进行提炼总结，及时转化为法律制定，切实增强我国保密工作实效，维护我国国家安全和利益。

1.完善保密科技防护制度措施

安全保密防护软件和设备由于技术的复杂性和有限性，无法提供绝对的信息安全保障，很容易带来泄密风险。本法主要从以下三个方面健全完善保密科技防护制度：一是新增涉密信息系统全流程管理和风险评估相关规定。本法第三十条新增涉密信息系统应当按照国家保密规定和标准规划、建设、运行、维护的要求，并明确提出涉密信息系统在投入使用后，必须定期开展风险评估要求，避免"带病运行"。二是规定机关、单位加强对信息系统、信息设备的保密管理，建设保密自监管设施，及时发现并处置安全保密风险隐患。对比2010年《保密法》相关规定，本法第三十一条还明确了"未按照国家保密规定和标准采取有效保密措施"这一强制性规定，确切加强了对涉密信息系统和信息设备的管理。三是对用于保护国家秘密的安全保密产品、保密技术装备提出明确要求。本法新增第三十二条，明确用于保护国家秘密的安全保密产品和保密技术装备应当符合国家保密规定和标准，并建立抽检、复检制度。

2. 完善网络信息保密管理制度

随着信息化、数字化的飞速发展和广泛应用，国家秘密管理难度不断加大，网络信息保密防范和管理的重要性愈发凸显。本法在两个方面完善了网络信息保密管理制度：一方面，从防控的角度出发，全流程加强网络保密信息管理。本法第三十三条明确网络信息的制作、复制、发布、传播等各个环节均应当遵守国家保密规定，全流程介入，加强对网络信息保密防范的控制与管理。另一方面，本法第三十四条规定网络运营者应当配合有关部门对涉嫌泄露国家秘密案件进行调查处理；发现利用互联网及其他公共信息网络发布的信息涉嫌泄露国家秘密的，应当及时处置报告，并根据要求删除涉及泄露国家秘密的信息，对有关设备进行技术处理等。进一步明确网络运营者在网络信息保密管理中的相关责任与义务，积极回应了信息化时代保密工作新形势、新任务、新挑战。

3. 增加涉密数据管理条款，对汇集、关联后属于国家秘密的数据加强安全管理

在数字化时代，数据是重要生产要素，成为国家基础性战略资源，数据安全与国家主权、安全、发展利益息息相关。因此，亟须对数据涉密信息处理活动及安全监管作出专门规定，防范数据汇集、关联引发的泄密风险。本法新增第三十六条，对开展涉密数据处理活动和安全监管，以及应对数据汇集、关联带来的泄密风险作出了专门性规定：一是从主体上，省级以上保密行政管理部门应建立安全保密防控机制，对汇集、关联引发的泄密风险进行防范。机关、单位则应对汇集、关联后属于国家秘密的事项进行安全管理。二是从措施上，提出建立安全保密防控机制，采取安全保密防控措施，对涉密数据进行防控保护，防止数据汇集、关联引发泄密风险。而数据汇集关联后已经属于国家秘密的事项，则应该加强安全管理。

4. 明确提出建立信息公开保密审查制度

信息公开与国家秘密保护是一个问题的两个方面，是辩证统一的。正确认识和把握二者的关系，关键是要做到依法保密、依法公开、保放适度。本法第三十五条规定："机关、单位应当依法对拟公开的信息进行保密审查，遵守国家保密规定。"一方面，规定机关、单位应对依法拟公开的信息进行公开，处理好公开与保密的关系，有利于保障公民的知情权。另一方面，明确机关、单位对拟公开的信息有保密审查的职责，防止相关信息泄露国家秘密。这一规定充分考虑了信息公开与保密的关系，做到该保守的秘密坚决守住，该公开的信息依法公开，既有利于国家秘密安全，又有利于促进信息资源合理利用。

5. 对企事业单位保密管理提出新思路

随着市场经济不断发展，越来越多的民营企业、中介机构、社会团体等"体制外"力量参与涉密活动，从事涉密业务。本法第四十一条规定"从事涉及国家秘密业务的企业事业单位，应当具备相应的保密管理能力，遵守国家保密规定"，对涉密企事业单位提出相应的能力要求及责任义务。同时规定"从事国家秘密载体制作、复制、维修、销毁，涉密信息系统集成，武器装备科研生产，或者涉密军事设施建设等涉及国家秘密业务的企业事业单位，应当经过审查批准，取得保密资质"，对涉军要素保密措施予以高度关注，设立行政许可型的涉密军事设施建设单位保密资质认定，强化有关主体保密责任，提升相应保密能力。以上，规定了从事涉密业务社会主体的保密能力要求和保密资质审查等行政许可行为规范，有效确保了非资质领域与资质领域的全范围管理效果。

6. 强化完善涉密人员保密管理制度

保密工作要发展，关键是人，管理好涉密人员，是做好保密工作的核心。本法主要从两方面强化完善涉密人员保密管理制度：一方面，进一步明确涉密人员相关权责，充分体现涉密人员管理的责任与权益相适应。在责任方面，除了以前强调的涉密人员应具备胜任涉密岗位的工作能力和保密知识技能等外，新增涉密人员还应经过"保密教育培训"，有利于提升涉密人员的保密意识和保密工作能力。在权益方面，本法第四十三条提出："对因保密原因合法权益受到影响和限制的涉密人员，按照国家有关规定给予相应待遇或者补偿。"与本法第十二条相对应，除了完善激励保障机制外，涉密人员补偿机制也进一步完善。另一方面，针对涉密人员流动性增强、流向复杂带来的一系列管理难题，除继续坚持以往岗前严格审查、在岗分类管理、出境严格审批、脱密期管理等既有立法思路外，还及时回应了困扰实践工作已久的涉密人员脱密期结束后泄密风险防范的问题。本法第四十六条新增内容规定："脱密期结束后，应当遵守国家保密规定，对知悉的国家秘密继续履行保密义务。涉密人员严重违反离岗离职及脱密期国家保密规定的，机关、单位应当及时报告同级保密行政管理部门，由保密行政管理部门会同有关部门依法采取处置措施。"这一规定不但明确了涉密人员脱密期结束后的行为规范要求，还明确了采取相应处置措施的主体和程序，涉密人员脱岗期管理制度得以进一步完善。

（四）规范监督管理制度，提升保密依法行政能力

新修订的保密法进一步完善制度规范，从规范保密行政管理部门执法手段、建立相关制度机制、加强保密工作组织行业监管三方面进行修改完善，进一步强化了保密监管措施。

1. 规范保密行政管理部门在保密检查和案件调查中的执法手段

一是明确保密行政机关对涉嫌保密违法情况的处理方式，规定保密行政机关可以及时调查处理涉嫌保密违法的行为，也可以组织、督促有关机关调查处理。二是完善保密行政管理部门调查处置措施，规范保密行政管理部门执法手段。本法根据执法实践的实际需求，明确保密行政保密部门在保密检查和案件调查中，具有"依法查阅有关材料、询问人员、记录情况，先行登记保存有关设施、设备、文件资料等；必要时，可以进行保密技术检测"等执法职权，对保密行政管理部门的执法手段和科技保障进行了更加明确的规定。

2. 建立保密风险评估、监测预警、应急处置等制度机制

习近平总书记强调:"要更加注重治理能力建设,增强按制度办事、依法办事意识,善于运用制度和法律治理国家,把各方面制度优势转化为管理国家的效能,提高党科学执政、民主执政、依法执政水平。"[1] 本法新增第五十五条内容,提出"设区的市级以上保密行政管理部门建立保密风险评估机制、监测预警制度、应急处置制度,会同有关部门开展信息收集、分析、通报工作"。保密行政管理部门作为保密工作的主要管理机构,通过建立保密风险评估机制、监测预警制度对泄密窃密进行事前预防以提前化解风险;通过建立应急处置制度,对失密泄密事件的发生提前做好应急预案,最小化失密窃密危害,冷静处置突发事件,维护国家安全与利益。这有利于提升保密工作的常态化、规范化、专业化,切实增强保密工作实效性。

3. 明确保密工作行业组织依法开展活动,推动行业自律的原则要求

行业自律是行业规制的重要方式,在约束主体不良行为、维护行业秩序上具有重要作用。新时期,一些新的群团组织、社会组织和其他组织进入涉密领域,国家秘密流动性增强、流向复杂、管理难度加大,因此亟须对保密工作行业组织进行法律规制,提出义务要求。本法新增第五十六条内容,对保密工作行业组织进行了规范规定:"保密协会等行业组织依照法律、行政法规的规定开展活动,推动行业自律,促进行业健康发展。"对保密工作行业组织提出明确要求,充分体现了社会民主发展和法治社会建设的要求,有利于保密工作行业约束相关

---

[1] 《习近平著作选读》第一卷,人民出版社2023年版,第180页。

主体不良行为，维护行业秩序，提升保密工作能力和专业素质，切实维护我国国家安全和利益。

三 常见法律问题

（一）如何做好保密法与相关法律衔接？

保密法的实施过程中应当着重考虑的问题就是如何处理法律之间的衔接。对保密法相关规定的理解，不能仅从保密法这一单一法律文本中体会，而要从国家安全法治体系相关法律中进行整体性把握。一是做好法律概念之间的衔接。保密法中的一些概念、原则，已经在其他法律法规中有明确的规定，并经过了较长的实践检验。保密法作为国家安全法治体系中的主要组成部分，可以援引、结合其他法律文本中的相关规定，综合理解相关法律概念。比如，《保密法》第二条对国家秘密的定义，强调其"关系国家安全和利益"。《国家安全法》第二条指出，"国家安全是指国家政权、主权、统一和领土完整、人民福祉、经济社会可持续发展和国家其他重大利益相对处于没有危险和不受内外威胁的状态，以及保障持续安全状态的能力"。通过《国家安全法》中对国家安全的定义，有利于厘清国家秘密的概念范畴。二是做好法律规范内容上的衔接。一方面，保密法中的相关规定，需要衔接其他相关法律进行落地。比如，在保密法与刑法的衔接方面，《保密法》在第五章法律责任方面，对各主体违反保密法的相关法律责任进行规定，涉嫌犯罪的要进行刑事追责。刑法中多条罪名对涉及国家秘密的犯罪行为进行规制，如《刑法》第二百九十八条关于故意泄露国家秘密罪、过失泄露国家秘密罪的规定"国家机关工作人员违反保守国家秘密法的规定，故意或者过失泄露国家秘密，情节严重的，处三年以下有期徒刑或者拘役；情节特别严重的，处三年以上七年以下有期徒刑。非国家机关工作人员犯前款罪的，依照前款的规定酌情处罚"。另一方面，其他相关法律中涉及国家秘密的规定，也需要保密法进行进一步规制。比如，数据安全法对数据的收集、存储、使用、加工、传输、提供、公开和安全监管作了系统规定，并明确涉密数据管理适用保密法律法规。这次保密法修订加强与数据安全法的协同衔接，新增涉密数据管理及汇聚、关联后涉及国家秘密数据管理的原则规定。《数据安全法》第五十三条规定，"开展涉及国家秘密的数据处理活动，适用《中华人民共和国保守国家秘密法》等法律、行政法规的规定"。

（二）保密法如何处理保密与公开？

保守国家秘密与推进信息公开是相辅相成的。近年来，政府信息公开制度不断发展完善，公民知情权得到空前重视和保障。保密是原则、公开是例外已经成为世界各国相关法律共同遵循的基本原则。这次保密法修订充分考虑了信息公开与保密的关系，兼顾"保密"与"公开"两种价值取向，进一步强化国家秘密的精准保护，最大限度保障信息资源合理利用。从本次保密法修订过程来看，曾多次在全国范围征求有关中央单位、地方政府、协会、企事业单位和专家学者意见，修订草案形成后，面向全社会公布，征求社会公众意见，充分保障了公民知情权、参与权。从法律条文上看，本法新增多处依法公开相关事项。本法第十五条规定"保密事项范围的确定应当遵循必要、合理原则，科学论证评估，并根据情况变化及时调整"，避免泛化国家秘密范围，着力从源头上缩小国家秘密范围，完善国家秘密的确定、变更和解除机制。本法第二十四条规定机关、单位应当每年审核所确定的国家秘密，进一步推进精准定密、及时解密。本法第三十五条规定"机关、单位应当依法对拟公开的信息进行保密审查，遵守国家保密规定"，建立起信息公开的"安全网"，做到该保守的秘密坚决守住，该公开的信息依法公开，努力做到依法保密、依法公开、保放适度。

（三）如何应对新形势下泄密窃密新情况？

随着全球政治经济格局的演进变化，危害我国家安全的窃密活动的广度和深度不断扩大，手段更加复杂，网络攻击、数据窃取等成为窃密的重要手段，网络空间成为窃密与反窃密斗争的主战场。本法对新形势下如何加强保密工作，防止窃密泄密以维护国家安全作出了解答。一是防范数据汇集、关联带来的涉密窃密风险。随着大数据、云计算、物联网、移动互联等技术升级及普遍应用，现代社会数字化、信息化、网络化、智能化特征凸显，各种因素广泛以"数据"形式表现，并通过网络传输、汇聚，其中潜藏着巨大的泄密风险。2021年，国家网信部门检测核实，"滴滴出行"应用软件存在严重违法违规收集使用个人信息问题，通知各应用商店下架该软件，并要求滴滴出行认真整改。在此之前，滴滴研究院2015年发布的一份部委打车分析报告就曾总结各部委打车规律，将之与各部委当时工作重点、人事任免、行事风格等联系起来，分析各部委工作、人事调动等进展情况。与滴滴同时被下架要求整改的 BOSS 直聘、货车帮等软件，分别掌握了海量就业、货运等数据，可利用其对我国经济形势、重点产业发展情况作出研判。海量数据从单一走向汇集，不断关联，形成泄密风险综合体。对此，本法新增第三十六条内容进行了专门规制，要求省级以上行政管理部门建立安全保密防控机制，采取安全保密防控措施，防范数据汇集、关联造成泄密风险；同时要求机关、单位应当对汇集、关联后属于国家秘密事项的数据加强安全管理。二是加强计算机涉密信息系统、信息设备的安全管理。当前，网络已经成为窃密与反窃密斗争的主战场，为应对新形势下网络窃密泄密事件频发的现状，本法进一步完善了网络信息保密管理制度：一方面明确网络信息的制作、复制、发布、传播等各个环节均应当遵守国家保密规定。另一方面规定网络运营者应当配合有关部门对涉嫌泄露国家秘密案件进行调查处理；发现利用互联网及其他公共信息网络发布的信息涉嫌泄露国家秘密的，应当及时处置报告，并根据要求删除涉及泄露国家秘密的信息，对有关设备进行技术处理等。

网络安全法

第四讲
CHAPTER 4

CHAPTER 4

扫码查阅法律

第四讲 网络安全法

网络安全法是我国指导、规范和保障网络安全工作的基础性法律，是贯彻落实总体国家安全观的网络空间主权宣言，是构建网络空间命运共同体的法治要求，是实现网络强国战略的法治举措。2016年11月7日，网络安全法由第十二届全国人大常委会第二十四次会议通过，自2017年6月1日起施行。

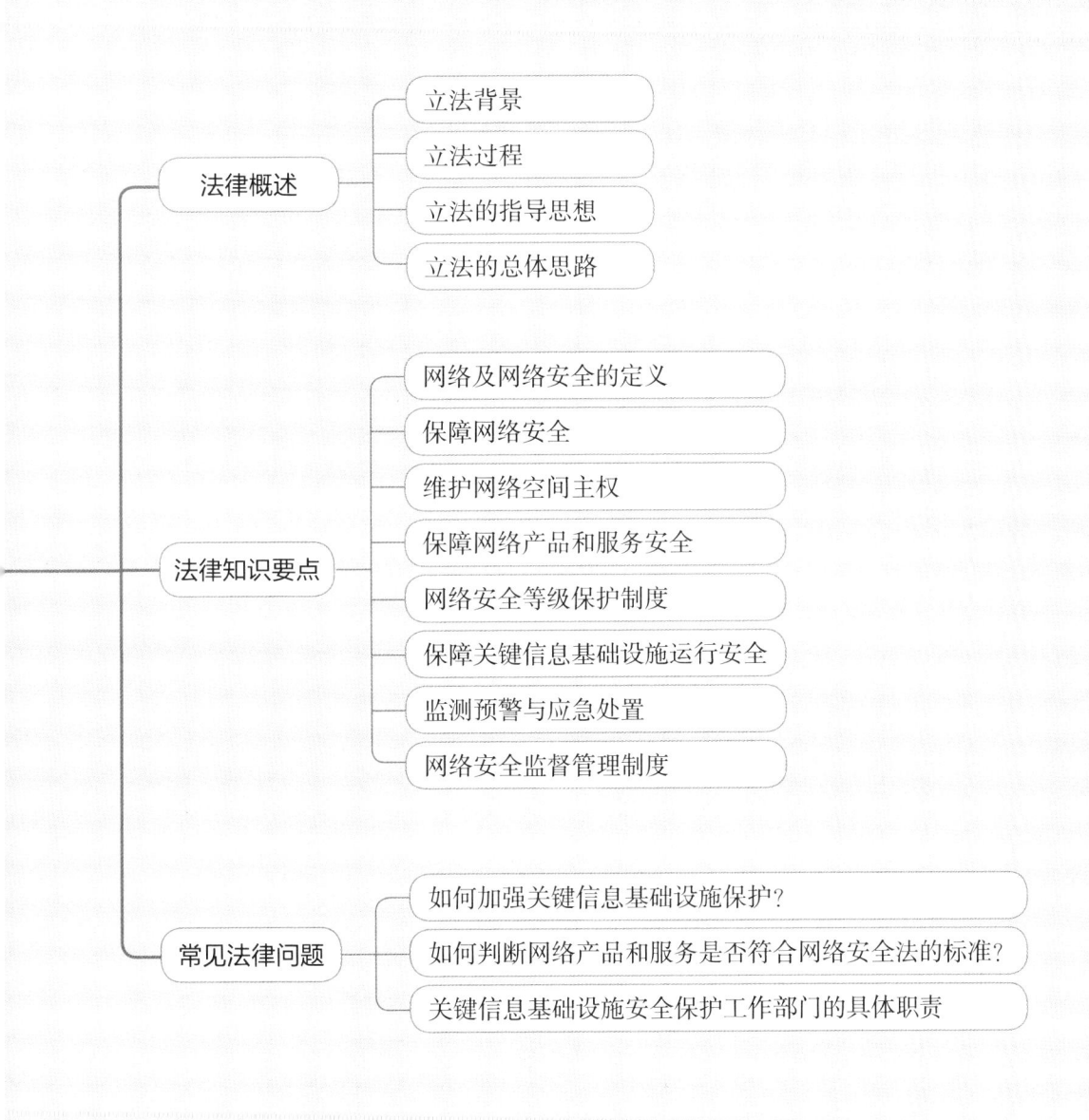

- 法律概述
  - 立法背景
  - 立法过程
  - 立法的指导思想
  - 立法的总体思路

- 法律知识要点
  - 网络及网络安全的定义
  - 保障网络安全
  - 维护网络空间主权
  - 保障网络产品和服务安全
  - 网络安全等级保护制度
  - 保障关键信息基础设施运行安全
  - 监测预警与应急处置
  - 网络安全监督管理制度

- 常见法律问题
  - 如何加强关键信息基础设施保护？
  - 如何判断网络产品和服务是否符合网络安全法的标准？
  - 关键信息基础设施安全保护工作部门的具体职责

一 法律概述

（一）立法背景

20世纪90年代以来，信息技术在全球迅速发展，互联网（internet）在各国广泛应用，使得人类社会各领域发生了深刻变化，极大地改变和影响着人们的社会活动和生活方式。网络与信息技术的应用，在促进技术创新、经济发展、文化繁荣、社会进步的同时，也导致网络安全问题日益凸显。一是网络入侵、网络攻击等非法活动，严重威胁着电信、能源、交通、金融以及国防军事、行政管理等重要领域的信息基础设施的安全，云计算、大数据、物联网等新技术、新应用面临着更为复杂的网络安全环境。二是非法获取、泄露甚至倒卖公民个人信息，侮辱诽谤他人、侵犯知识产权等违法活动在网络上时有发生，严重损害公民、法人和其他组织的合法权益。三是宣扬恐怖主义、极端主义，煽动颠覆国家政权、推翻社会主义制度，以及淫秽色情等违法信息，借助网络传播、扩散，严重危害国家安全和社会公共利益。网络安全已成为关系国家安全和发展，关系人民群众切身利益的重大问题。在此背景下，应对来自网络空间的安全挑战，切实保障网络空间安全，已经成为各国面临的共同课题。互联网的全球性，导致网络空间的安全问题必然也是全球性综合性的社会问题。没有网络安全，就没有国家安全。网络安全问题的解决，当然离不开法律的规制。

（二）立法过程

党的十八大以来，以习近平同志为核心的党中央坚持总体国家安全观，就网络安全问题提出了一系列新思想新理念新论断，对加强国家网络安全工作作出重要部署。党的十八届四中全会决定要求完善网络安全保护方面的法律法规。广大人民群众十分关注网络安全，强烈要求依法加强网络空间治理，规范网络信息传播秩序，惩治网络违法犯罪，使网络空间清朗起来。全国人大代表也提出许多议案、建议，呼吁出台网络安全相关立法。为适应国家网络安全工作的新形势新任务，落实党中央要求，回应人民群众期待，全国人大常委会将制定网络安全方面的立法列入了立法规划、年度立法工作计划。中央领导同志多次就网络安全立法问题作出重要批示，要求"抓紧论证、抓紧起草、抓紧出台"。

根据党中央的要求和全国人大常委会立法工作安排，2014年上半年，全国人大常委会法工委组成工作专班，开展网络安全法研究起草工作。通过召开座谈会、论证会等多种方式听取中央有关部门、银行、电力、证券等重要信息系统运营机构，一些网络设备制造企业、互联网服务企业、网络安全企业，有关信息技术和法律专家的意见，并到北京、浙江、广东等一些地方调研，深入了解网络安全方面存在的突出问题，掌握各方面的立法需求。在此基础上，先后提出网络安全立法的基本思路、制度框架和草案初稿，会同中央网信办与工业和信息化部、公安部、国务院法制办等部门多次交换意见，反复研究，提出了网络安全法草案征求意见稿。经同中央国安办、中央网信办共同商议，再次征求了有关部门的意见，作了进一步完善，形成了网络安全法草案[①]。2016年6月,第十二届全国人大常委会第二十一次会议对《网络安全法(草案二次审议稿)》进行审议。审议后,《网络安全法(草案二次审议稿)》在中国人大网公布,向社会公开征求意见。2016年11月7日,网络安全法由第十二届全国人大常委会第二十四次会议通过。

(三)立法的指导思想

坚持以总体国家安全观为指导,全面落实党的十八大和十八届三中、四中全会决策部署,坚持积极利用、科学发展、依法管理、确保安全的方针,充分发挥立法的引领和推动作用,针对当前我国网络安全领域的突出问题,以制度建设提高国家网络安全保障能力,掌握网络空间治理和规则制定方面的主动权,切实维护国家网络空间主权、安全和发展利益。

(四)立法的总体思路

第一,坚持从国情出发。根据我国网络安全面临的严峻形势和网络立法的现状,充分总结近年来网络安全工作经验,确立保障网络安全的基本制度框架。重点对网络自身的安全作出制度性安排,同时在信息内容方面也作出相应的规范性规定,从网络设备设施安全、网络运行安全、网络数据安全、网络信息安全等方面建立和完善相关制度,体现中国特色;注意借鉴有关国家的经验,主要制度与国外通行做法是一致的,并对内外资企业同等对待,不实行差别待遇。

---

① 《中华人民共和国网络安全法》,法律出版社2016年版,第30页。

第二，坚持问题导向。本法是网络安全管理方面的基础性法律，主要针对实践中存在的突出问题，将近年来一些成熟的好做法作为制度确定下来，为网络安全工作提供切实的法律保障。对一些确有必要，但尚缺乏实践经验的制度安排作出原则性规定，同时注重与已有的相关法律法规相衔接，并为需要制定的配套法规预留接口。

第三，坚持安全与发展并重。维护网络安全，必须坚持积极利用、科学发展、依法管理、确保安全的方针，处理好与信息化发展的关系，做到协调一致、齐头并进。通过保障安全为发展提供良好环境，本法注重对网络安全制度作出规范的同时，注意保护各类网络主体的合法权利，保障网络信息依法有序自由流动，促进网络技术创新和信息化持续健康发展。[①]

二 法律知识要点

网络安全法共有7章79条，包括总则、网络安全支持与促进、网络运行安全、网络信息安全、监测预警与应急处置、法律责任和附则。

（一）网络及网络安全的定义

《网络安全法》第七十六条规定了相关用语的含义：网络，是指由计算机或者其他信息终端及相关设备组成的按照一定的规则和程序对信息进行收集、存储、传输、交换、处理的系统；网络安全，是指通

[①] 《中华人民共和国网络安全法》，法律出版社2016年版，第31—32页。

过采取必要措施，防范对网络的攻击、侵入、干扰、破坏和非法使用以及意外事故，使网络处于稳定可靠运行的状态，以及保障网络数据的完整性、保密性、可用性的能力；网络运营者，是指网络的所有者、管理者和网络服务提供者；网络数据，是指通过网络收集、存储、传输、处理和产生的各种电子数据；个人信息，是指以电子或者其他方式记录的能够单独或者与其他信息结合识别自然人个人身份的各种信息，包括但不限于自然人的姓名、出生日期、身份证件号码、个人生物识别信息、住址、电话号码等。

（二）保障网络安全

《网络安全法》第一条规定："为了保障网络安全，维护网络空间主权和国家安全、社会公共利益，保护公民、法人和其他组织的合法权益，促进经济社会信息化健康发展，制定本法。"本条为网络安全法的立法目的。

维护国家安全的重要任务之一，就是健全完善国家网络与信息安全保障体系。网络安全法是保障网络安全的立法，制定网络安全法是在总体国家安全观指导下维护国家安全的必然要求。社会共同利益是反映社会最广大群体的共同价值的客观需求。网络现已成为公共基础设施，涉及不特定多数人的利益，承载着巨大的社会公共利益。保障网络安全，要求通过网络提供的产品和服务安全可靠，网络中存储、传输的信息真实、准确、完整，要防范网络安全事件危害社会公众利益。

网络安全法涉及网络运行安全和网络信息安全：前者既包括网络安全等级保护制度等一般制度，也包括关键信息基础设施运行安全制度；后者包括个人信息保护制度、违法信息监管制度、数据跨境传输制度。网络安全法还涉及网络安全支持与促进制度、网络安全监测预警与应急处置制度、网络安全法律责任制度等。

《网络安全法》第五条规定："国家采取措施，监测、防御、处置来源于中华人民共和国境内外的网络安全风险和威胁，保护关键信息基础设施免受攻击、侵入、干扰和破坏，依法惩治网络违法犯罪活动，维护网络空间安全和秩序。"国家是维护网络安全最具实力的主体，其主要任务有四项：一是监测、防御、处置来源于我国境内外的网络安全风险和威胁；二是保护关键信息基础设施免受攻击、侵入、干扰和破坏；三是依法惩治网络违法犯罪活动；四是维护网络空间安全和秩序。

维护网络空间安全和秩序是国家网络安全工作的最终目的。为实现此目的，国家采取各种措施，监测、防御、处置各类网络安全风险和威胁。关键信息基础设施关系国家安全、公共利益、民生保障，应重点保护其免受攻击、侵入、干扰和破坏。网络违法犯罪活动具有严重的法益侵害性，须依法惩治。

（三）维护网络空间主权

网络空间主权是国家主权在网络空间的延伸和表现。《联合国宪章》确立的主权平等原则是当代国际关系的基本准则，覆盖国与国交往各个领域，其原则和精神也应该适用于网络空间。从20世纪90年代后期起，从"去主权化"到"再主权化"，国家主权随着跨境数据流动、跨境执法的深入得到了日益广泛的承认，各国开始在不同程度上、以不同形式在该空间行使主权。2003年，联合国信息社会世界峰会通过

《日内瓦原则宣言》,明确"互联网公共政策的决策权是各国的主权"。2013年6月,第六届联合国大会通过联合国"从国际安全的角度来看信息和电信领域的发展政府专家组"所形成的决议,决议第二十条规定:"国家主权和源自主权的国际规范和原则适用于国家进行的信息通信技术活动,以及国家在其领土内对信息通信技术基础设施的管辖权。"该条的本质在于确认网络空间的国家主权。

《国家安全法》第二十五条规定:"国家建设网络与信息安全保障体系,提升网络与信息安全保护能力,加强网络和信息技术的创新研究和开发应用,实现网络和信息核心技术、关键基础设施和重要领域信息系统及数据的安全可控;加强网络管理,防范、制止和依法惩治网络攻击、网络入侵、网络窃密、散布违法有害信息等网络违法犯罪行为,维护国家网络空间主权、安全和发展利益。"这是我国法律首次涉及"网络空间主权"的概念。而网络安全法以"维护网络空间主权"为立法目的之一,为我国网络空间主权的行使提供了制度保障。

一般认为,网络空间主权至少包括以下内容:一是国内主权,即国家拥有对其领土范围内网络基础设施、网络活动与信息的管辖权;二是"依赖性主权",即国家拥有管理跨界网络活动的权力,这一权力通常需要依赖国际合作来实现;三是独立权,即独立制定政策、自主处理国内外网络事务,不受他国干涉的权力;四是自卫权,即对他国的网络攻击有采取自卫措施的权力。[1]

---

[1] 杨合庆:《中华人民共和国网络安全法解读》,中国法制出版社2017年版,第39页。

（四）保障网络产品和服务安全

《网络安全法》第十六条规定："国务院和省、自治区、直辖市人民政府应当统筹规划，加大投入，扶持重点网络安全技术产业和项目，支持网络安全技术的研究开发和应用，推广安全可信的网络产品和服务，保护网络技术知识产权，支持企业、研究机构和高等学校等参与国家网络安全技术创新项目。"该条从总体上概括提出网络产品和服务应该满足的要求，即安全可信。2017年5月，中央网信办相关负责人在答记者问时指出，"安全可信"至少包括三个方面的含义，即保障用户对数据可控、保障用户对系统可控、保障用户的选择权。《网络安全法》第二十二条，具体提出了网络产品和服务提供者安全保障的义务，即"网络产品、服务应当符合相关国家标准的强制性要求。网络产品、服务的提供者不得设置恶意程序；发现其网络产品、服务存在安全缺陷、漏洞等风险时，应当立即采取补救措施，按照规定及时告知用户并向有关主管部门报告"。不难看出，网络安全法规定了三方面的具体义务。

1. 一般安全义务

可用性和持续性是网络产品和服务应有之义，网络安全维护作为系统正常运行的保障，其重要性显而易见。2014年，微软停止服务事件，致使大量用户，包括金融、政治、军事等多领域的计算机系统面临严重的安全威胁。基于对用户合理信赖利益的保护，网络产品和服务提供者作为安全维护的主体，在法律规定或者约定的期限内，应当为系统提供安全、稳定的运行环境，确保系统远离高危漏洞、恶意攻击、入侵篡改等威胁。网络产品和网络服务提供者负有一般安全义务。

《产品质量法》第二十六条规定："生产者应当对其生产的产品质

量负责。产品质量应当符合下列要求：（一）不存在危及人身、财产安全的不合理的危险，有保障人体健康和人身、财产安全的国家标准、行业标准的，应当符合该标准；（二）具备产品应当具备的使用性能，但是，对产品存在使用性能的瑕疵作出说明的除外；（三）符合在产品或者其包装上注明采用的产品标准，符合以产品说明、实物样品等方式表明的质量状况。"《网络安全法》第二十二条与此衔接，规定网络产品和网络服务应当符合相关国家标准的强制性要求，网络产品、服务的提供者不得设置恶意程序。

《消费者权益保护法》第十九条规定："经营者发现其提供的商品或者服务存在缺陷，有危及人身、财产安全危险的，应当立即向有关行政部门报告和告知消费者，并采取停止销售、警示、召回、无害化处理、销毁、停止生产或者服务等措施。采取召回措施的，经营者应当承担消费者因商品被召回支出的必要费用。"《网络安全法》第二十二条同样也与这一条相呼应，规定网络产品、服务提供者发现网络产品、服务存在安全缺陷、漏洞等风险时，应当立即采取补救措施，按照规定及时告知用户并向有关主管部门报告。

2. 安全维护义务

网络产品和服务的提供者负有安全维护的义务。《消费者权益保护法》第二十三条规定："经营者应当保证在正常使用商品或者接受服务的情况下其提供的商品或者服务应当具有的质量、性能、用途和有效期限。"第二十四条规定："经营者提供的商品或者服务不符合质量要求的，消费者可以依照国家规定、当事人约定退货，或者要求经营者履行更换、修理等义务。"《网络安全法》第二十二条与之呼应，规定网络产品、服务的提供者应当为其产品、服务持续提供安全维护；在规定或者当事人约定的期限内，不得终止提供安全维护。

3. 用户信息保护义务

网络产品和服务提供者负有用户信息保护的义务。《网络安全法》第二十二条规定："网络产品、服务具有收集用户信息功能的，其提供者应当向用户明示并取得同意；涉及用户个人信息的，还应当遵守本法和有关法律、行政法规关于个人信息保护的规定。"根据《网络安全法》第六十四条规定，网络运营者、网络产品或者网络服务提供者侵害个人信息依法得到保护的权利的，由有关主管部门责令改正，可以根据情节单处或者并处警告、没收违法所得、处违法所得一倍以上十倍以下罚款，没有违法所得的，处一百万元以下罚款，对直接负责的主管人员和其他直接责任人员处一万元以上十万元以下罚款；情节严重的，并可以责令暂停相关业务、停业整顿、关闭网站、吊销相关业务许可证或者吊销营业执照。

（五）网络安全等级保护制度

《网络安全法》第二十一条规定："国家实行网络安全等级保护制度。网络运营者应当按照网络安全等级保护制度的要求，履行下列安全保护义务，保障网络免受干扰、破坏或者未经授权的访问，防止网络数据泄露或者被窃取、篡改：（一）制定内部安全管理制度和操作规程，确定网络安全负责人，落实网络安全保护责任；（二）采取防范计算机病毒和网络攻击、网络侵入等危害网络安全行为的技术措施；（三）采取监测、记录网络运行状态、网络安全事件的技术措施，并按照规定留存相关的网络日志不少于六个月；（四）采取数据分类、重要数据备份和加密等措施；（五）法律、行政法规规定的其他义务。"

网络安全法规定的网络安全等级保护制度是网络安全领域的一项重要制度，它脱胎于已实行多年的信息安全等级保护制度。1994年国务院颁布的《计算机信息系统安全保护条例》规定：公安部主管全国计算机信息系统安全保护工作；计算机信息系统实行安全等级保护；安全等级的划分标准和安全等级保护的具体办法，由公安部会同有关部门制定。此后，信息安全等级保护制度逐步完善，一系列国家标准相继发布实施。

为贯彻落实网络安全法，推进实施网络安全等级保护制度，公安部于2018年6月27日公布《网络安全等级保护条例（征求意见稿）》，作出了如下规定：根据网络在国家安全、经济建设、社会生活中的重要程度，以及其一旦遭到破坏、丧失功能或者数据被篡改、泄露、丢失、损毁后，对国家安全、社会秩序、公共利益以及相关公民、法人和其他组织的合法权益的危害程度等因素，网络分为五个安全保护等级。第一级，一旦受到破坏会对相关公民、法人和其他组织的合法权益造成损害，但不危害国家安全、社会秩序和公共利益的一般网络。第二级，一旦受到破坏会对相关公民、法人和其他组织的合法权益造成严重损害，或者对社会秩序和公共利益造成危害，但不危害国家安全的一般网络。第三级，一旦受到破坏会对相关公民、法人和其他组织的合法权益造成特别严重损害，或者会对社会秩序和社会公共利益造成严重危害，或者对国家安全造成危害的重要网络。第四级，一旦受到破坏会对社会秩序和公共利益造成特别严重危害，或者对国家安全造成严重危害的特别重要网络。第五级，一旦受到破坏后会对国家安全造成特别严重危害的极其重要网络。

《网络安全法》第二十一条规定，网络运营者应当"制定内部安全管理制度和操作规程,确定网络安全负责人,落实网络安全保护责任",确定网络安全负责人是网络运营者的法定义务,违反者将受到《网络安全法》第五十九条规定的处罚。关于网络安全负责人的任职条件,《网络安全法》第六十三条给出禁止性规定:违反该法第二十七条关于禁止危害网络安全行为的规定,"受到治安管理处罚的人员,五年内不得从事网络安全管理和网络运营关键岗位的工作;受到刑事处罚的人员,终身不得从事网络安全管理和网络运营关键岗位的工作"。另外,《网络安全等级保护条例(征求意见稿)》规定,第三级以上网络的运营者要对其网络安全管理负责人和关键岗位的人员进行安全背景审查,落实持证上岗制度。

(六)保障关键信息基础设施运行安全

1. 建立关键信息基础设施运行安全制度

随着信息技术的迅猛发展,政务、公共通信、金融、能源、交通等重要领域的系统、设备越来越多地采用互联网的方式运行或提供服务。这些重要领域的系统为国民经济和人民生活提供基础公共服务,用于保证社会经济活动正常进行。这些系统承载着大量的国家基础数据、重要政务数据、公民个人信息,是网络空间安全的命脉所在,如果遭到破坏和窃取,将会对国家安全、社会秩序、公共利益产生严重危害和影响。近年来,针对他国关键信息基础设施的安全攻击日趋激烈,给相关国家的关键信息基础设施安全甚至国家安全造成重大威胁。保护本国关键信息基础设施安全已经成为国际社会关注的焦点,也成为各国维护网络安全的首要任务。当前我国关键信息基础设施面临的网络安全形势严峻复杂,因此,我国在网络安全等级保护制度基础上对关键信息基础设施实行重点保护，专门建立关键信息基础设施运行安全制度。《网络安全法》第三十一条规定："国家对公共通信和信息服务、能源、交通、水利、金融、公共服务、电子政务等重要行业和领域，以及其他一旦遭到破坏、丧失功能或者数据泄露，可能严重危害国家安全、国计民生、公共利益的关键信息基础设施，在网络安全等级保护制度的基础上，实行重点保护。关键信息基础设施的具体范围和安全保护办法由国务院制定。国家鼓励关键信息基础设施以外的网络运营者自愿参与关键信息基础设施保护体系。"

2. 关键信息基础设施运营者的义务

一是确保建设安全要求。《网络安全法》第三十三条规定："建设关键信息基础设施应当确保其具有支持业务稳定、持续运行的性能，并保证安全技术措施同步规划、同步建设、同步使用。"二是履行安全保护义务。《网络安全法》第三十四条规定："除本法第二十一条的规定外，关键信息基础设施的运营者还应当履行下列安全保护义务：（一）设置专门安全管理机构和安全管理负责人，并对该负责人和关键岗位的人员进行安全背景审查；（二）定期对从业人员进行网络安全教育、技术培训和技能考核；（三）对重要系统和数据库进行容灾备份；（四）制定网络安全事件应急预案，并定期进行演练；（五）法律、行政法规规定的其他义务。"三是履行采购的安全审查和安全保密义务。《网络安全法》第三十五条规定："关键信息基础设施的运营者采购网络产品和服务，可能影响国家安全的，应当通过国家网信部门会同国务院有关部门组织的国家安全审查。"《国家安全法》第五十九条规定："国家建立国家安全审查和监管的制度和机制，对影响或者可能影响国家安全的外商投资、特定物项和关键技术、网络信息技术产品和服务、涉及国家安全事项的建设项目，以及其他重大事项和活动，进行国家安全审查，有效预防和化解国家安全风险。"不难看出，《网络安全法》第二十五条规定是与《国家安全法》第五十九条规定相衔接的。自2017年6月1日起实施的《网络产品和服务安全审查办法（试行）》是对安全审查的具体规定。对可能影响国家安全的网络产品和服务进行安全审查，其目的是提高网络产品和服务的安全可控水平，防范供应链安全风险，维护国家安全和公共利益。安全审查的重点是产品和服务的安全性、可控性，包括产品被非法控制、干扰和中断运行的风险，产品提供者非法收集用户信息的风险等。安全审查不针对特定国家和地区，没有国别差异，审查不会歧视国外技术和产品，不会限制国外产品进入中国市场。相反，安全审查会提高消费者对使用产品的信心，扩大企业市场空间。

（七）监测预警与应急处置

当前和未来一个时期，网络安全风险的范围、规模和复杂程度大大增加，网络安全风险的动态性、不确定性和不可逆性要求对风险进行持续性监控，以有效实现防化风险的目标。习近平总书记在全国网络安全和信息化工作会议上发表的重要讲话明确提出全天候、全方位感知网络安全态势，要建立统一高效的网络安全风险报告机制、情报共享机制、研判处置机制，准确把握网络安全风险发生的规律、动向、趋势。为加强国家网络安全监测预警和应急制度建设，提高网络安全保障能力，网络安全法设专章对监测预警与应急处置作出了明确规定。

1. 网络安全监测预警

《网络安全法》第八条规定："国家网信部门负责统筹协调网络安

全工作和相关监督管理工作。国务院电信主管部门、公安部门和其他有关机关依照本法和有关法律、行政法规的规定，在各自职责范围内负责网络安全保护和监督管理工作。县级以上地方人民政府有关部门的网络安全保护和监督管理职责，按照国家有关规定确定。"《网络安全法》第五十一条规定："国家建立网络安全监测预警和信息通报制度。国家网信部门应当统筹协调有关部门加强网络安全信息收集、分析和通报工作，按照规定统一发布网络安全监测预警信息。"第五十一条是第八条关于网络安全监督管理工作机制的原则规定在网络安全监测预警和信息通报工作方面的具体体现。网络安全监管工作涉及许多部门，网络安全信息来源分散、数据量大，只有统筹协调、分工合作、形成合力，才能有效地应对网络安全风险。

　　网络安全监测预警，是指采取技术手段对网络系统进行实时监控，从而掌握网络的全面运行情况，发现网络安全风险，并在风险发生蔓延造成实际危害之前，通过对网络安全监测所获得的信息进行全面分析和风险评估，及时向有关部门和社会发出警示的活动。网络安全监测预警是有效管控网络安全事件的重要举措。根据《网络安全法》第五十一条、第五十二条、第五十四条的要求，应当建立国家关键信息基础设施所在行业和领域、省级以上政府有关部门、网络运营者之间的全国性的、立体的网络安全信息通报机制。

　　目前，我国已经建立由中央网信办、公安部牵头，工业和信息化部、国家发展改革委、国家保密局等按照职责分工负责的网络安全信息通报机制：（1）国家网信部门负责统筹协调有关部门的网络安全信息通报工作。（2）负责关键信息基础设施安全保护工作的部门，建立健全本行业、本领域的网络安全信息通报制度，按照规定报送网络安全监测预警信息。(3)省级以上人民政府有关部门按照规定的权限和程序，根据网络安全风险的特点和可能造成的危害，要求有关部门、机构和人员及时收集、报告有关信息，加强对网络安全风险的监测；组织有关部门、机构和专业人员，对网络安全风险信息进行分析评估，预测事件发生的可能性、影响范围和危害程度；向社会发布网络安全风险预警，发布避免、减轻危害的措施。(4)网络运营者在发生危害网络安全的事件时，立即启动应急预案，采取相应的补救措施，并按照规定向有关主管部门报告。

2. 网络安全应急处置制度

《网络安全法》第五章"监测预警与应急处置"，对建立网络安全应急工作机制和制定应急预案、预警信息的发布及网络安全事件应急处置措施、网络安全事件引发的突发事件，以及临时网络管制作了具体规定。

关于网络安全风险评估和应急工作。《网络安全法》第五十三条规定："国家网信部门协调有关部门建立健全网络安全风险评估和应急工作机制，制定网络安全事件应急预案，并定期组织演练。负责关键信息基础设施安全保护工作的部门应当制定本行业、本领域的网络安全事件应急预案，并定期组织演练。网络安全事件应急预案应当按照事件发生后的危害程度、影响范围等因素对网络安全事件进行分级，并规定相应的应急处置措施。"国家网信部门协调有关部门制定网络安全事件应急预案；负责关键信息基础设施安全保护工作的部门应当制定本行业、本领域的网络安全事件应急预案。2017年1月10日，中央网信办印发《国家网络安全事件应急预案》。该文件分为总则、组织机构与职责、监测与预警、应急处置、调查与评估、预防工作、保障措施、附则8个部分，全面系统地规定了应对网络安全事件的基本要求与具体措施，为各方应急处置工作的落实提供了制度保障。

关于网络安全事件的应急处置措施。《网络安全法》第五十五条规定："发生网络安全事件，应当立即启动网络安全事件应急预案，对网络安全事件进行调查和评估，要求网络运营者采取技术措施和其他必要措施，消除安全隐患，防止危害扩大，并及时向社会发布与公众有关的警示信息。"由于网络安全事件的性质不同，发生后造成的危害程度、影响范围各不相同，针对不同网络安全事件需要采取的应急措施也不相同。为了保证网络安全事件应急预案和应急措施的针对性、有效性，并防止应急处置措施超过必要的限度，造成不必要的损失。网络安全事件应急预案应当按照事件发生后的危害程度、影响范围等因素对网络安全事件进行分级，并规定相应的应急处置措施。

关于应急演练工作。应急演练的主体涉及两类：一是有关部门组织的演练。有国家网信部门协调有关部门组织的演练，有负责关键信息基础设施安全保护工作的部门组织的演练，也有各行业主管部门组织的应急演练。二是网络运营者自行组织的演练。应急演练的周期：中央网信办协调有关部门定期组织演练，检验和完善预案，提高实战能力；各省（区、市）、各部门每年至少组织一次预案演练，并将演练情况报中央网信办。应急演练效果评估：应急演练工作结束后，需要对演练效果评估，查找问题，完善应急预案。

（八）网络安全监督管理制度

网络安全法规定了由网信部门对网络安全工作监督管理等相关职责，同时规定了国务院电信主管部门、公安部门和其他有关机关以及地方政府有关部门的网络安全监督管理职责。

加大对互联网"非法有害信息"的监督管理是当前社会信息治理工作的重要环节。《网络安全法》第五十条规定，当国家网信部门和有关部门发现法律、行政法规禁止发布或者传输的信息时，应当要求网络运营者停止传输，采取消除等处置措施，保存有关记录；对来源于中华人民共和国境外的上述信息，应当通知有关机构采取技术措施和其他必要措施阻断传播。

政府主导是我国目前网络信息治理模式的主要特点。就监管主体而言，国家网信办、工信部、公安部、文旅部、新闻出版署、广电总局、市场监督管理总局等相关部委在各自职责范围内对网络内容管理有相应的职责，分工负责规范内容审定、未成年人管理、网络秩序、经营行为等工作，初步形成了以中央政府为主导，相关主管部门分工负责，地方政府配合的监督管理模式。为了切实有效地实施相关监管措施，各级立法机关从刑事、民事、行政三个角度加强了相关立法，初步形成了较为完整的监管体系，使得监管内容、方式、救济途径等有法可依。

网络安全法正式施行后，监督管理部门加大了互联网信息内容监管执法力度，依法查处网上各类违法违规行为。2023年全年，全国网信系统严格执行法律法规，大力查处各类网上违法违规行为，全年共约谈网站10646家，责令153家网站暂停功能或更新，下架移动应用程序259款，关停小程序119款，会同电信主管部门取消违法网站许可或备案、关闭违法网站14624家，督促相关网站平台依法依约关闭违法违规账号127878个。各级网信部门结合开展"清朗"系列专项行动，持续打击传播网络暴力、谣言信息、淫秽色情信息等违法违规行为，集中整治自媒体和短视频不良导向问题、打击侵害企业合法权益破坏营商环境行为、治理未成年人网络环境、规范生成式人工智能应用，及时查处一批传播违法违规信息、扰乱网络传播秩序、社会影响恶劣的网站平台和账号。

三 常见法律问题

（一）如何加强关键信息基础设施保护？

依据网络安全法的相关规范，可制定相关配套制度和标准。重点聚焦以下几个方面：一是要加强关键信息基础设施保护工作的统筹，强化顶层设计和整体防护，避免多头分散、各自为政的情况发生；二是要建立完善责任制，政府主要是加强指导监管，关键信息基础设施运营者要承担起保护的主体责任；三是要加强对从业人员的网络安全教育、技术培训和技能考核，切实增强网络安全意识和水平；四是要做好网络安全信息共享、应急处置等基础性工作，提升关键信息基础设施保护能力；五是要加强关键信息基础设施保护中的国际合作。

（二）如何判断网络产品和服务是否符合网络安全法的标准？

《网络安全法》提出："推广安全可信的网络产品和服务。"安全可信与自主可控、安全可控一样，至少包括以下三个方面含义：一是保障用户对数据可控，产品或服务提供者不应该利用提供产品或服务的便利条件非法获取用户重要数据,损害用户对自己数据的控制权;二是保障用户对系统可控,产品或服务提供者不应通过网络非法控制和操纵用户设备,损害用户对自己所拥有、使用的设备和系统的控制权;三是保障用户的选择权,产品和服务提供者不应利用用户对其产品和服务的依赖性,限制用户选择使用其他产品和服务,或停止提供合理的安全技术支持,迫使用户更新换代,损害用户的网络安全和利益。

(三)关键信息基础设施安全保护工作部门的具体职责

依据网络安全法的规定,关键信息基础设施安全保护工作遵循"谁主管谁负责"的原则。2021年9月施行的《关键信息基础设施安全保护条例》明确了保护工作部门对本行业、本领域关键信息基础设施的安全保护责任:一是制定关键信息基础设施安全规划,明确保护目标、基本要求、工作任务、具体措施;二是建立健全网络安全监测预警制度,及时掌握关键信息基础设施运行状况、安全态势,预警通报网络安全威胁和隐患,指导做好安全防范工作;三是建立健全网络安全事件应急预案,定期组织应急演练;四是指导运营者做好网络安全事件应对处置,并根据需要组织提供技术支持与协助;五是定期组织开展网络安全检查检测,指导监督运营者及时整改安全隐患、完善安全措施。

生物安全法

第五讲
CHAPTER 5

第五讲　生物安全法

扫码查阅法律

生物安全是人民健康、社会安定、国家安全的重要保障。党的十八大以来，以习近平同志为核心的党中央高度重视生物安全，多次作出重要指示批示。2020年2月14日，习近平总书记在主持召开中央全面深化改革委员会第十二次会议时强调，要从保护人民健康、保障国家安全、维护国家长治久安的高度，把生物安全纳入国家安全体系，系统规划国家生物安全风险防控和治理体系建设，全面提高国家生物安全治理能力。要尽快推动出台生物安全法，加快构建国家生物安全法律法规体系、制度保障体系。2020年10月17日，生物安全法由第十三届全国人大常委会第二十二次会议审议通过，并于2021年4月15日起正式施行。2024年4月26日，第十四届全国人大常委会第九次会议通过关于修改生物安全法的决定，对生物安全法部分内容作出修改。

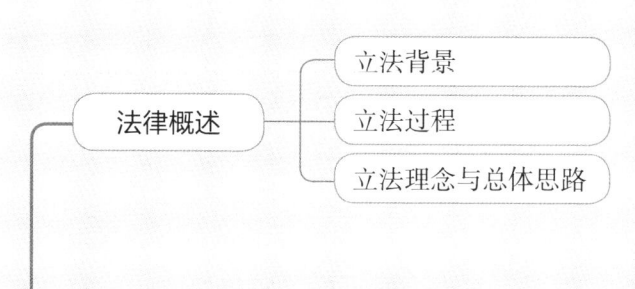

- 法律概述
  - 立法背景
  - 立法过程
  - 立法理念与总体思路

- 法律知识要点
  - 界定生物安全的法律规制范围
  - 建立健全国家生物安全管理体制
  - 健全各类具体风险防范和应对制度
  - 加强生物安全能力建设

- 常见法律问题
  - 如何对相关生物安全违法犯罪行为进行规制？
  - 生物安全法体现了什么样的伦理意蕴？
  - 生物安全法如何体现风险防控原则？

一　法律概述

当前和未来一个时期，全球生物安全风险显著上升，生物安全已经成为我国面临的重大安全问题。为应对我国生物安全工作面临的新形势、新问题、新任务，制定一部具有基础性、系统性、综合性和统领性的生物安全法十分必要。生物安全法为我国生物安全提供了法治保障，有利于防范和应对生物安全风险，有效消除化解重大生物安全威胁，切实维护国家安全和利益。

（一）立法背景

第一，应对生物安全风险，维护国家安全的切实需要。生物安全关乎全民生命健康，关乎国家长治久安，关乎中华民族永续发展，是国家安全的重要组成部分，也是全世界、全人类面临的重大生存和发展问题。党的十八大以来，以习近平同志为核心的党中央高度重视生物安全，积极应对生物安全重大风险，举全党全国全社会之力打好新冠疫情防控人民战争，全面加强生物安全能力，塑造良好生物安全环境。与此同时，我国生物安全形势严峻，以非典、埃博拉病毒、非洲猪瘟为代表的重大新发突发传染病及动植物疫情等传统生物安全威胁依然多发，生物恐怖袭击、生物技术误用谬用、实验室生物泄露等非传统生物安全威胁不断凸显，生物安全风险呈现出多样化和复杂化的趋势，对我国国家安全产生威胁。在此背景下，亟须一部基础性、综合性、系统性、统领性的法律总领生物安全工作全局，有效防范化解生物安全风险，维护国家安全。尤其是，突如其来的新冠疫情，是人类社会百年来最严重的传染病大流行，其感染人数之多、波及范围之广、社会冲击之大前所未有，对人民健康、经济发展、社会稳定和国家安全造成严重影响。通过精准研判防控任务、科学构建救治体系、严格落实防疫措施、充分发挥政治优势等，我们打赢了疫情防控的人民战争总体战阻击战。同时，我国生物安全治理存在的问题也深刻暴露，需要通过立法补短板、强弱项、固底板，切实维护国家安全和利益。

第二，筑牢法治保障，健全生物安全法律体系的重要举措。生物安全相关立法和安全相关立法呈现出双向趋同的发展需求，共同指向生物安全法。[①] 一方面，生物安全相关立法自下而上需要一部基础性、综合性、系统性、统领性法律总领生物安全相关领域。近年来，我国在生物安全立法领域作出一系列制度实践。在国际层面，我国加入了《禁止生物武器公约》《生物多样性公约》《国际植物新品种保护公约》等国际条约，作出履行国际义务的承诺。在国内层面，全国人大常委会根据社会发展的需要，制定了与生物安全相关的多部法律，从不同方面对生物安全问题作出了相应规范；国务院制定了多部有关生物安全的行政法规，国务院有关部门制定了大量与生物安全相关的部门规章和规范性文件，为制定生物安全法提供了重要的实践经验和条件。然而，生物安全涉及领域广、发展变化快，现有的相关法律法规往往只对单个具体的生物安全风险进行规范，比较零散，呈现碎片化特征。部分法律效力层级较低，已经不能完全适应实践需要，有些领

---

① 秦天宝：《〈生物安全法〉的立法定位及其展开》，载《社会科学辑刊》2020年第3期。

域还缺乏法律规范，亟须制定一部生物安全领域的基础性法律。生物安全法系统梳理、全面规范各类生物安全风险，明确生物安全风险防控体制和基本制度，填补了生物安全领域基础性法律的空白，有利于健全生物安全法律体系。另一方面，国家安全法律体系的建设自上而下地要求出台生物安全法以完善国家安全法律体系。党的十八大以来，以2015年具有统领性质的国家安全法为代表，我国持续在多个国家安全领域加快法制建设，制定、修改了一系列涉及军事、国防方面的法律，包括反恐怖主义法、网络安全法、数据安全法等。国家安全法治体系的"四梁八柱"已经形成，并且还将继续发展和完善。随着生物安全被纳入国家安全体系，制定生物安全法已经成为贯彻落实总体国家安全观、健全完善国家安全法治体系的必然要求。

第三，坚持技术引领，加强生物安全能力建设的有力保障。随着生物技术的不断发展，生物安全问题已经成为事关人民健康、社会稳定、国家安全与民族兴亡的大局问题。对内，生物安全成为事关公共卫生成败的关键一环，同时也是保障国家长治久安、人民幸福安康的重要基石。对外，生物安全是提升国家竞争力的必备要素。各国均十分重视生物安全治理水平的提升，生物科技将成为国际政治经济格局变动与大国战略竞争博弈的重要筹码。[1]谁率先抓住了生物安全治理的先机，谁就能占领国家安全战略竞争的制高点。一方面，生物安全立法推动生物技术发展，保障国家生物安全治理水平。当前，我国在生物技术研发、基础设施建设上相对落后，在技术、产品和标准上存在较大差距，生物安全原创技术少，优秀成果少。将国家生物安全能力

---

[1] 胡云腾、余秋莉：《〈刑法修正案（十一）〉关于生物安全规定的理解与适用——基于疫情防控目的的解读》，载《中国法律评论》2021年第1期。

建设纳入法律，以法律形式将鼓励自主创新的产业政策和科技政策固定下来，牢牢掌握核心关键生物技术，依法保障和推进我国生物技术的发展，提升防范风险和威胁的能力。另一方面，生物安全立法推动国家生物安全治理体系完善。通过立法建立行之有效的生物安全管理体制机制，健全相应法律制度和措施，界定各主体的生物安全行为准则和相关义务，夯实维护国家生物安全的制度基础，切实提升国家生物安全治理能力与水平。

（二）立法过程

自20世纪90年代，我国开始着手研究制定综合性生物安全立法，对生物安全立法相关工作进行研究、呼吁和积极推动。经过多年努力，生物安全立法进程进入快车道。在第十三届全国人大一次会议和二次会议期间，共有214位全国人大代表提出七件有关生物安全立法的议案。第十三届全国人大常委会也积极回应，于2018年9月将生物安全立法纳入其立法规划和2019年度立法工作计划。由全国人大环境与资源保护委员会负责牵头起草和提请审议。[①] 栗战书委员长就加快生物安全立法多次作出重要批示，提出具体要求，并于2019年7月10日在北京主持召开生物安全立法专家座谈会，听取立法意见和建议。按照立法工作计划的要求，成立了由全国人大环境与资源保护委员会牵头，有关部门共同参加的生物安全立法工作领导小组，制定了立法工作方案和工作计划，多次召开座谈会，认真听取有关部门和专家学者的意见和建议。先后赴北京、天津、上海、广东等省、市调研，了解有关

---

① 高虎城：《关于〈中华人民共和国生物安全法（草案）〉的说明》，载《中华人民共和国全国人民代表大会常务委员会公报》2020年第5期。

单位和地方工作及管理情况。同时，认真研究国际立法经验、梳理国内相关法律法规。在此基础上，形成了《中华人民共和国生物安全法（草案）》，共计7章75条。2019年9月19日，经全国人大环境与资源保护委员会第十八次全体会议审议通过。2019年10月21日，生物安全法草案首次提请第十三届全国人大常委会第十四次会议审议。全国人大环境与资源保护委员会主任委员高虎城在会上作了立法说明。①

第十三届全国人大常委会第十四次会议对草案进行初次审议后，全国人大常委会法工委书面征求中央有关部门、单位和地方的意见，收集新冠疫情发生以来各方面有关生物安全立法的意见建议；深入学习贯彻习近平总书记重要讲话精神，和有关方面共同研究、交流沟通。全国人大宪法和法律委员会、环境与资源保护委员会和全国人大常委会法制工作委员会召开座谈会，听取有关人大代表、部门、生物技术研究开发与应用单位、专业机构和专家的意见。②2020年2月14日，习近平总书记明确提出要把生物安全纳入国家安全体系。2020年4月3日，全国人大宪法和法律委员会召开会议，根据常委会组成人员的审议意见和各方面意见，对草案进行了逐条审议。2020年4月26日，《生物安全法（草案）》二审稿提请第十三届全国人大常委会第十七次会议审议。会后，全国人大法制工作委员会在中国人大网公布草案全文，并多次召开座谈会、专家论证会，听取有关人大代表、中央有关部门、地方政府及有关部门、乡镇（街道）和社区、高等院校、专业

---

① 高虎城：《关于〈中华人民共和国生物安全法（草案）〉的说明》，载《中华人民共和国全国人民代表大会常务委员会公报》2020年第5期。

② 丛斌：《全国人民代表大会宪法和法律委员会关于〈中华人民共和国生物安全法（草案）〉修改情况的汇报》，载《中华人民共和国全国人民代表大会常务委员会公报》2020年第5期。

机构和相关专家的意见；赴北京、湖北和有关科研机构进行调研，实地考察生物安全实验室、菌（毒）种保藏中心、生物技术研究开发机构等单位；委托有关高校就生物安全立法开展专题研究；就草案中的主要问题与有关方面反复沟通、共同研究。2020年10月13日，《生物安全法（草案）》三审稿提请第十三届全国人大常委会第二十二次会议审议，并于2020年10月17日获表决通过，自2021年4月21日起施行。为贯彻落实2023年《党和国家机构改革方案》《国务院机构改革方案》，依据机构改革涉及有关国务院部门职能优化调整，要对生物安全法作相应修改。2024年4月26日，第十四届全国人大常委会第九次会议表决通过了关于修改生物安全法的决定，并且公布之日起施行。

2024年4月26日，第十四届全国人大常委会第九次会议决定，对《生物安全法》作出修改。一是将第五十四条第二款、第五十六条、第五十七条、第七十九条、第八十条中的"国务院科学技术主管部门"修改为"国务院卫生健康主管部门"。二是将第五十四条第三款修改为："国务院卫生健康、科学技术、自然资源、生态环境、农业农村、林业草原、中医药主管部门根据职责分工，组织开展生物资源调查，制定重要生物资源申报登记办法。"

（三）立法理念与总体思路

1. 坚持总体国家安全观

发展是党执政兴国的第一要务，国家安全是民族复兴的根基。统筹发展和安全，是我们党治国理政的重大原则。党的十八大以来，以习近平同志为核心的党中央着眼于党和国家事业发展全局，创造性提出总体国家安全观，为党和国家事业兴旺发达、长治久安提供了有力保障。生物安全法立法兼顾生物技术发展和生物安全治理。生物技术是一把双刃剑，在造福人类的同时又带来了巨大的生物安全隐患。一方面，生物安全法保障和促进我国生物技术研究开发活动健康有序开展，为我国生物技术发展与应用保驾护航；另一方面，生物安全法也对生物技术发展带来的生物安全风险进行积极防范规制，通过作出一系列制度安排、明确法律责任等促进生物安全治理能力和水平的提升，坚持统筹发展和安全。

2. 坚持党对生物安全工作的绝对领导

中国共产党领导是中国特色社会主义最本质的特征，是中国特色社会主义制度的最大优势。坚持党的绝对领导是做好国家安全工作的根本原则，要坚持把党的领导贯穿到国家安全工作的各方面全过程。作为国家安全体系中的一部分，推动生物安全法立法必须坚持党对生物安全工作的领导，进一步发挥党的领导的政治优势和组织优势。《生物安全法》第四条明确规定，要加强党对生物安全工作的领导，建立健全国家生物安全领导体制。

3. 坚持人民至上

人民安全是国家安全的宗旨。对内，生物安全是事关公共卫生成败的关键一环，其治理水平直接影响社会历史发展进程，以重大新发突发传染病、动植物疫情为代表的传统生物安全威胁和生物恐怖袭击、生物技术误用滥用等为代表的非传统生物安全威胁，直接关系到人民群众的生命健康；对外，生物安全是提升国家竞争力的必备要素，只有加强生物安全治理能力，才能占领国家安全战略竞争的制高点，从而从更加长远、深层次的角度维护人民安全和利益。必须始终坚持人民至上、生命至上，把维护人民生命安全和身体健康作为出发点和落脚点。

4. 坚持积极治理

生物安全风险的来源大致可以包括自然发生的生物安全风险和生物技术发展带来的生物安全风险，近年来生物技术的迅猛发展带来生物安全风险成倍上升。由于生物安全技术在研发、应用等阶段均存在一定的不确定性，生物安全危害的发生也存在着相当大的不确定性，因此无法对生物技术成果的最终风险和危害进行完全彻底的评估预测。为防止危害结果的发生，需要积极采取预防措施对可能发生的生物安全潜在风险及现实存在的生物安全风险进行防范化解。生物安全法以风险预防为基础性和统领性原则，具备强有力的风险防范功能，在制度、体制、机制上集中体现并全面贯彻了风险预防原则。

5. 坚持分类管理、多元共治、协调配合

生物安全法立法必须坚持分类管理。引发生物安全风险的根源既有自然界的灾害，又有生物技术自身不确定性和人为滥用误用带来的风险。生物技术引发的生物安全风险也有一定区别，不同类型的生物技术可能引发各式各样的生物安全风险。必须坚持实事求是的原则，具体问题具体分析具体对待，进行科学的分类管理。生物安全法立法必须坚持多元共治、协调配合。生物安全问题涉及政府相关各部门、利益相关者、普通民众等多个主体，在立法过程中需要对各主体权责进行规定，多元共治共同参与生物安全治理。

二 法律知识要点

生物安全法旨在防范和应对生物安全风险，维护国家安全，保障

人民生命健康，保护生态环境和生物资源，促进生物科学技术发展，实现人与自然和谐共处。作为生物安全领域的基础性法律，生物安全法从制度层面构建起风险防控的"四梁八柱"。

（一）界定生物安全的法律规制范围

1. 明确生物安全法立法目的

本法第一条明确规定："为了维护国家安全，防范和应对生物安全风险，保障人民生命健康，保护生物资源和生态环境，促进生物技术健康发展，推动构建人类命运共同体，实现人与自然和谐共生，制定本法。"一是维护国家安全和国家生物安全是总体要求；二是保障人民生命健康是根本目的；三是保护生物资源、促进生物技术健康发展、防范生物威胁是主要任务；四是通过实现生物安全，促进人类命运共同体建设，体现和表达了我国寻求人类和谐共生的良好愿望和主张。[1]

2. 明确生物安全的定义及法律适用范围

《生物安全法》第二条明确规定："本法所称生物安全，是指国家有效防范和应对危险生物因子及相关因素威胁，生物技术能够稳定健康发展，人民生命健康和生态系统相对处于没有危险和不受威胁的状态，生物领域具备维护国家安全和持续发展的能力。"明确了生物安全法的法律适用范围，确定了八个方面：一是防控重大新发突发传染病、动植物疫情；二是生物技术研究、开发与应用；三是病原微生物实验室生物安全管理；四是人类遗传资源与生物资源安全管理；五是防范外来物种入侵与保护生物多样性；六是应对微生物耐药；七是防范生

---

[1] 高虎城：《关于〈中华人民共和国生物安全法（草案）〉的说明》，载《中华人民共和国全国人民代表大会常务委员会公报》2020年第5期。

物恐怖袭击与防御生物武器威胁；八是其他与生物安全相关的活动。明确生物安全法的适用范围，为该法的守法和执法、司法奠定了良好的基础。

3. 明确了生物安全的重要地位和原则

本法第三条规定，生物安全是国家安全的重要组成部分，从法律上将生物安全正式纳入国家安全体系。生物安全法提出了维护生物安全应当贯彻总体国家安全观，统筹发展和安全，坚持以人为本、风险预防、分类管理、协同配合的原则。维护国家生物安全，必须在坚持上述原则的基础上对相关法律制度贯彻落实，具体法律规定也体现了对上述原则的遵循。

（二）建立健全国家生物安全管理体制

生物安全法着力加强制度设计，通过建立健全国家生物安全领导体制、国家生物安全工作协调机制、国家生物安全风险防控基本制度，确立了生物安全联防联控的体制机制，形成了中央国家安全领导机构统一部署、统筹协调，国务院部委分工负责、协调工作，专家委员会提供咨询，央地协同推进，社群广泛动员的整体格局，形成了上中下"三位一体"的合力。

1. 建立健全国家生物安全领导体制

本法规定，中央国家安全领导机构负责国家生物安全工作的决策和议事协调，研究制定、指导实施国家生物安全战略和有关重大方针政策，统筹协调国家生物安全的重大事项和重要工作，建立国家生物安全工作协调机制。省、自治区、直辖市建立生物安全工作协调机制，组织协调、督促推进本行政区域内生物安全相关工作。

2. 建立国家生物安全工作协调机制下多部门协同的管理体制

本法第十一条规定,"国家生物安全工作协调机制由国务院卫生健康、农业农村、科学技术、外交等主管部门和有关军事机关组成,分析研判国家生物安全形势,组织协调、督促推进国家生物安全相关工作。国家生物安全工作协调机制设立办公室,负责协调机制的日常工作。国家生物安全工作协调机制成员单位和国务院其他有关部门根据职责分工,负责生物安全相关工作。"由于生物安全管理的科学性和专业性的特点,应确保决策的科学性和可操作性,在生物安全管理中需要各相关领域的专家支持。本法第十二条规定,"国家生物安全工作协调机制设立专家委员会,为国家生物安全战略研究、政策制定及实施提供决策咨询。国务院有关部门组织建立相关领域、行业的生物安全技术咨询专家委员会,为生物安全工作提供咨询、评估、论证等技术支撑"。

3. 建立国家生物安全风险防控基本制度

本法规定建立生物安全风险监测预警制度、风险调查评估制度、信息共享制度、信息发布制度、名录和清单制度、标准制度、生物安全审查制度、应急制度、调查溯源制度、国家准入制度和境外重大生物安全事件应对制度等11项基本制度,全链条构建生物安全风险防控的"四梁八柱"。从全过程规制的角度看,可以把生物安全法涉及的国家生物安全风险防控基本制度分为防范和应对两大类。在防范方面,本法强调将风险预防作为重要的立法原则,在相关制度设置时,重视风险防控与事前化解:建立生物安全风险监测预警制度,对生物安全风险进行监测和预警,提高生物安全风险识别和分析能力;建立生物安全风险调查评估制度,根据风险监测的信息,定期组织开展生物安全风险评估；建立生物安全信息共享制度，通过构建生物安全信息平台，实现信息共享；建立生物安全信息发布制度，对重大生物安全风险警示信息等进行发布；建立生物安全名录和清单制度，划定从事生物安全行为合法或非法的基本界线；建立生物安全标准制度，制定和完善生物安全领域相关标准，并组织协调有关部门加强不同领域生物安全标准的协调与衔接；建立生物安全审查制度，对从事生物安全相关的行为进行必要的审查；建立首次进境或者暂停后恢复进境的动植物、动植物产品、高风险生物因子国家准入制度，从根本上防范化解生物安全风险。在应对方面，本法不仅重视生物安全事件发生时的应对处置，而且对生物安全发生后的应对也进行了法律规制：建立统一领导、协同联动、有序高效的生物安全应急制度，通过制定应急预案、根据预案和统一部署加强应急演练、应急处置、应急救援等应对一系列发生的生物安全风险；建立生物安全风险调查溯源制度，对发生的生物安全事件，开展调查溯源、确定事件性质、评估事件影响，提出对策建议；建立境外重大生物安全事件应对制度，采取一系列措施妥善处理境外重大生物安全事件对我国国家安全的影响。

（三）健全各类具体风险防范和应对制度

针对重大新发突发传染病、动植物疫情，生物技术研究、开发与应用，病原微生物实验室生物安全，人类遗传资源和生物资源安全，生物恐怖袭击和生物武器威胁五大生物安全风险，本法设专章作出针对性规定。

1. 防范重大突发新发传染性疾病、动植物疫情

本法将传染病防治法、动物防疫法、野生动物保护法等涉及传染

病、动植物防疫的法律进行统合，确立统一的防控制度。第三十条规定，国家建立重大新发突发传染性疾病、动植物疫情联防联控机制。发生重大新发突发传染病、动植物疫情的时候，国家应当有应急预案、及时采取控制措施。国务院卫生健康、农业农村、林业草原主管部门应当立即组织疫情会商研判，将会商研判结论向中央国家安全领导机构和国务院报告，并通报国家生物安全工作协调机制其他成员单位和国务院其他有关部门。地方政府层面上，发生重大新发突发传染病、动植物疫情时，地方各级人民政府统一履行本行政区域内疫情防控职责，加强组织领导，开展群防群控、医疗救治，动员和鼓励社会力量依法有序参与疫情防控工作。从联防联控机制的主体看，生物安全法明确了国家机关、专业机构和个人在防范重大新发突发传染性疾病、动植物疫情方面的法律责任，并对联防机制的各单位任务，包括海关检疫、动物防疫、微生物耐药等具体任务进行了法律规制。

2. 防范生物技术研究、开发与应用安全风险

生物技术研究、开发与应用，是指通过科学和工程原理认识、改造、合成、利用生物而从事的科学研究、技术开发与应用等活动。世界范围内生物技术的快速发展在给人类带来巨大利益的同时，也带来了诸多生物安全风险，生物技术研究、开发和应用已经成为国际社会关注的焦点问题。为促进和保障我国生物技术研究开发活动健康有序开展，维护国家安全，生物安全法对生物技术研究、开发与应用进行专门规制。本法规定，国家加强对生物技术研究、开发与应用活动的安全管理，禁止从事危及公众健康、损害生物资源、破坏生态系统和生物多样性等危害生物安全的生物技术研究、开发与应用活动。除此之外，本法还明确强化过程管理、分类管理、追溯管理等多项制度安排,为我国生物技术的健康有序发展划定了边界,定好了规矩。

3. 加强病原微生物实验室的管理

世界范围内多次发生的疫情凸显了对实验室和科研行为进行监管的极端重要性。本法第五章对病原微生物实验室生物安全进行管理规制。从总体上来看,生物安全法规定国家通过设立统一的实验室生物安全标准,根据病原微生物的传染性及感染后的危害性实施分类管理、分等级管理措施,对病原微生物实验室的设立条件进行限制等措施,加强对病原微生物实验室的管理。从各主体来看,生物安全法对病原微生物实验室的设立单位、政府及相关主管部门、企业的相关权责均作出了明确规定:一是病原微生物实验室的设立单位,应当负责实验室的生物安全管理、建立完善安全保卫制度、制定生物安全事件应急预案,定期组织开展人员培训和应急演练;二是病原微生物实验室所在地省级人民政府及其卫生健康主管部门,应当加强实验室所在地感染性疾病医疗资源配置,提高感染性疾病医疗救治能力;三是企业对涉及病原微生物操作的生产车间的生物安全管理,依照有关病原微生物实验室的规定和其他生物安全管理规范进行。

4. 防范人类遗传资源和生物资源安全

人类遗传资源是涉及国家安全的重要战略资源,对认识生命本质、探索疾病发生发展的原理和机制、研发疾病预防干预策略、促进人口健康具有重要意义。生物资源是人类赖以生存和发展的基础,是一个国家、一个民族重要的战略资源,也是有效保证生物安全和生物多样性的重要资源,关系到国家的主权和安全。本法第六章详细规定了人类遗传资源与生物资源安全方面的内容,进一步加强了对我国人类遗传资源和生物资源采集、保藏、利用、对外提供等活动的管理和监督。

一方面，生物安全法对人类遗传资源安全风险进行防范，规定从事涉及人类遗传资源相关活动的相关法律要求；另一方面，生物安全法通过对利用生物资源开展国际研究合作、防范应对外来物种入侵等作出明确规定，切实维护我国生物资源安全。

5.防范生物恐怖和生物武器威胁

生物武器，是指类型和数量不属于预防、保护或者其他和平用途所正当需要的、任何来源或者任何方法产生的微生物剂、其他生物剂以及生物毒素，也包括为将上述生物剂、生物毒素使用于敌对目的或者武装冲突而设计的武器、设备或者运载工具。生物恐怖，是指故意使用致病性微生物、生物毒素等实施袭击，损害人类或者动植物健康，引起社会恐慌，企图达到特定政治目的的行为。本法第七章详细规定了防范生物恐怖与生物武器威胁的相关内容，采取源头控制、过程防治、应急处置及事后救治等一系列方法手段，对防范生物恐怖和生物武器威胁进行系统规制。

2024年4月26日，第十四届全国人大常委会第九次会议对《生物安全法》进行修改，将人类遗传资源和生物资源安全的主管部门由"国务院科学技术主管部门"修改为"国务院卫生健康主管部门"，不仅是对实践中处理人类遗传资源和生物资源安全工作更有成效的做法的回应，也是进一步明确了卫生健康主管部门在人类遗传资源和生物资源安全方面管理的主体责任。

（四）加强生物安全能力建设

1.加大经费投入，建立健全生物安全工作经费保障制度

经费保障是生物安全工作体系有效运行的重要基础，是生物安全

工作不可或缺的财力支撑。本法第六十六条规定，县级以上人民政府应当支持生物安全事业发展，按照事权划分，将监测网络的构建和运行、应急处置和防控物资的储备、关键基础设施的建设和运行、关键技术和产品的研究开发、人类遗传资源和生物资源的调查保藏、法律法规规定的其他重要生物安全事业六项生物事业发展的相关支出列入政府预算，将生物安全工作经费制度化，进一步提升生物安全保障能力，夯实国家生物安全的基础。

2. 坚持创新引领，提高生物安全科技保障能力

习近平总书记指出，生命安全和生物安全领域的重大科技成果也是国之重器。本法第六十七条规定，采取措施支持生物安全科技研究，加强生物安全风险防御与管控技术研究，整合优势力量和资源，建立多学科、多部门协同创新的联合攻关机制，推动生物安全核心关键技术和重大防御产品的成果产出与转化应用，提高生物安全的科技保障能力。

3. 加强生物安全基础设施建设

生物信息、人类遗传资源保藏、菌（毒）种保藏、动植物遗传资源保藏、高等级病原微生物实验室等，既是常见的生物安全国家战略资源平台，也是国家生物安全基础设施，为生物安全科技创新提供战略保障和支撑，是生物安全能力建设的重要组成部分。本法第六十八条规定，国家统筹布局全国生物安全基础设施建设。国务院有关部门根据职责分工，加快建设生物信息、人类遗传资源保藏、菌（毒）种保藏、动植物遗传资源保藏、高等级病原微生物实验室等方面的生物安全国家战略资源平台，建立共享利用机制，为生物安全科技创新提供战略保障和支撑。

4. 系统培养高级生物安全专业人才

生物安全工作是专业性很强的工作，为进一步防范化解生物安全风险，加强生物安全能力建设，需要加强生物安全专业人才队伍建设。要推动生物安全领域专业人才培养。本法第六十九条第一款规定，国务院有关部门根据职责分工，加强生物基础科学研究人才和生物领域专业技术人才培养，推动生物基础科学学科建设和科学研究。要加强对生物安全从业人员的培训，提高其专业素质和能力。本法第六十九条第二款规定，国家生物安全基础设施重要岗位的从业人员应当具备符合要求的资格，相关信息应当向国务院有关部门备案，并接受岗位培训。

三 常见法律问题

（一）如何对相关生物安全违法犯罪行为进行规制？

作为生物安全领域基础性、综合性、系统性、统领性法律，生物安全法标志着以生物安全法为核心，以各相关领域生物安全专门立法、行政法规、部门规章为重要内容，以刑法等其他法律为有效保障的生物安全法律体系的"四梁八柱"已经形成，对生物安全违法犯罪行为进行了有效规制。

其一，生物安全法的直接规定。一是明确生物安全法法律调整的范围，根据《生物安全法》第二条的规定，共有8个方面的行为及其相关管理活动被纳入生物安全法律规范调整的范围，具体为：防控重大新发突发传染病、动植物疫情；生物技术研究、开发与应用；病原微生物实验室生物安全管理；人类遗传资源与生物资源安全管理；防范外来物种入侵与保护生物多样性；应对微生物耐药；防范生物恐怖袭击与防御生物武器威胁；其他与生物安全相关的活动。通过明确法律适用范围，为生物安全法的守法、执法和司法建立了良好的基础。二是设立专章规定违反生物安全法的法律责任。只有严格追究违法者的法律责任，法律的实施才能得到保障。生物安全法设立"法律责任"专章，规定了对国家公职人员不作为或者不依法作为的处罚规定，这些处罚规定针对相应的职责，有利于保证主管机关依法履行职责，有利于保障法律建立的各项制度的全面实施。同时，针对前一时期由于我国法律缺乏相应处罚规定而发生的生物技术谬用等行为和事件，生物安全法明确了相应的行政处罚以及相关刑事责任和民事责任，填补了法律空白。与此同时，本法还明确规定，境外组织或者个人通过运输、邮寄、携带危险生物因子入境或者以其他方式危害我国生物安全的，依法追究法律责任，并可以采取其他必要措施。

其二，相关生物安全法律、行政法规、部门规章等专业性规定。我国一直非常重视生物安全的立法工作，全国人大常委会已制定了与生物安全相关的多部法律，国务院也出台了多部相关的行政法规、部门规章和规范性文件，对社会各领域的生物安全工作进行了明确规定。在防控重大新发突发传染病、动物疫情方面，出台了《传染病防治法》《国境卫生检疫法》《动物防疫法》《突发公共卫生事件应急条例》《重大动物疫情应急条例》等；在研究、开发、应用生物技术方面，出台了《生物技术研究开发安全管理办法》《生物两用品及相关设备和技术出口管制条例》等；在保障实验室生物安全方面，出台了《病原微生物实验室生物安全管理条例》《实验动物管理条例》《人间传染的病原微生物菌（毒）种保藏机构管理办法》《可感染人类的高致病性病原微生物菌（毒）种或样本运输管理规定》等；在人类遗传资源和生物资源安全方面，出台了《海洋环境保护法》《环境保护法》《野生动物保护法》《自然保护区条例》《野生植物保护条例》《人类遗传资源管理条例》《涉及人的生物医学研究伦理审查办法》等；在防范外来物种入侵与保护生物多样性方面，出台了《进出境动植物检疫法》《濒危野生动植物进口管理条例》等。从各相关领域对生物安全违法行为进行了有效规制，切实维护了我国国家安全和利益。

其三，刑法对生物安全犯罪行为进行规制。2020年12月26日，第十三届全国人大常委会第二十四次会议表决通过《刑法修正案（十一）》，新增非法采集人类遗传资源、走私人类遗传资源材料罪；非法植入基因编辑、克隆胚胎罪；非法引进、释放、丢弃外来入侵物种罪等生物安全犯罪，进一步织密、织严防范生物安全犯罪的刑事法网，为打击生物安全犯罪提供充分的刑法保障。

（二）生物安全法体现了什么样的伦理意蕴？

生物安全法以法律的形式对国家生物安全涉及的伦理问题进行规定，体现了国家对生物安全领域伦理问题的重视，从伦理意识、伦理原则和伦理审查三个方面对生物安全相关人员及活动作了伦理规约，体现了以人为本、生命至上的伦理内涵和价值意蕴。一是加强伦理意识培养。《生物安全法》第七条规定："相关科研院校、医疗机构以及其他企业事业单位应当将生物安全法律法规和生物安全知识纳入教育培训内容，加强学生、从业人员生物安全意识和伦理意识的培养。"二是严格遵守伦理原则。《生物安全法》第三十四条规定:"从事生物技术研究、开发与应用活动,应当符合伦理原则。"第五十五条规定:"采集、保藏、利用、对外提供我国人类遗传资源,应当符合伦理原则,不得危害公众健康、国家安全和社会公共利益。"三是严格执行伦理审查。《生物安全法》第四十条规定:"从事生物医学新技术临床研究,应当通过伦理审查,并在具备相应条件的医疗机构内进行。"明确从事生物医学新技术相关的临床研究应当严格履行伦理审查程序。

(三)生物安全法如何体现风险防控原则?

生物安全事关国家的根本利益,事关人民的生命安全,必须采取一切有效措施,切实防范可能出现的各类生物安全风险。生物安全法以风险预防为基础性和统领性原则,具备强有力的风险防范功能,在制度、体制、机制上集中体现并全面贯彻了风险预防原则。一是构建完善风险评估制度。生物安全风险评估是在对生物安全问题进行科学研究的基础上给出建议的行为,是生物安全风险防控的起点,具体包括风险识别、风险分析和风险评价三个部分。《生物安全法》第十四条规定,国家建立生物安全风险监测预警制度,提高生物安全风险识别和分析能力;第十五条规定,国家建立生物安全风险调查评估制度,根据风险监测信息对生物安全风险展开定期评估。第五章对病原微生物实验室生物安全的管理中,提出要分类管理,在对病原微生物传染性、感染后的危害程度的风险评估的基础上,对病原微生物进行分类管理。二是构建完善风险管理制度。生物安全领域的风险管理,是指在生物安全风险评估的基础上,制定相应的措施并采取行动以防范化解生物安全风险。《生物安全法》第二十一条规定,国家建立统一领导、协同联动、有序高效的生物安全应急制度，对生物安全事件发生后的各部门权责进行了明确，最小化生物安全事件发生后带来的生物安全风险。三是构建完善风险沟通制度。生物安全风险沟通，也可以称为生物安全风险交流，是指生物安全风险管理者之间交流、交换风险信息的过程，是生物安全风险防控体制的重要组成部分。生物安全法明确加强生物安全管理工作的沟通协调。在总体安排方面，规定建立国家生物安全工作协调机制，组织协调、统筹推进国家生物安全相关工作。在具体制度上，规定建立生物安全信息共享制度、生物安全信息发布制度等，实现风险信息共享，切实增强生物安全风险防控的实效性。

突发事件应对法

第六讲
CHAPTER 6

CHAPTER 6

扫码查阅法律

第六讲 突发事件应对法

突发事件应对工作事关人民群众生命财产安全，事关国家安全，特别是政治安全、公共安全和环境安全。2007年8月30日，第十届全国人大常委会第二十九次会议通过了突发事件应对法，于2007年11月1日起施行。突发事件应对法的施行提高了全社会应对突发事件的能力，有利于及时有效地控制、减轻、消除突发事件导致的严重社会危害，保护人民生命财产安全，维护国家安全、公共安全和环境安全，标志着突发事件应对工作全面进入法治化轨道，具有重要意义。

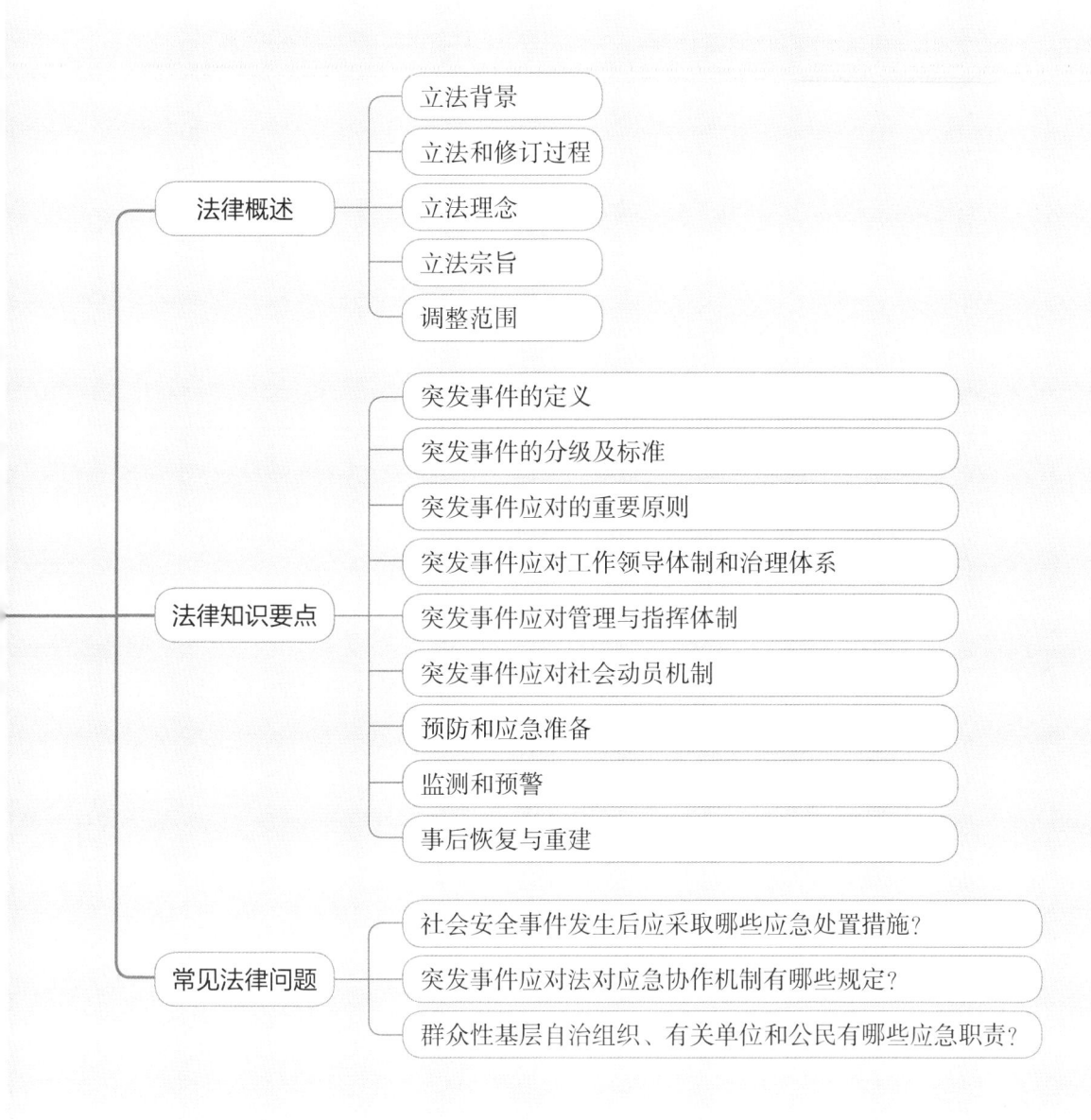

```
                    ┌─ 立法背景
                    ├─ 立法和修订过程
       ┌─ 法律概述 ──┼─ 立法理念
       │            ├─ 立法宗旨
       │            └─ 调整范围
       │
       │            ┌─ 突发事件的定义
       │            ├─ 突发事件的分级及标准
       │            ├─ 突发事件应对的重要原则
       │            ├─ 突发事件应对工作领导体制和治理体系
       ├─ 法律知识要点 ┼─ 突发事件应对管理与指挥体制
───────┤            ├─ 突发事件应对社会动员机制
       │            ├─ 预防和应急准备
       │            ├─ 监测和预警
       │            └─ 事后恢复与重建
       │
       │              ┌─ 社会安全事件发生后应采取哪些应急处置措施？
       └─ 常见法律问题 ┼─ 突发事件应对法对应急协作机制有哪些规定？
                      └─ 群众性基层自治组织、有关单位和公民有哪些应急职责？
```

一 法律概述

（一）立法背景

我国是一个自然灾害、事故灾难等突发事件较多的国家。各种突发事件的频繁发生，给人民群众的生命财产造成了巨大损失，应急管理工作迫切需要得到加强。特别是2003年非典疫情和2004年禽流感暴发，彰显了应急管理的重要性、紧迫性。此外，影响国家安全和社会稳定的因素仍然存在。纵观世界历史，突发事件导致政权更迭的屡有发生。预防和处置突发事件已成为对政府执政能力、应急管理能力的集中大考，也是检验政府是否真正做到以人民为中心、为人民服务的试金石。

党和国家历来高度重视突发事件应对工作。在2007年制定突发事件应对法时，已出台了涉及防震减灾、防洪、消防、安全生产、交通安全、传染病防治等方面的法律35件、行政法规37件、部门规章55件、有关文件111件。同时，国务院和地方人民政府也制定了有关应急预案，初步建立了突发事件应急管理体制和机制。但是，相关应急管理体制、机制和制度仍存在一些突出问题，亟待进一步补充和完善，包括应对责任不够明确，依法可采取的应急处置措施不够充分有力，预防与应急准备、监测与预警、应急处置与救援等制度机制不够完善，社会广泛参与应对工作的机制还不够健全。

2004年，《中共中央关于加强党的执政能力建设的决定》提出，要

第六讲 ▶ 突发事件应对法

建立健全社会预警体系。党的十六届五中全会进一步明确，要建立健全社会预警体系和应急救援、社会动员机制，提高处置突发性事件能力。2007年突发事件应对法出台，将党中央关于突发事件应对体制和能力建设的重大决策以法律形式固定下来，在预防和减少突发事件的发生，控制、减少和消除突发事件引起的严重社会危害等方面发挥了重要作用。

近年来，突发事件应对管理工作遇到了一些新情况新问题，特别是新冠疫情给突发事件应对管理工作带来了新挑战，亟待通过修改法律予以解决。2024年修订的《突发事件应对法》将坚持党的领导和疫情应对成功经验入法，主要在明确党对突发事件应对工作的领导、完善突发事件应对管理与指挥体制、信息报送和发布、完善应急保障制度、加强突发事件应对能力建设、全流程完善突发事件应对处置等方面作出了规定。[①]

（二）立法和修订过程

突发事件应对法最初以紧急状态法的名称列入第十届全国人大常委会立法规划。2003年5月起，国务院法制办成立紧急状态法起草领导小组，先后委托两所高校和一个省级人民政府法制办重点研究了美、俄、德、意、日等十多个国家应对突发事件的法律制度，并多次赴地方调研。以此为基础，起草小组先后起草了紧急状态法的征求意见稿和相关草案。2005年，起草领导小组根据国务院第83次常务会议精神对草案作了进一步修改、完善，并将法名改为突发事件应对法，最

[①] 蒲晓磊：《完善突发事件应对管理与指挥体制——全国人大常委会法工委相关部门负责人解读新修订的突发事件应对法》，《法治日报》2024年7月2日。

终形成了《中华人民共和国突发事件应对法（草案）》（以下简称突发事件应对法草案）。经2006年5月31日国务院第138次常务会议讨论通过，突发事件应对法草案被提交至立法机关。2007年8月30日，第十届全国人大常委会第二十九次会议通过了突发事件应对法的建议表决稿。

2020年，突如其来的新冠疫情对人民生命健康安全构成重大威胁。习近平总书记多次强调依法防控、依法治理的极端重要性，明确要求完善疫情防控法律体系、健全国家公共卫生应急管理体系、构建生物安全法律法规体系。2020年3月，全国人大成立关于强化公共卫生法治保障立法修法工作的工作专班。全面修订突发事件应对法是其中一项重点修法项目。2021年12月20日，修法草案以《中华人民共和国突发事件应对管理法（草案）》（以下简称突发事件应对管理法草案）的名称提请全国人大常委会审议。2023年12月，全国人大常委会会议第二次审议突发事件应对管理法草案。2024年6月，突发事件应对管理法草案提请全国人大常委会三审，将法律名称恢复为"突发事件应对法"。6月28日，十四届全国人大常委会第十次会议高票通过修订后的《中华人民共和国突发事件应对法》，自2024年11月1日起施行。

（三）立法理念

2007年制定突发事件应对法时，主要遵循以下理念：

一是把突发事件的预防和应急准备放在优先位置。突发事件应对的制度设计重点不在事件发生后的应急处置，而是应对工作关口能够前移至预防、准备、监测、预警等，力求做好突发事件预防工作。

二是始终把人民群众生命财产安全放在第一位。为有效开展应急处置工作,维护人民群众生命财产安全,需由政府集中行使相关处置权力。但这也意味着存在某些行政机关及其工作人员滥用权力的可能性,因此,也必须对政府行使权力作出必要限制和规范。同时,面对已发生或可能发生的突发事件,相关公民、法人或其他组织也负有义不容辞的责任。这要求对相应的义务进行明文规定和明确规范。

三是坚持有效控制危机和最小代价原则。为了维护国家安全、维护社会秩序,必须根据控制、消除现实威胁的需要,坚持效率优先,对行政机关充分赋权,以有效整合社会各种资源,协调指挥各种社会力量。实行统一的领导体制,整合各种力量,是确保突发事件处置工作提高效率的根本举措。同时,又必须坚持最小代价原则,规定行政权力行使的规则和程序,以便将克服危机的代价降到最低限度。突发事件应对法在对突发事件进行分类、分级、分期的基础上,确定突发事件的社会危害程度、授予行政机关与突发事件的种类、级别和时期相适应的职权,明确了政府为处置突发事件可采取的各类必要措施。

面对突发事件应对工作的新形势、新问题,全面修订突发事件应对法的总体思路是:"坚持以习近平新时代中国特色社会主义思想为指导,贯彻落实党中央关于突发事件应对管理工作的决策部署,把坚持中国共产党对突发事件应对管理工作的领导以及深化党和国家机构改革的最新成果等,通过法律条文予以明确;坚持问题导向,针对现行法施行以来反映出的问题,特别是疫情应对工作中暴露出的不足,进一步补充完善相关制度措施,同时将疫情应对中的成功经验体现在法律条文中;坚持该法的突发事件应对管理领域基础性、综合性法律定位不变,着力处理好与本领域其他专门立法的关系,确保不同法律之间的衔接配合。"[①] 修订后的突发事件应对法进一步理顺了突发事件应对工作体制机制，贯彻了以人民为中心的理念，明确规定了坚持总体国家安全观，坚持人民至上、生命至上等突发事件应对工作的基本原则。

（四）立法宗旨

《突发事件应对法》第一条规定："为了预防和减少突发事件的发生，控制、减轻和消除突发事件引起的严重社会危害，提高突发事件预防和应对能力，规范突发事件应对活动，保护人民生命财产安全，维护国家安全、公共安全、生态环境安全和社会秩序，根据宪法，制定本法。"该条是关于突发事件应对法立法宗旨的规定。突发事件可被理解为是自然、社会系统在新条件下，从有序向无序、量变到质变，最终爆发的过程，在本质上具有可控性。如果措施有效、应对有方，就完全有可能预防、减少突发事件发生，减轻、消除所产生的严重社会危害。因此，突发事件应对法把"预防和减少突发事件的发生，控制、减轻和消除突发事件引起的严重社会危害"作为立法重要目的和出发点，通过规范突发事件应对活动，确立突发事件的预防与应急准备、监测与预警、应急处置与救援等方面的机制和制度，最大限度地控制突发事件的发生和危害的扩大，从而保护人民生命财产安全，维护国家安全、公共安全、生态环境安全和社会秩序。其中，政府是突发事件应对活动最重要的主体之一，它负有统一领导、综合协调突发事件应对工作的职责。政府在组织、实施突发事件应对的整个活动中必须坚持依法行政，规范政府行为。新修订的突发事件应对法明确将

---

① 宫宜希：《依法防控 依法治理：突发事件应对法拟全面修订》，载《中国人大》2022年第3期。

加强突发事件应对能力建设作为立法目的之一，并在后续条款中对各级各类应急救援队伍，应急预案的制定、完善、演练，发挥科学技术在突发事件应对中的作用作了明确规定。

（五）调整范围

《突发事件应对法》第二条第二、三款规定："突发事件的预防与应急准备、监测与预警、应急处置与救援、事后恢复与重建等应对活动，适用本法。《中华人民共和国传染病防治法》等有关法律对突发公共卫生事件应对作出规定的，适用其规定。有关法律没有规定的，适用本法。"该两款规定了突发事件应对法的调整范围。突发事件应对法适用于预防与应急准备、监测与预警、应急处置与救援、事后恢复与重建等应对突发事件的事前、事中、事后的全过程活动。突发事件应对是一个动态发展的过程，各环节密切相关，直接决定应对工作的成败。突发事件应对法通过对应对突发事件的全过程活动作出规定，以力求从制度上预防突发事件的发生，阻止一般突发事件演变为需要实行紧急状态予以处置的特别严重事件，尽量减少突发事件造成的损害。这与宪法确立的紧急状态制度的精神一致。根据《突发事件应对法》第一百零三条，发生特别重大突发事件，需要进入紧急状态的，由全国人大常委会或者国务院依照宪法和其他有关法律规定的权限和程序决定，紧急状态期间采取的非常措施，依照有关法律规定执行或者由全国人大常委会另行规定。另外，新修订的《突发事件应对法》按照"特别法优于一般法"的原则，进一步明确了本法与应对突发公共卫生事件的有关法律之间的适用和衔接问题，即优先适用《传染病防治法》等关于突发公共卫生事件应对工作的专门规定，在有关法律没有规定的情况下才适用本法。

二 法律知识要点

（一）突发事件的定义

《突发事件应对法》第二条第一款规定："本法所称突发事件，是指突然发生，造成或者可能造成严重社会危害，需要采取应急处置措施予以应对的自然灾害、事故灾难、公共卫生事件和社会安全事件。"

该款采取了概括和列举相结合的表述方式对突发事件的内涵进行了规定。突发事件的内涵包含了四个核心要素。一是突发性，即事件发生的真实时间、地点、危害难以预料，往往超乎人们的心理惯性和社会的常态秩序。二是危害性，即事件给人民的生命财产或者给国家、社会带来严重危害。这种危害往往是社会性的，受害主体也往往是群体性的。三是紧迫性，即事件发展迅速，需要采取非常态措施、非程序化作出决定，才有可能避免局势恶化。四是不确定性，即事件的发展和可能的影响往往根据既有经验和措施难以判断、掌控，处理不当就可能导致事态迅速扩大。

《突发事件应对法》第二条第一款进一步明确了突发事件分为自然灾害、事故灾难、公共卫生事件和社会安全事件四类。这四类突发事件常相互交叉关联，可能同时发生，或者引发次生、衍生事件，需要具体分析、统筹应对。自然灾害是指由自然因素直接所致的灾害。事故灾难主要包括由人们未遵守规则的行为所致的灾害，包括各类安全事故、交通运输事故、公共设施和设备事故、核与辐射事故、人为造成的环境污染和生态破坏事件等。公共卫生事件通常由自然因素和人为因素共同所致。根据现行的《突发公共卫生事件应急条例》，突发公共卫生事件是指突然发生，造成或者可能造成社会公众健康严重损害的重大传染病疫情、群体性不明原因疾病、重大食物和职业中毒以及其他严重影响公众健康的事件。社会安全事件的本质特征表现为由一定的社会问题诱发。根据现行《国家突发公共事件总体应急预案》，社会安全事件主要包括恐怖袭击事件、经济安全事件和涉外突发事件等。①

（二）突发事件的分级及标准

《突发事件应对法》第三条第一款规定："按照社会危害程度、影响范围等因素，突发自然灾害、事故灾难、公共卫生事件分为特别重大、重大、较大和一般四级。法律、行政法规或者国务院另有规定的，从其规定。"

对自然灾害、事故灾难、公共卫生事件这三类突发事件加以分级，主要是为监测、预警、报送信息、分级处置以及有针对性地采取应急措施提供依据。社会安全事件有其自身特殊性，在监测、预警、处置等方面需要各级、各类机关协同联动，很难通过权利义务关系进行分级管理。值得注意的是，我国现行有关法律、行政法规和规范性文件，对于突发事件的分级并不完全统一。为与其他法律、行政法规和国务院对特定突发事件分级的不同规定相衔接，突发事件应对法明确了

---

① 汪永清主编《中华人民共和国突发事件应对法解读》，中国法制出版社2007年版，第114页。

"法律、行政法规或者国务院另有规定的，从其规定"。

《突发事件应对法》第三条第二款规定："突发事件的分级标准由国务院或者国务院确定的部门制定。"突发事件分级标准须满足科学性要求，涉及面广，考虑因素复杂。国务院和国务院确定的部门，同时也是统一领导、分类处置突发事件的主管部门。例如，国务院制定了《国家特别重大、重大突发公共事件分级标准（试行）》等。

（三）突发事件应对的重要原则

1. 基本原则

《突发事件应对法》第五条规定："突发事件应对工作应当坚持总体国家安全观，统筹发展与安全；坚持人民至上、生命至上；坚持依法科学应对，尊重和保障人权；坚持预防为主、预防与应急相结合。"这是关于突发事件应对工作基本原则的规定。

一是坚持总体国家安全观，统筹发展与安全。突发事件频繁发生会对经济和社会发展带来严重影响。《国家安全法》第二十九条明确要求妥善处置影响国家安全和社会稳定的突发事件，维护公共安全和社会安定。社会安全是国家改革发展安全的重要保障。突发事件应对法是突发事件应对的基础性、综合性法律，2024年的全面修订是坚持总体国家安全观、统筹发展和安全的重要举措。

二是坚持人民至上、生命至上。为了保障突发事件应对管理工作中社会各主体合法权益，确保人民群众生命安全和身体健康，突发事件应对法明确规定坚持人民至上、生命至上，这也是坚持以人民安全为宗旨的总体国家安全观的体现。例如，第十一条明确规定关怀特殊群体，对未成年人、老年人、残疾人、孕期和哺乳期的妇女、需要及时就医的伤病人员等群体给予特殊、优先保护。

三是坚持依法科学应对，尊重和保障人权。依法应对，保障人权是维护国家安全应遵循的基本原则之一。《国家安全法》第七条规定："维护国家安全，应当遵守宪法和法律，坚持社会主义法治原则，尊重和保障人权，依法保护公民的权利和自由。"坚持依法应对、尊重和保障人权也是维护社会安全、妥善处置突发事件应遵循的原则。在这方面，2024年全面修订的一个亮点就是在第八十三至八十五条对在应急处置工作中获取个人信息作了明确规定，加强个人信息保护，确保突发事件应急处置中获取、使用他人个人信息合法、安全。为了更好应对突发事件，实现对人权的尊重和保障，坚持科学应对被明确规定为应对突发事件的基本原则，贯穿了应急工作从预防与应急准备到灾后恢复与重建的全过程。例如，第四条明确规定了以科技为支撑的治理体系；第十条对应对措施的科学性作了明文要求；第五十六条对加强现代技术手段应用、应急科学和核心技术研究、应急管理人才和科技人才培养等内容进行了集中规定；第五十七条明确要求县级以上政府建立健全专家咨询论证制度；第八十二条对科学处置遇难人员遗体作了具体规定；等等。

四是预防为主、预防与应急相结合。这是突发事件应对工作的核心原则之一。该条从制度上将预防工作放在优先位置，既是遵循突发事件应对工作科学规律的具体表现，也有利于解决实践中轻预防、重处置的现象，提高日常安全防范工作的实际地位，同时要求有机结合日常预防和应急处置工作，做到常态和非常态下工作理念、工作规则、工作机制相互对接、共同促进。这一工作原则的基本含义包括三个层面。首先，一切突发事件的应对工作都要把预防和减少突发事件的发生放在首位，包括开展风险普查和监控，落实安全防范措施，加强信息报告和预警工作，普及安全防范知识和应急知识等。其次，针对突发事件的发生提前做好各项应急准备工作，包括完善应急预案、建设应急平台、提高应急管理能力、加强队伍建设和应急演练、做好应急资源管理和储备等。最后，在突发事件发生后，全力做好应急处置和善后工作。为了更好地实行预防为主、预防与应急相结合的原则，第三十二条明确规定国家建立健全突发事件风险评估体系，即根据各类突发事件相关风险信息、已发生事件及其应对工作的相关情况等，对可能发生的突发事件进行综合评估，有针对性地采取有效防范措施，减少突发事件的发生，最大限度减轻突发事件的影响。

2. 公开原则

《突发事件应对法》第七条规定："国家建立健全突发事件信息发布制度。有关人民政府和部门应当及时向社会公布突发事件相关信息和有关突发事件应对的决定、命令、措施等信息。任何单位和个人不得编造、故意传播有关突发事件的虚假信息。有关人民政府和部门发现影响或者可能影响社会稳定、扰乱社会和经济管理秩序的虚假或者不完整信息的，应当及时发布准确的信息予以澄清。"该条规定应对突发事件应当遵循公开原则。国家行政机关作出决定、命令是宪法和法律赋予的一项重要权力，往往会对社会公众产生拘束力和指导作用。及时公开有关决定、命令是进行社会动员的有效方式，也是实现公民知情权、参与权和监督权的重要方式。例如，《突发事件应对法》在第九条要求国家公布对突发事件应对工作统一的投诉、举报方式；第三十三条规定了县级以上政府及时公布危险源、危险区域及其基础信息的义务；第六十五至六十七、七十条规定了政府在不同情况下发布预警相关信息的具体义务；等等。

此外，关于信息报送和发布，突发事件应对法还在第八条规定了新闻采访报道制度，支持新闻媒体开展采访报道和舆论监督；在第十七、六十四、六十九条规定建立健全网络直报和自动速报制度；在第四十九条要求加强应急通信系统、应急广播系统建设；在第六十一条明确规定地方政府有依法向上级政府报送突发信息的义务，且有关单位和人员报送报告突发事件信息要做到及时、客观、真实，不得迟报、谎报、瞒报、漏报或者授意他人迟报、谎报、瞒报，不得阻碍他人报告。

3. 比例原则

《突发事件应对法》第十条规定："突发事件应对措施应当与突发事件可能造成的社会危害的性质、程度和范围相适应；有多种措施可供选择的，应当选择有利于最大程度地保护公民、法人和其他组织权益，且对他人权益损害和生态环境影响较小的措施，并根据情况变化及时调整，做到科学、精准、有效。"该条规定了突发事件应对措施应贯彻比例原则。比例原则又称"禁止过度"原则，是行政法的一项基本原则。根据该原则，行政机关不得在宪法和法律所容许范围或者所规定目的外采取措施。本法第十条明确规定，相关应对措施"应当与突发事件可能造成的社会危害的性质、程度和范围相适应"。行政机关可依法对社会危害性质、程度和范围，以及手段是否与之相适应进行科学、有限度的自由裁量。2024年修订后，突发事件应对法对这一自由裁量权作了进一步规定，明确"有多种措施可供选择的，应当选择有利于最大程度地保护公民、法人和其他组织权益，且对他人权益损害和生态环境影响较小的措施"，并规定行使这一自由裁量权需满足科学性、精准性、有效性三方面要求。

（四）突发事件应对工作领导体制和治理体系

《突发事件应对法》第四条规定："突发事件应对工作坚持中国共产党的领导，坚持以马克思列宁主义、毛泽东思想、邓小平理论、'三个代表'重要思想、科学发展观、习近平新时代中国特色社会主义思想为指导，建立健全集中统一、高效权威的中国特色突发事件应对工作领导体制，完善党委领导、政府负责、部门联动、军地联合、社会协同、公众参与、科技支撑、法治保障的治理体系。"这是关于突发事件应对工作领导体制的规定。妥善处置突发事件是维护公共安全和社会稳定的重要方面。《国家安全法》第四条规定："坚持中国共产党对国家安全工作的领导，建立集中统一、高效权威的国家安全领导体制。"《突发事件应对法》第四条贯彻落实了党中央关于突发事件应对管理工作的决策部署，把坚持中国共产党对突发事件应对管理工作的领导以法律行使予以明确。同时，应对突发事件是检验国家治理体系和治理能力的重要标准。《突发事件应对法》第四条还规定了突发事件治理体系的完善要求，明确了"党委领导""政府负责"等八方面要素及其在治理体系中的地位。

（五）突发事件应对管理与指挥体制

突发事件应对管理是检验国家治理体系和治理能力的重要标准。修订突发事件应对法，是推进国家治理体系和治理能力现代化的重要体现。新修订的突发事件应对法增设了第二章"管理与指挥体制"，以专章的形式完善了突发事件应对管理与指挥体制，明确各方责任。一是在第十六条明确了国家建立统一指挥、专常兼备、反应灵敏、上下联动的应急管理体制和以综合协调、分类管理、分级负责、属地管理为主的工作体系。二是第十七、二十一条明确了县级以上人民政府及其应急管理、卫生健康、公安等有关部门在突发事件应对中的职责。三是在第十八条明确跨行政区域突发事件应对及协同应对机制。四是在第十九条规定了突发事件应急指挥机构的设立、组成,在第二十条明确突发事件应急指挥机构在突发事件应对过程中发布的决定、命令、措施,与设立它的人民政府发布的决定、命令、措施具有同等效力,法律责任由设立它的人民政府承担。五是在第二十二、二十四条明确了乡镇街道、村(居)委会以及武装力量等在突发事件应对工作中的职责,在第二十三条明确公民、法人和其他组织参与突发事件应对工作中的义务,加强了提高基层基础能力、引导社会力量依法协助、参与突发事件应对工作的法律基础,为进一步形成突发事件应对工作合力,提升全社会突发事件应对能力的整体水平提供支撑。[1]

(六)突发事件应对社会动员机制

《突发事件应对法》第六条规定:"国家建立有效的社会动员机制,组织动员企业事业单位、社会组织、志愿者等各方力量依法有序参与突发事件应对工作,增强全民的公共安全和防范风险的意识,提高全社会的避险救助能力。"

突发事件应对事关全体社会成员,需要全体社会成员的广泛参与。为了充分调动社会各方力量参与突发事件应对工作的积极性,进一步

---

[1] 蒲晓磊:《完善突发事件应对管理与指挥体制——全国人大常委会法工委相关部门负责人解读新修订的突发事件应对法》,《法治日报》2024年7月2日。

形成合力,突发事件应对法第六条明确规定建立社会动员机制。"动员"是各级政府调动全社会人力、物力、财力应对特定事件的行为过程。国家建立有效的社会动员机制,对提高我国社会成员的公共安全和防范风险意识,提高全社会避险、自救与互救能力,对控制、减少、避免突发事件导致的人员伤亡和财产损失具有重要意义。《突发事件应对法》第二十三条也明确规定:"公民、法人和其他组织有义务参与突发事件应对工作。"

具体而言,"社会动员机制"主要由两类机制组成。第一类是以夯实应对突发事件的社会基础为目的,关于增强全民危机意识和能力建设的有关机制。这包括第四十二条规定的基层行政机关、群众性基层自治组织、企事业单位等开展应急知识宣传普及和应急演练职责,以及第八条第三款规定的新闻媒体对应急知识进行无偿公益宣传义务;第四十三条规定的学校应承担的应急知识教育义务等。第二类是社会成员参与突发事件应对工作的机制,包括第三十五条规定的安全管理职责,第三十六、三十七条规定的特定单位的预防义务等应急准备义务;第六十一条第二款规定的信息报告义务;第七十七至七十九条规定的相关群众性基层自治组织、单位、公民的相关应急职责或义务,涉及开展自救与互救、协助维护秩序、服从指挥和安排、积极参与应急救援工作等方面;等等。此外,《突发事件应对法》在第十五条明确规定对在突发事件应对工作中做出突出贡献的单位和个人给予表彰、奖励,在第三十九条规定国家鼓励和支持社会力量建立提供社会化应急救援服务的应急救援队伍。这里的个人并不限于中国公民。这都集中反映了国家鼓励支持引导社会力量依法有序参与突发事件应对工作。

（七）预防和应急准备

预防和应急准备是应对突发事件的基础，也是贯彻"预防为主"原则的集中体现。在四类突发事件中，事故灾难和社会安全事件则主要源于人为因素，可以通过做好预防工作避免其发生；自然灾害和公共卫生事件主要产生于自然因素，虽很难避免，但若预防和应急准备工作做到位，也可有效控制、减少群众伤亡和财产损失。《突发事件应对法》在第三章以专章形式、共32条的篇幅，对各级人民政府及有关部门、企事业单位、群众性基层自治组织等主体相关预防和应急准备义务作出了规定。

1. 应急预案体系

《突发事件应对法》第二十六条第一款明确规定："国家建立健全突发事件应急预案体系。"根据第二十六、三十六、三十七条，这一预案体系由五个层级组成：国务院制定的国家突发事件总体应急预案；国务院组织制定的国家突发事件专项应急预案；国务院有关部门根据其分工范围制定的国家突发事件部门应急预案，并报国务院备案；地方各级政府和县级以上地方政府有关部门，根据相关法律法规、上级预案以及本地、本部门实际情况制定的地方应急预案；由相关企事业单位制定的应急预案。其中，政府及其部门制定的应急预案具有规范性文件的性质，具有同等法律文件的效力。

《突发事件应对法》第二十八条进一步对应急预案的制定根据及其主要内容作出了规定，即"应急预案应当根据本法和其他有关法律、法规的规定，针对突发事件的性质、特点和可能造成的社会危害，具体规定突发事件应对管理工作的组织指挥体系与职责和突发事件的预防与预警机制、处置程序、应急保障措施以及事后恢复与重建措施等内容"[1]。该条还对应急预案制定、修订和备案等工作作了规定，明确要求"广泛听取有关部门、单位、专家和社会各方面意见，增强应急预案的针对性和可操作性，并根据实际需要、情势变化、应急演练中发现的问题等及时对应急预案作出修订"。该条旨在通过应急预案，形成一套由事前、事发、事中、事后等各环节组成的全流程工作运行机制。其中最核心的部分是应急响应和应急处置机制，需要通过尽可能细化以加强其针对性和可操作性。

2006年，国务院制定出台了《国家突发公共事件总体应急预案》。截至2023年12月1日，国务院已针对防汛抗旱、草原森林火灾、自然灾害救助、大面积停电、城市轨道交通运营突发事件、突发环境事件、核、地震、通信保障、食品安全事故、气象灾害、鼠疫控制、突发重大动物疫情、突发公共事件医疗卫生救援、海上搜救、安全生产事故灾难、处置铁路行车事故、处置民用航空器飞行事故、突发地质灾害、粮食、高致病性禽流感等方面组织制定了专项应急预案。

有关部门在制定相关应急预案中，需要注意确保应急预案符合法律法规的规定，保障其合法性。同时，还要注重应急预案间的衔接，确保下级政府及其有关部门制定的应急预案与上级应急预案保持一致。

2.国土空间规划等规划要满足应急需要

《突发事件应对法》第三十条规定："国土空间规划等规划应当符合预防、处置突发事件的需要，统筹安排突发事件应对工作所必需的

---

[1] 国务院2004年印发了《国务院有关部门和单位制定和修订突发公共事件应急预案框架指南》，以及《省（区、市）人民政府突发公共事件总体应急预案框架指南》，现行有效。

设备和基础设施建设，合理确定应急避难、封闭隔离、紧急医疗救治等场所，实现日常使用和应急使用的相互转换。"该条对各级政府制定的国土空间规划等规划在满足应对突发事件的需要方面提出了明确要求，包括三个层面。第一，政府进行国土空间规划等规划工作有义务满足相关预防和处置工作的需要。现行的《城乡规划法》第四条也规定，制定和实施城乡规划，也应当符合防灾减灾和公共卫生、公共安全的需要。第二，统筹安排有关设备和基础设施建设，包括根据潜在风险和具体处置突发事件需要，规划应急设备设施和各类基础设施。第三，合理确定应急避难、封闭隔离、紧急医疗救治等场所，例如合理安排公园、广场、公共绿地、体育场等场所并配备必要的设施，使其在满足日常使用的同时，可以实现向应急使用的转换。

3. 隐患调查和监控

根据《突发事件应对法》第三十三条，对易引发自然灾害、事故灾难和公共卫生事件的危险源、危险区域，县级人民政府应当进行调查、登记、风险评估，定期进行检查、监控，并有权依法责令有关单位采取安全防范措施。对易引发特别重大、重大突发事件的危险源、危险区域，省级和设区的市级人民政府应当承担这一职责。2024年对该条第三款作了修订，明确规定县级以上政府应当根据情况变化，及时调整危险源、危险区域的登记，应当将登记的危险源、危险区域及其基础信息接入突发事件信息系统，并应当及时向社会公布。根据第三十五条，所有单位都应当建立健全安全管理制度，定期开展危险源辨识评估，制定安全防范措施并按规定及时向所在地人民政府、有关部门报告相关信息。第三十六、三十七条进一步规定，矿山、金属冶炼、建筑工地、危险品生产经营运输存储使用等重点单位，以及公共交通工具、公共场所等人员密集场所的经营管理单位，有义务制定具体应急预案，进行隐患排查，落实相关预防和应急措施。关于监测和防范社会安全事件隐患，第三十四条规定县级人民政府及其有关部门、各基层组织应当及时调解处理可能引发社会安全事件的矛盾纠纷。除政府和基层组织应承担相关职责外，第三十五条还明确规定，所有单位都应掌握并及时处理本单位存在的可能引发社会安全事件的问题，防止矛盾激化和事态扩大，对可能引发突发事件的情况要及时向有关部门报告。

4. 增强全社会危机意识和应急能力

全社会危机意识和自救与互救能力，是应对突发事件的重要社会基础，也是《突发事件应对法》第六条规定的社会动员机制的重要内容。《突发事件应对法》第三章主要从政府工作人员应急管理培训、应急知识宣传普及和应急演练、学生应急知识教育等方面对增强全社会危机意识和应急能力作出了规定。在政府工作人员培训方面，第三十八条规定县级以上人民政府应当建立健全突发事件应急管理培训制度，对负有处置突发事件职责的工作人员进行定期培训。在应急知识普及宣传和应急演练方面，第四十二条明确规定：基层人民政府应当组织面向公众的应急知识宣传普及活动和必要的应急演练；群众性基层自治组织、企事业单位和社会组织应当根据所在地人民政府要求和自身实际情况，开展面向居民、村民、职工等的应急知识宣传普及活动和必要的应急演练。在教育方面，第四十三条明确规定各级各类学校应当将应急教育纳入教育教学计划，对学生及教职工开展应急知识教育和应急演练，培养安全意识和自救、互救能力；教育主管部门对此应履行指导和监督职责，应急管理等部门应当予以支持。

5. 强化应急救援力量

应急处置工作需要训练有素、响应迅速的应急救援力量作为骨干。强化应急救援力量是开展应急准备工作的重要内容。其一，根据《突发事件应对法》第三十九条，我国应急救援队伍由国家综合性消防救援队伍、县级以上政府设立的专业应急救援队伍、县级以上政府及其有关部门建立的志愿应急救援队伍、基层应急救援队伍、单位应急救援队伍以及社会力量建立的应急救援队伍组成。国家综合性消防救援队伍是应急救援的综合性常备骨干力量。县级以上人民政府可以根据实际需要决定设立专业应急救援队伍和由成年志愿者组成的应急救援队伍。乡级政府、街道办和基层自治组织可以建立基层应急救援队伍，以便于及时就近开展应急救援。单位有义务建立由其职工组成的应急救援队伍。此外，国家鼓励和支持由社会力量建立的提供社会化应急救援服务的救援队伍。

其二，国家武装力量是应急救援的一支重要力量，特别是在应对重特大突发事件中往往会发挥主力军的作用。《突发事件应对法》第四十一条明确规定，要对人民解放军、武装警察部队官兵和民兵组织进行应急救援技能专门训练；第二十四条也规定："中国人民解放军、中国人民武装警察部队和民兵组织依照本法和其他有关法律、行政法规、军事法规的规定以及国务院、中央军事委员会的命令，参加突发事件的应急救援和处置工作。"

为了加强应急救援力量建设，《突发事件应对法》第三十九条第四款明确规定，县级以上政府应当推动专业应急救援队伍与非专业应急救援队伍联合培训、联合演练，提高合成应急、协同应急的能力。第四十条第一款规定，县级以上人民政府、国务院有关部门和有关单位应为其组建的应急救援队伍提供必要保障，防范和减少其人身风险。这里的必要措施包括购买人身意外伤害保险，配备必要的防护装备和器材。此外，作为2024年修订的新增内容，第四十条第二款还规定了专业应急救援人员应满足的要求以及应当取得应急救援职业资格。

6. 突发事件卫生应急体系

2024年的修订新增了第五十条、第五十一条，对突发事件卫生应急体系作了专门规定。为了有效控制和消除突发卫生事件的危害，第五十条明确了由国家建立健全突发事件卫生应急体系，组织开展突发事件中的医疗救治、卫生学调查处置和心理援助等卫生应急工作。第五十一条明确要求县级以上人民政府加强急救医疗服务网络建设，应当采取的具体措施包括配备相应的医疗救治物资、设施设备和人员，以切实提高医疗卫生机构应对各类突发事件的救治能力。

7. 资金、物资、通信保障和社会支持

《突发事件应对法》第四十四条对应对突发事件经费保障进行了规定。该条规定："各级人民政府应当将突发事件应对工作所需经费纳入本级预算，并加强资金管理，提高资金使用绩效。"该条明确了这一保障主要通过政府财政预算的方式予以落实。我国《预算法》第四十条也规定："各级一般公共预算应当按照本级一般公共预算支出额的百分之一至百分之三设置预备费，用于当年预算执行中的自然灾害等突发事件处理增加的支出及其他难以预见的开支。"在具体工作中，还需注意与应对突发事件的其他专门性法律法规关于经费保障的具体规定相衔接、结合。例如，《防震减灾法》第四条规定，县级以上人民政府应将防震减灾工作所需经费列入财政预算；第十八条第三款规定，全国地震监测台网建设资金和运行经费列入财政预算；第十九条规定，水

库、油田、核电站等重大建设工程的建设单位承担建设和运行专用地震监测台网或者强震动监测设施的经费。

针对财政资金有限的情况，《突发事件应对法》第五十五条规定了国家支持建立巨灾风险保险体系，加强资金保障。该条规定："国家发展保险事业，建立政府支持、社会力量参与、市场化运作的巨灾风险保险体系，并鼓励单位和个人参加保险。"巨灾风险保险不要求强制缴纳，而是鼓励单位和个人，特别是重特大突发事件易发、多发地区的单位和个人积极参加。这里的个人并不仅限中国公民。

对关于应急物资储备保障制度的原第三十二条进行全面完善是2024年修订的重要内容之一。为了加强应急物资、运力、能源保障，推动有关产业发展、场所建设、物资生产储备采购等工作有序开展，为突发事件应对管理工作提供坚实物质基础，修订后的《突发事件应对法》在第四十五至四十八条对应急物资储备保障进行了详细规定。第四十五条规定，国家按照集中管理、统一调拨、平时服务、灾时应急、采储结合、节约高效的原则，建立健全应急物资储备保障制度，其内容包括动态更新应急物资储备品种目录，完善重要应急物资的监管、生产、储备、调拨和紧急配送体系，以及促进安全应急产业发展，优化产业布局，并在第二款对国家储备物资品种目录、总体发展规划的拟定作了明确规定。第四十六条规定，设区的市级以上人民政府和突发事件易发、多发地区的县级人民政府应当建立应急救援物资、生活必需品和应急处置装备的储备制度；县级以上地方各级人民政府应当根据本地区的实际情况和突发事件应对工作的需要，依法与有条件的企业签订协议，保障应急救援物资、生活必需品和应急处置装备的生产、供给，并对生产和供给的企业作了明确要求。值得注意的是，

第七十六条还规定了政府可在必要时要求生产、供应生活必需品和应急救援物资的企业组织生产、保证供给。由此可见，第四十六条第二款对与有关企业事前签订协议进行有关规定，对保障处置工作顺利开展具有重要意义。2024年的修订新增了关于国家建立健全应急运输保障体系的第四十七条，以及关于国家建立健全能源应急保障体系的第四十八条。其中，第四十七条第二款明确要求县级以上政府和有关部门应当根据国家应急运输保障方案，结合本地区实际做好应急调度和运力保障，确保运输通道和客货运枢纽畅通。

第四十九条对国家建立应急通信保障体系作了专门规定，即"国家建立健全应急通信、应急广播保障体系，加强应急通信系统、应急广播系统建设，确保突发事件应对工作的通信、广播安全畅通"。

国务院办公厅已制定的《国家通信保障应急预案》，为建立健全包括通信恢复在内的国家通信保障应急工作机制，满足突发情况下通信保障工作需要，确保通信安全畅通提供了指导。此外，我国关于应对突发事件的其他专门性法律法规也包含了相关规定。例如，《气象法》第二十六条规定："信息产业部门应当与气象主管机构密切配合，确保气象通信畅通，准确、及时地传递气象情报、气象预报和灾害性天气警报。气象无线电专用频道和信道受国家保护，任何组织或者个人不得挤占和干扰。"《防洪法》第四十三条对电信部门应当优先提供防汛抗洪通信服务作出了明确规定。

在有关预防和准备工作中，突发事件应对法除了对相关社会主体应履行的义务作了明确规定，还鼓励社会力量对相关工作提供进一步的支持。《突发事件应对法》第五十二条第一款规定："国家鼓励公民、法人和其他组织为突发事件应对工作提供物资、资金、技术支持和捐赠。"此外，第四十六条第三款对鼓励公民、法人和其他组织储备基本的应急自救物资作了规定，第四十七条第三款对发挥社会力量参与应急运输保障中的积极作用作了规定。第五十三条对红十字会紧急救援和人道救助的义务，以及慈善组织参与应对突发事件作了有针对性的规定和要求；第五十六条明确了国家鼓励、扶持有条件的教学科研机构、企业培养应急管理人才和科技人才，研发、推广新技术、新材料、新设备和新工具。

（八）监测和预警

突发事件的监测与预警，既是政府日常管理中的一项重要职能，也是政府应急工作不可缺少的组成部分。针对这一环节，突发事件应对法主要从突发事件监测系统、突发事件信息制度和突发事件预警制度建设作出了规定。

1. 突发事件监测制度

《突发事件应对法》第五十八条规定："国家建立健全突发事件监测制度。县级以上人民政府及其有关部门应当根据自然灾害、事故灾难和公共卫生事件的种类和特点，建立健全基础信息数据库，完善监测网络，划分监测区域，确定监测点，明确监测项目，提供必要的设备、设施，配备专职或者兼职人员，对可能发生的突发事件进行监测。"从实践来看，这一监测制度主要包括：气象、水文、地震、地质、海洋、环境等自然灾害监测网；针对危险源、危险区域的实时监控系统，以及危险品跨区域流动监控系统；省市县乡村五级公共卫生事件信息报告网络系统，以及传染病和不明原因疾病、动植物疫情、植物病虫害和食品药品安全等公共卫生事件监测系统。健全和完善这些监测系统，包括加强监测设施设备建设，配备专职或者兼职的监测人员或信息报告员。

2. 突发事件信息系统

《突发事件应对法》第五十九条规定："国务院建立全国统一的突发事件信息系统。县级以上地方各级人民政府应当建立或者确定本地区统一的突发事件信息系统，汇集、储存、分析、传输有关突发事件的信息，并与上级人民政府及其有关部门、下级人民政府及其有关部门、专业机构、监测网点和重点企业的突发事件信息系统实现互联互通，加强跨部门、跨地区的信息共享与情报合作。"这是以有效整合资源、实现信息共享为目的的一项重大改革。具体而言，主要包括三类制度。一是信息收集制度。根据第六十条，这一制度分为三级：包括国务院在内的县级以上政府及其有关部门、专业机构应当通过多种途径收集突发事件信息；县级人民政府应当在群众性基层自治组织和有关单位建立专职或者兼职信息报告员制度；公民、法人或者其他组织发现发生突发事件，或者发现可能发生突发事件的异常情况，有义务立即向所在地人民政府、有关主管部门或者指定的专业机构报告，且接到报告的单位应当按照规定立即核实处理。二是信息的分析、会商和评估制度。根据第六十二条的规定，由县级以上地方人民政府承担及时汇总分析突发事件隐患和监测信息的职责，必要时组织相关部门、专业技术人员、专家学者进行会商，对发生突发事件的可能性及其可能造成的影响进行评估。三是信息报送、通报、报告制度。第六十一条规定："地方各级人民政府应当按照国家有关规定向上级人民政府报送突发事件信息。县级以上人民政府有关主管部门应当向本级人民政府相关部门通报突发事件信息，并报告上级人民政府主管部门。专业机构、监测网点和信息报告员应当及时向所在地人民政府及其有关主管部门报告突发事件信息。有关单位和人员报送、报告突发事件信息，应当做到及时、客观、真实，不得迟报、谎报、瞒报、漏报，不得授意他人迟报、谎报、瞒报，不得阻碍他人报告。"第六十二条进一步规定，县级以上地方政府对突发事件隐患和监测信息进行汇总、分析、评估后，认为可能发生重大或者特别重大突发事件的，应当立即向上级人民政府报告，并向上级人民政府有关部门、当地驻军和可能受到危害的毗邻或者相关地区的人民政府通报，及时采取预防措施。

第六十四条和第六十九条规定了信息报送的两种特殊情形：一是可预警的自然灾害、事故灾难或者公共卫生事件即将发生或者发生的可能性增大时；二是即将发生或者已经发生社会安全事件。在这两种情形下，有关部门应当上报，必要时可越级上报，且具备条件的还有义务进行网络直报或自动速报。在第一种情形下，相关县级以上政府还有义务同时向当地驻军和可能受到危害的毗邻或者相关地区的人民政府通报。

3. 突发事件预警制度

《突发事件应对法》第六十三条第一款规定："国家建立健全突发事件预警制度。"预警的实质是根据不同层级的具体情况提前采取针对性预防措施。针对可预警的自然灾害、事故灾难和公共卫生事件这三类突发事件，第六十三条第二款规定，其预警级别可按紧急程度、发展势态和可能造成的危害程度，以一级为最高级别分为四级，以红色、橙色、黄色和蓝色标示。为了更好地满足按其性质、机理和发展规律应对不同突发事件的需要，第六十三条第三款规定，预警级别的划分标准由国务院或者国务院确定的部门制定。第六十四条对县级以上地方人民政府的预警发布权和警报内容作了规定。该条规定，可以预警的自然灾害、事故灾难或者公共卫生事件即将发生或者发生的可能性增大时，县级以上地方人民政府应当根据有关法律、行政法规和国务院规定的权限和程序，发布相应级别的警报，决定并宣布有关地区进入预警期。第六十五条对预警发布渠道进行了明确规定，包括三方面内容：一是国家建立健全的突发事件预警发布平台；二是广播、电视、报刊以及网络服务提供者、电信运营商依法建立的突发事件预警信息快速发布通道；三是公共场所和其他人员密集场所应当指定专门人员负责突发事件预警信息接收和传播工作。预警发布建立在突发事件监测系统和突发事件信息制度的支持基础上。县级以上地方政府应当严格按照有关法律、行政法规和国务院规定的权限和程序，完善有关预警信息发布标准，建立起广泛覆盖、可即时送达本行政区域内各单位、组织和民众的预警信息发布渠道。第六十六、六十七条分别对发布三级、四级警报后，以及一级、二级警报后应当采取的措施作了具体规定。这些措施主要是防范性、保护性的措施。2024年的修订还在第六十八条新增了县级以上政府在预警期物价监测义务的规定，以根据实际需要及时保障供应、稳定市场，并明确了在必要时，国务院和省级政府可按《中华人民共和国价格法》等有关法律规定采取相应措施。此外，第七十条明确了调整预警级别，解除警报，终止预警期，并解除已经采取的有关措施的职责。

根据第六十六条，发布三级、四级警报后应当采取的措施包括：启动应急预案；加强监测、预报和预警工作；进行风险评估；定时向公众发布有关信息，进行信息报道管理；及时发布警告，公布咨询或者求助电话等联络方式和渠道。根据第六十七条，发布一级、二级警报后应当采取的措施包括：责令应急救援队伍以及相关工作人员进入待命状态，动员后备人员；调集应急救援物资，准备应急设施和应急避难、封闭隔离、紧急医疗救治等场所；加强对重点单位、重要基础设施的安全保卫，维护社会治安秩序；采取必要措施，确保交通、通信、供水、排水、供电、供气、供热、医疗卫生、广播电视、气象等公共设施的安全和正常运行；及时向社会发布有关建议、劝告；转移、疏散、撤离并安置有关人员，转移重要财产；关闭、限制使用有关场所，控制或限制有关公共场所活动；其他依法有必要采取的防范性、保护性措施。

（九）事后恢复与重建

事后恢复与重建，是应对突发事件工作的最后一个阶段，应当保障受影响地区尽快恢复正常的生产生活和社会秩序。《突发事件应对法》第六章以专章形式共9条的篇幅对突发事件事后恢复与重建制度作出规定。第八十六条规定，在突发事件的威胁和危害得到控制或者消除后，由履行统一领导职责或者组织处置突发事件的政府宣布解除应急响应，停止应急措施，采取或者继续实施防止次生、衍生事件或者重新引发社会安全事件的必要措施，以及组织受影响地区尽快恢复社会秩序，并在第八十七条第二款对组织和协调有关部门恢复社会秩序作了进一步明确。第八十七条第一款对制订恢复重建计划作了规定。根据该条，突发事件应急处置工作结束后，有关人民政府应当在对突发事件造成的损失进行评估的基础上，制订受影响地区恢复重建计划并向上一级人民政府报告。第八十八条对请求上级政府援助作了规定，即上一级人民政府应当根据受影响地区遭受的损失和实际情况，提供必要的援助，组织协调其他地区和有关方面提供支援；受突发事件影响地区的政府可向上级政府提出请求。第八十九条对有关善后工作进行了规定：国务院应根据受突发事件影响地区遭受损失的情况，制定扶持该地区有关行业发展的优惠政策；受影响地区的人民政府应根据损失和采取措施的情况，制订和实施救助、补偿、抚慰、抚恤、安置等善后工作计划，妥善解决因处置工作引发的矛盾和纠纷。第九十条明确了公民参加或协助相关应急处置工作期间，其所在单位应当保障其工资待遇和福利不变，并可依规予以补助。第九十一条明确规定了县级以上人民政府应当对应急救援工作中的伤亡人员依法落实工伤待遇、抚恤或者其他保障政策，并组织做好应急救援工作中致病人员的医疗救治工作。第九十二条规定在应对工作结束后，履行统一领导职责的政府应及时开展突发事件调查，作出应急处置工作总结，并向上一级政府报告。应急处置工作总结的内容包括突发事件的发生原因、发生过程、应急情况、应对中存在的问题、恢复重建情况以及改进措施等。

2024年的修订新增了对突发事件应对工作事后审计监督和档案管理的规定。第九十三条明确了应对工作中的资金、物资的筹集、管理、分配、拨付和使用等情况事后应当受审计机关审计监督。第九十四条规定国家档案主管部门应当建立健全相关档案收集、整理、保护、利用工作机制，将形成的材料依规归档并移交至档案馆。

三 常见法律问题

（一）社会安全事件发生后应采取哪些应急处置措施？

社会安全事件影响社会政治稳定和国家安全，主要涉及部分群体切身利益，在内容和形式上具有多变性，往往渐进发展，突然猛烈爆发。《突发事件应对法》第七十四条第一款规定，社会安全事件发生后，组织处置工作的人民政府应当立即启动应急响应，组织有关部门针对事件的性质和特点，依照有关法律、行政法规和国家其他有关规定，采取一项或多项该款所列应急处置措施。此处"针对事件的性质和特点"的表述，就是要求采取处置措施应与危害程度相适应，这是要求处置机关贯彻比例原则行使相关紧急权力的具体表现。具体来说，该款列举的措施有：强制隔离使用器械相互对抗或者以暴力行为参与冲突的当事人，妥善解决现场纠纷和争端，控制事态发展；对特定区域内的建筑物、交通工具、设备、设施以及燃料、燃气、电力、水的供应进行控制；封锁有关场所、道路，查验现场人员的身份证件，限制有关公共场所内的活动；加强对易受冲击的核心机关和单位的警卫，在国家机关、国家通讯社、外国驻华使领馆等重要单位附近设置临时警戒线；法律、行政法规和国务院规定的其他必要措施。《国防法》第二十二条、《人民武装警察法》第四条明确规定，人民武装警察部队担负的任务包括处置突发社会安全事件。

（二）突发事件应对法对应急协作机制有哪些规定？

《突发事件应对法》第七十六条第一款规定："履行统一领导职责或者组织处置突发事件的人民政府及其有关部门，必要时可以向单位和个人征用应急救援所需设备、设施、场地、交通工具和其他物资，请求其他地方人民政府及其有关部门提供人力、物力、财力或者技术支援，要求生产、供应生活必需品和应急救援物资的企业组织生产、保证供给，要求提供医疗、交通等公共服务的组织提供相应的服务。"第一，各级政府是负责组织应急处置工作，协调其他地方政府、企事业单位和社会公众等社会各方面力量参与应急处置工作的主体和中枢。第二，负责处置工作的政府及其有关部门有权向单位和个人征用应急救援所需的场所、设施和物资。第三，负责处置工作的政府及其有关部门有权请求其他地方人民政府及其有关部门提供各方面的支援，这体现了其他地方人民政府有提供配合、协作的相关义务。第四，生产、供应生活必需品和应急救援物资的企业负有相关配合义务。第五，医疗、交通等特定公共服务组织负有相关协作义务。第七十六条第二款进一步规定，负责处置突发事件的政府和有关主管部门承担组织协调运输经营单位的职责，为优先运送处置突发事件所需物资、设备、工具、应急救援人员和受到突发事件危害的人员提供保障。

（三）群众性基层自治组织、有关单位和公民有哪些应急职责？

除了各级政府外，突发事件发生地的居民委员会、村民委员会、有关单位、公民也都承担了参与突发事件处置工作的相关义务。《突发事件应对法》第七十七条规定了居民委员会、村民委员会依法开展宣传动员、组织群众开展自救和互救、协助维护社会秩序；情况紧急的，应当立即组织群众开展自救与互救等先期处置工作。第七十八条规定了突发事件发生地有关单位的应急职责，包括在受到自然灾害危害或者发生事故灾难、公共卫生事件时，立即组织本单位应急救援队伍和工作人员开展人员救助、疏散、安置等工作，采取控制危险源等防止危害扩大的必要措施，以及向所在地县级人民政府报告；对本单位引发或主体为本单位人员的社会治安事件，应当立即按规定上报，并迅速派出负责人赶赴现场进行劝解、疏导；其他单位应当履行相关服从、配合和协助突发事件应急处置和救援工作的义务。第七十九条规定了突发事件发生地公民的相关义务，包括服从政府、群众性基层自治组织或所属单位的指挥，履行有关配合和协助义务。

反恐怖主义法

第七讲
CHAPTER 7

CHAPTER 7

扫码查阅法律

第七讲　**反恐怖主义法**

2015年12月27日，第十二届全国人大常委会第十八次会议通过反恐怖主义法。反恐怖主义法对恐怖活动组织和人员的认定、安全防范、情报信息、调查、应对处置、国际合作、保障措施和法律责任等作出规定，2016年1月1日起施行。2018年4月27日，第十三届全国人大常委会第二次会议通过关于修改反恐怖主义法等六部法律的决定。

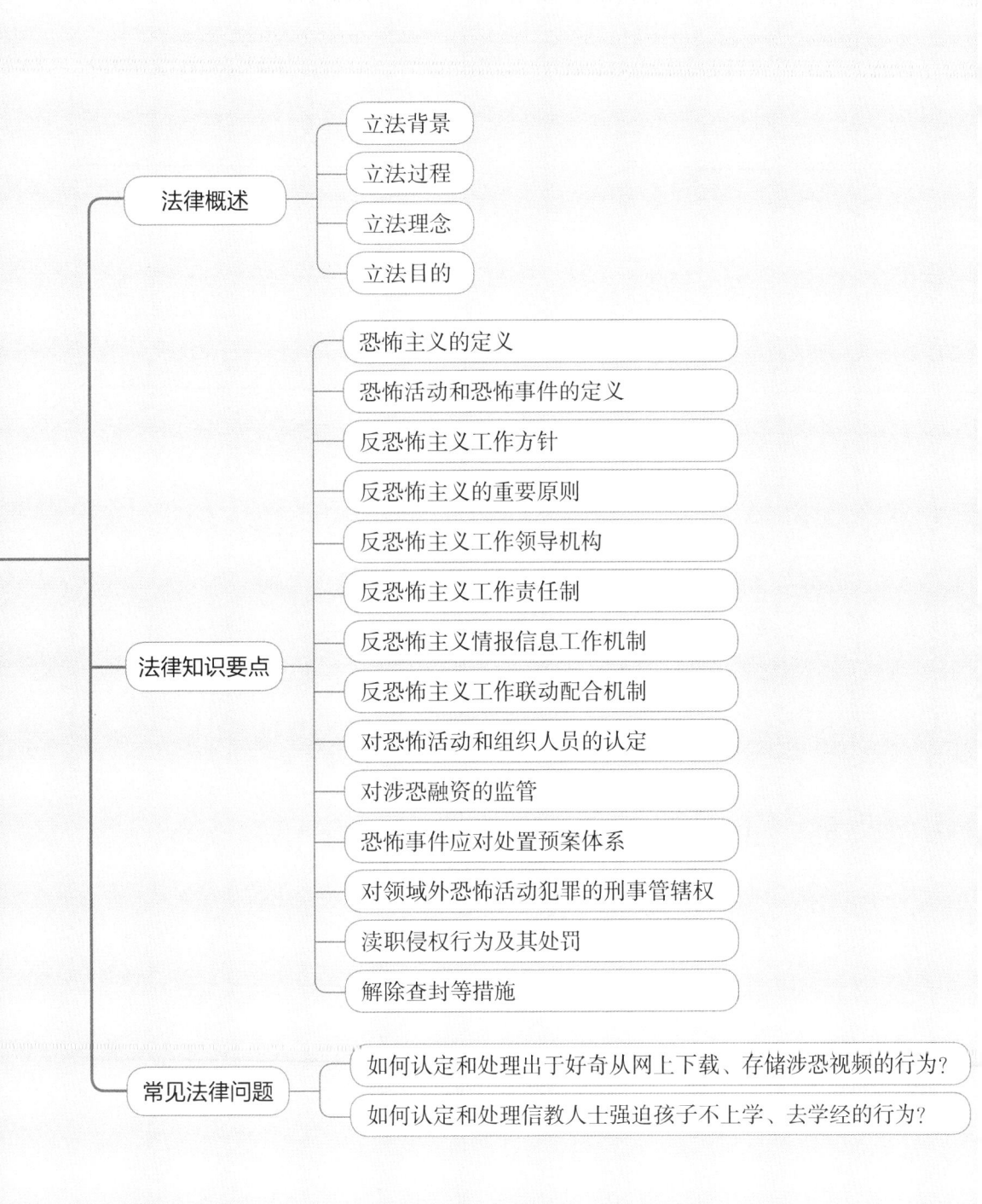

```
                    ┌─ 立法背景
          法律概述 ──┼─ 立法过程
                    ├─ 立法理念
                    └─ 立法目的

                    ┌─ 恐怖主义的定义
                    ├─ 恐怖活动和恐怖事件的定义
                    ├─ 反恐怖主义工作方针
                    ├─ 反恐怖主义的重要原则
                    ├─ 反恐怖主义工作领导机构
                    ├─ 反恐怖主义工作责任制
      法律知识要点 ──┼─ 反恐怖主义情报信息工作机制
                    ├─ 反恐怖主义工作联动配合机制
                    ├─ 对恐怖活动和组织人员的认定
                    ├─ 对涉恐融资的监管
                    ├─ 恐怖事件应对处置预案体系
                    ├─ 对领域外恐怖活动犯罪的刑事管辖权
                    ├─ 渎职侵权行为及其处罚
                    └─ 解除查封等措施

      常见法律问题 ──┬─ 如何认定和处理出于好奇从网上下载、存储涉恐视频的行为？
                    └─ 如何认定和处理信教人士强迫孩子不上学、去学经的行为？
```

一 法律概述

（一）立法背景

恐怖主义是世界公敌。以联合国为中心的国际社会先后通过了多份政治性决议，并针对相关特定领域或问题，已达成了13项全球性反恐怖主义公约；部分国家和组织还制定了区域性反恐怖主义公约。通过专门性国内立法打击恐怖活动是西方国家的惯常做法，例如美国2001年《爱国者法》、德国2002年《反国际恐怖主义法》等。

当前，我国社会大局总体稳定，但反恐怖斗争形势依然严峻、复杂、尖锐。暴力恐怖势力、宗教极端势力、民族分裂势力等"三股势力"合流，借民族、宗教等之名，行分裂国家之实，境内外相互勾结，以极端主义为思想基础，以恐怖主义为手段，煽动仇恨、歧视和血腥暴力，相继制造了一批暴力恐怖事件。必须依法严厉打击惩治暴恐活动，坚决遏制部分地方暴恐活动多发频发态势，坚决防止暴恐活动向内地发展蔓延，坚决防止暴恐活动在内地特别是大中城市打响炸响，坚决维护我国国家和公民海外利益、生命财产安全。

我国反对一切形式的恐怖主义，坚决依法打击惩治恐怖活动，高度重视反恐怖主义法律制度建设。刑法、刑事诉讼法、人民警察法、人民武装警察法、反洗钱法等法律均含有针对性规定。全国人大常委会于2011年10月通过了《全国人民代表大会常务委员会关于加强反恐怖工作有关问题的决定》，对恐怖活动的定义等关键事项进行了规定。

我国还缔结、参加了多项全球性、区域性和双边反恐怖主义条约，如《上海合作组织反恐怖主义公约》，正在积极参与联合国《关于国际恐怖主义的全面公约（草案）》的制定工作。

随着斗争形势不断演进，制定反恐怖主义法的必要性日益凸显，以与新情况新要求相适应。这些新情况新要求包括：第一，为维护国家安全，党中央对加强反恐怖主义工作作出了一系列重大决策部署。党的十八届四中全会审议通过的《中共中央关于全面推进依法治国若干重大问题的决定》提出，抓紧出台反恐怖等一批急需法律。第二，我国在反恐怖主义工作中取得了一些成功经验，有必要通过法律的形式确定下来。第三，对反恐怖主义工作所作相关规定分散在不同的法律文件中，需予以进一步整合和完善，以健全反恐怖主义法律体系，加强法律适用的规范性和统一性。第四，原有的反恐怖主义工作体制机制存在一些亟须通过立法解决的问题。

（二）立法过程

2014年4月，根据中央有关决策部署，由国家反恐怖主义工作领导机构牵头，公安部会同全国人大常委会法制工作委员会、国家安全部、工业和信息化部、人民银行、国务院法制办公室、武警总部等部门成立起草小组，组成专班，开始进行反恐怖主义法起草工作。2014年10月，草案提请至全国人大常委会审议。

2015年12月27日，第十二届全国人大常委会第十八次会议审议通过了反恐怖主义法。在审议过程中，全国人大法律委员会、全国人大常委会法制工作委员会多次深入一些地方调查研究，召开各种形式的研究论证会，听取各方面意见，就有关问题与有关部门反复研究。

2018年4月27日，第十三届全国人大常委会第二次会议通过了关于修改反恐怖主义法等六部法律的决定。本次修改有两处，系为与党的十九届三中全会审议通过的《中共中央关于深化党和国家机构改革的决定》，以及第十三届全国人大第一次会议批准的《国务院机构改革方案》（以下简称《改革方案》）相适应。根据《改革方案》，由海关总署承担原国家质量监督检验检疫总局的出入境检验检疫管理职责，由国家医疗保障局承担民政部的医疗救助职能，相应地删除了《反恐怖主义法》的原第四十条第二款，并将第六十五条中的"民政"修改为"医疗保障"。

（三）立法理念

反恐怖主义法的立法理念主要为以下三点：一是坚持总体国家安全观的指导，全面分析反恐怖主义形势，坚持问题导向，从实际出发；二是认真总结了近年来防范和打击恐怖活动的斗争经验，研究借鉴国外一些有效做法，以法律的形式予以规范化、固定化；三是为维护国家安全、公共安全和人民生命财产安全，以及加强反恐怖主义国际合作，提供有力法制保障。[①]

（四）立法目的

《反恐怖主义法》第一条规定："为了防范和惩治恐怖活动，加强反恐怖主义工作，维护国家安全、公共安全和人民生命财产安全，根据宪法，制定本法。"该条是制定反恐怖主义法目的和依据的规定。反

[①] 王爱立主编《中华人民共和国反恐怖主义法解读》，中国法制出版社2016年版，第5—6页。

恐怖主义法是一部反恐怖主义的专门法律。反恐怖主义法坚持总体国家安全观，规定了恐怖主义等概念的定义、反恐怖主义工作的基本原则和工作体制机制、安全防范、情报信息、调查、应对处置、保障措施、法律责任等，为防范和惩治恐怖活动提供了法制支撑，起到了加强反恐怖斗争的作用，进一步健全和完善了国家安全法律制度体系，对维护国家安全、公共安全和人民生命财产安全具有重要意义。

二 法律知识要点

（一）恐怖主义的定义

《反恐怖主义法》第三条第一款规定："本法所称恐怖主义，是指通过暴力、破坏、恐吓等手段，制造社会恐慌、危害公共安全、侵犯人身财产，或者胁迫国家机关、国际组织，以实现其政治、意识形态等目的的主张和行为。"

根据本款规定，恐怖主义主要包括以下几个要素：

第一，表现为"主张"和"行为"。这里的"主张"是指通过发表文字或者发布言论等方式向他人表达出来的恐怖主义的意见、看法、理论或者思想体系，其目的是诱骗、指使、策动他人接受这些主张，从而信奉恐怖主义，形成恐怖组织，或者从事恐怖活动。"行为"是指第三条第二款中的五类恐怖活动。作这样的规定，借鉴了有关国际条约和他国国内反恐怖主义法的做法。当前，国际上对恐怖主义的规范性定义，可分为两种方式。一是将之定义为行为，将恐怖主义等同于恐怖活动。二是同时对恐怖主义和恐怖活动进行定义，在恐怖主义的定义中明确"恐怖主义"包括"意识形态"，比如《上海合作组织反恐怖主义公约》就将"恐怖主义"定义为意识形态和实践。反恐怖主义法对恐怖主义的定义，与我国缔结、加入的国际条约的规定是一致的。

第二，使用暴力、破坏或者恐吓等手段。恐怖主义"恐怖性"的一个表现就是使用非常规性手段。暴力或者威胁使用暴力是其最基本的手段。此外，恐吓、强迫、强制、敲诈等以暴力、破坏为支持力量的手段也会造成社会恐慌，严重影响社会生活的正常秩序。因此，恐吓等手段也属恐怖主义手段。

第三，具有明确的目的性。恐怖主义的直接目的，是制造恐怖气氛，恐吓政府机构、国际组织或者社会公众，迫使政府、国际组织等从事或者不从事某种行为。其根本目的是通过实现直接目的，最终实现特定的政治或者意识形态等目的。"特定的政治或者意识形态等目的"是恐怖主义的一个根本特征，是与其他犯罪行为的本质区别。这一规定为实践中准确把握有关规定，正确精准认定和惩治恐怖活动，防止扩大打击面提供了便利。这样规定也借鉴了一些国际法律文件和国家法律的规定。比如，联合国《消除国际恐怖主义措施宣言》第一条第三款，《上海合作组织反恐怖主义公约》第二条。

（二）恐怖活动和恐怖事件的定义

1. 恐怖活动

《反恐怖主义法》第三条第二款规定："本法所称恐怖活动，是指恐怖主义性质的下列行为：（一）组织、策划、准备实施、实施造成或者意图造成人员伤亡、重大财产损失、公共设施损坏、社会秩序混乱等严重社会危害的活动的;(二)宣扬恐怖主义,煽动实施恐怖活动,或者非法持有宣扬恐怖主义的物品,强制他人在公共场所穿戴宣扬恐怖主义的服饰、标志的;(三)组织、领导、参加恐怖活动组织的;(四)为恐怖活动组织、恐怖活动人员、实施恐怖活动或者恐怖活动培训提供信息、资金、物资、劳务、技术、场所等支持、协助、便利的;(五)其他恐怖活动。"

这一定义主要从两个方面来把握:一是,恐怖活动作为一种行为,必须具有"恐怖主义性质"这一本质属性。恐怖活动是基于恐怖主义实施的、满足"恐怖主义"定义中相关手段、目的和社会危害等要素的行为。二是,本款明确列举了恐怖活动的五种具体形式。本条根据恐怖活动的规律、特点,与刑法等法律的规定衔接,同时借鉴我国缔结、参加的国际公约或条约的规定,对恐怖活动的形式作了明确列举。

第一项中,"造成人员伤亡、重大财产损失、公共设施损坏、社会秩序混乱等严重社会危害的活动"是指带有恐怖主义性质的杀人、放火、爆炸、投放危险物质、劫机、劫持人质等暴力行为。应注意到,行为人无论是否已经实施、是否造成实际危害后果,都构成恐怖活动犯罪。"准备实施"包括策划恐怖活动,准备凶器、危险物品或者其他工具,组织或者积极参加恐怖活动培训,为实施恐怖活动与境外恐怖组织或者人员联络以及其他准备行为。对于这类行为,以前主要按为准备实施犯罪的犯罪预备进行处罚。

第二项中,"宣扬恐怖主义,煽动实施恐怖活动"会使他人受到恐怖主义的影响,甚至被"洗脑"成为恐怖活动分子,造成或者助长恐怖主义蔓延;"强制他人在公共场所穿戴宣扬恐怖主义的服饰、标志"不仅侵犯了他人人身权利和正常的宗教信仰自由,还会影响、控制信教群众，煽动狂热情绪，营造恐怖主义和极端主义氛围等。2015年8月29日通过《刑法修正案（九）》后，这些行为分别在《刑法》第一百二十条之三、之五、之六中被规定为犯罪。

第三项中，"组织"是指鼓动、召集若干人建立恐怖活动组织；"领导"是指在恐怖活动组织中起指挥、决定作用；"参加"是指参与恐怖活动组织，成为恐怖活动组织成员，发挥一定作用。《刑法》第一百二十条对此也作了规定。

第四项明确了提供信息、资金、物资、劳务、技术、场所等支持、协助、便利也属恐怖活动。一方面，恐怖活动往往依赖于相应的信息、物质等的支持或便利；另一方面，有些组织和人员不直接从事暴力恐怖活动，而是专门为恐怖主义提供支持、协助、便利，具有同等的危害性。联合国安理会2001年第1373号决议明确提出将此类行为作为犯罪的要求。同年，全国人大常委会通过了《刑法修正案（三）》，将对恐怖组织或者实施恐怖活动的个人的资助行为规定为犯罪。2015年8月，全国人大常委会通过的《刑法修正案（九）》，又将资助恐怖活动培训和其他相关协助行为明确为犯罪。《刑法》第一百二十条之一对此作出了具体明确的规定。

第五项是根据实际情况所作的兜底规定。对符合第三条第一款规定的要件、可被认定为恐怖主义性质的其他行为，以及其他一些衍生出现的新的恐怖活动行为的表现形式，可及时依法确定为恐怖活动，并依法予以处理。

2. 恐怖事件

《反恐怖主义法》第三条第五款规定："本法所称恐怖事件，是指正在发生或者已经发生的造成或者可能造成重大社会危害的恐怖活动."反恐怖主义法中所称的"恐怖事件"是一种特殊的恐怖活动,具有两个特征:一是时间特征,即正在发生或者已经发生。二是具有重大社会危害性,即造成或者可能造成重大社会危害。社会危害包括人员伤亡、重大财产损失、公共设施损害、制造社会恐慌,以及其他造成严重社会危害的活动。根据反恐怖主义法,一旦发生恐怖事件就应当立即依法采取有效的应对处置措施。

(三)反恐怖主义工作方针

《反恐怖主义法》第四条第一款规定:"国家将反恐怖主义纳入国家安全战略,综合施策,标本兼治,加强反恐怖主义的能力建设,运用政治、经济、法律、文化、教育、外交、军事等手段,开展反恐怖主义工作。"

第一,国家将反恐怖主义纳入国家安全战略。反恐怖主义是维护国家安全的一个重要领域;反恐怖主义法受国家安全法统领。《国家安全法》第六条规定,国家制定并不断完善国家安全战略;第三条规定,国家安全工作应当坚持总体国家安全观。

第二,要综合施策,标本兼治。恐怖主义是国际国内因素综合影响的产物。反恐怖主义斗争的视角必须兼具全面性和综合性,深刻认识其紧迫性和长期性,专项打击和源头治理并举。"综合施策"是指在对恐怖主义滋生、蔓延的原因及其活动规律特点进行宏观综合分析的基础上,把反恐怖主义工作作为系统工程,落实中央总体决策部署,扎实做好当前及长远的各项工作。"标本兼治"是指既要防止、消除恐怖主义的现实活动、危害,也要消除恐怖主义滋生和存在的根源和土壤,两者一体两面,不可偏废。

第三，加强反恐怖主义的能力建设。《国家安全法》第二十八条对加强防范和处置恐怖主义的能力建设提出了明确要求。能力建设包括：恐怖事件应对处置能力，安全防范、情报信息工作能力，防止恐怖事件发生能力，反恐怖主义专业力量和专门工作能力，各有关单位、人民群众防恐反恐能力和相关经济、社会、教育、文化等方面能力。各级政府及有关方面应当严格根据本法规定做好反恐怖主义的能力建设，打好反恐怖主义工作的基础。

第四，要运用各种手段，开展反恐怖主义工作。"运用政治、经济、法律、文化、教育、外交、军事等手段"意味着要依法充分发挥专门机关、其他有关机关反恐怖主义工作职能作用，并依法广泛动员公民和组织，开展广泛的国际合作。《反恐怖主义法》第八、十七、三十六、三十八、四十五、五十七、五十八、六十八、七十一条等作了相关规定。

（四）反恐怖主义的重要原则

1. 反恐怖主义工作原则

《反恐怖主义法》第五条规定："反恐怖主义工作坚持专门工作与群众路线相结合，防范为主、惩防结合和先发制敌、保持主动的原则。"该条规定了三项反恐怖主义工作原则。[①]

一是专门工作与群众路线相结合原则。群众路线是我们克敌制

[①] 《公安部关于认真学习贯彻〈中华人民共和国反恐怖主义法〉的通知》指出："《反恐怖主义法》将综合治理、专群结合，分工负责、联动配合，防范为主、惩防结合，先发制敌、保持主动，法治和人权保障，全民反恐作为反恐怖主义工作的基本原则，构建全民参与、群防群治的反恐格局，兼顾打击与保护、公正与效率，坚持依法防范和惩治恐怖主义。"

胜的重要法宝，具有鲜明特色。同恐怖主义作斗争，必须坚持群众路线，实行专门工作与群众路线相结合。"专门工作"是指根据恐怖活动的规律和特点，组织专门机关，采取专门的措施和手段。"与群众路线相结合"，是指在坚持充分发挥专门机关作用和职能的同时，必须广泛动员、组织、依靠广大人民群众，发挥全社会力量的积极性。这要求各级人民政府及有关部门根据反恐怖主义法等法律法规的规定，做好安全防范、情报信息、调查和应对处置等各方面工作，切实发动人民群众，并为其提供必要的条件。《反恐怖主义法》对依靠群众做好反恐怖主义工作作了很多具体规定，比如第八条第三款、第九条、第十条、第四十四条、第七十四条第二款等。同时，要防止把恐怖主义与特定的民族、宗教联系起来的错误做法，团结依靠最广大的群众共同做好反恐怖主义工作。还要通过鼓励、奖励等措施，不断激发人民群众参与防范、打击恐怖主义的积极性、主动性、创造性，切实打好反恐怖主义的人民战争。

二是防范为主、惩防结合原则。"防范为主"是指安全防范是反恐怖主义工作的重点，是面对恐怖活动的首要工作。宁愿十防九空，也不可漏掉一次。为了形成全方位立体式社会防控体系，本法"安全防范"专章对一系列反恐怖主义安全防范措施和制度作了明确规定。"惩防结合"是指要在有效防范的基础上，对恐怖主义和恐怖活动依法给予严厉打击。安全防范工作和惩治工作可互相转化、促进。有效的安全防范工作可及时发现恐怖活动组织、恐怖活动人员及恐怖活动阴谋，及时予以追究惩治；强有力的惩治工作可有效打击恐怖主义气焰，预防和减少恐怖活动，并积累经验、发现问题，及时完善安全防范工作。

三是先发制敌、保持主动原则。在完善安全防范措施、防止恐怖事件的前提下，要敌未动我先动，主动采取积极措施制敌于先。这就要求提高反恐怖主义斗争的能力，完善情报信息制度，主动开展情报信息、调查、分析、研判、预警等工作，及时掌握恐怖活动动态和情况。对恐怖活动组织和人员，要直接采取主动准确的出击措施，使用法律、军事等一切手段，重拳出击，坚决打击，予以彻底消除，维护国家安全、社会安全和人民生命财产安全。

2. 法治原则和保障人权原则

《反恐怖主义法》第六条第一款规定："反恐怖主义工作应当依法进行，尊重和保障人权，维护公民和组织的合法权益。"该款规定了反恐怖主义工作应遵循法治原则和保障人权原则。

根据法治原则，必须坚持依法反恐。全面依法治国是国家治理的一场深刻革命，关系党执政兴国，关系人民幸福安康，关系党和国家长治久安。总体国家安全观要求在法治轨道上推进国家安全能力和体系现代化。《宪法》第五条规定："中华人民共和国实行依法治国，建设社会主义法治国家。"《国家安全法》第七条规定："维护国家安全，应当遵守宪法和法律，坚持社会主义法治原则，尊重和保障人权，依法保护公民的权利和自由。"在反恐怖主义立法和执法工作中，应当贯彻中央和宪法、国家安全法的要求，坚持依法反恐。反恐怖主义工作专门机关和有关部门开展各项反恐怖主义工作，应当严格遵守反恐怖主义法关于安全防范、情报信息、调查、应对处置等制度规定，依照法定职责分工，按法律规定的条件和程序采取措施，执行任务。检察院、法院等司法部门惩治恐怖活动犯罪，必须遵循罪刑法定、罪责刑相适应的原则，严格遵守法律规定的各项程序规定。

保障人权原则也是依法治国的一个重要方面。《宪法》第三十三条第三款规定:"国家尊重和保障人权。"严厉惩治恐怖主义与尊重和保障人权是相辅相成的。有效防范和打击恐怖主义活动本身就是保障人权的重要体现。反恐怖主义法非常重视反恐措施与保障人权的平衡,在许多具体规定中贯彻了保障人权原则。例如,《反恐怖主义法》第六条第二款规定了禁止任何基于地域、民族、宗教等理由的歧视性做法;第十五条规定了恐怖活动组织和恐怖活动人员有权对相关认定申请复核;第六十条规定了处置恐怖事件应优先保护直接受到危害、威胁人员的人身安全;第七十八条规定了依法赔偿、补偿因开展反恐怖主义工作对有关单位和个人的合法权益造成的损害;第九十五条规定了应及时解除对与恐怖主义无关的财物作出的查封、扣押、冻结、扣留、收缴等措施;第九十六条规定了有关单位和个人依法申请行政复议或者提起行政诉讼的权利。在反恐怖主义工作中,有关部门要树立尊重和保障人权的意识,防止发生侵害公民和组织合法权益的情况。

3. 禁止歧视原则

《反恐怖主义法》第六条第二款规定:"在反恐怖主义工作中,应当尊重公民的宗教信仰自由和民族风俗习惯,禁止任何基于地域、民族、宗教等理由的歧视性做法。"

《宪法》第四条第一款规定:"中华人民共和国各民族一律平等。国家保障各少数民族的合法的权利和利益,维护和发展各民族的平等团结互助和谐关系。禁止对任何民族的歧视和压迫,禁止破坏民族团结和制造民族分裂的行为。"第三十三条第二款规定:"中华人民共和国公民在法律面前一律平等。"第三十六条第一款、第二款规定:"中华人民共和国公民有宗教信仰自由。任何国家机关、社会团体和个人不得强制公民信仰宗教或者不信仰宗教,不得歧视信仰宗教的公民和不信仰宗教的公民。"在反恐怖主义工作中，必须贯彻宪法的上述规定。

各地区各部门在开展反恐怖主义工作中要严格遵守宪法和法律的有关规定，防止出现针对特定地域、民族、宗教、群体人员的拒载、拒租、拒绝提供住宿服务等歧视性做法，尤其要注意避免工作简单化、片面化，防止法律适用的失误和偏差引起对反恐怖主义工作的误解，导致矛盾激化。有关部门要有针对性地加强宣传教育，促进社会和群众正确认识恐怖主义、极端主义；对出现的歧视性做法，要依法予以纠正、处理。打赢反恐怖主义斗争，必须广泛团结包括各民族、各种信仰的最广大的人民群众。

（五）反恐怖主义工作领导机构

《反恐怖主义法》第七条规定："国家设立反恐怖主义工作领导机构，统一领导和指挥全国反恐怖主义工作。设区的市级以上地方人民政府设立反恐怖主义工作领导机构，县级人民政府根据需要设立反恐怖主义工作领导机构，在上级反恐怖主义工作领导机构的领导和指挥下，负责本地区反恐怖主义工作。"

国家反恐怖主义工作领导机构主要着眼于全局性工作，比如制定、落实国家相关工作的方针和政策，统筹协调各地区各有关部门落实中央相关决策部署等。这里的"指挥"包括依据本法的规定，例如第四十三条和第五十六条等，直接指挥具体工作。

各级人民政府根据级别高低，分两种设立反恐怖主义工作领导机构情况：设区的市级以上地方人民政府，均设立反恐怖主义工作领导机构；县级人民政府根据需要设立反恐怖主义工作领导机构。这里的

"根据需要设立"是指根据当地社会治安、民族、宗教状况等实际因素综合考虑反恐怖主义工作形势，确定是否有需要设立独立的反恐怖主义工作领导机构。对根据实际情况不需要设立的，由有关部门负责相关工作。

各级反恐怖主义工作领导机构领导指挥的本地区相关工作，根据反恐怖主义法和有关规定确定，包括具体贯彻执行国家反恐怖主义方针政策和上级命令，领导指挥各有关部门安全防范、情报信息等工作，负责指挥对恐怖事件的应对处置工作，及时向上级报告有关情况和信息等。上下级反恐怖主义工作领导机构之间是领导与被领导、指挥与被指挥的关系。

反恐怖主义法并未对反恐怖主义工作领导机构的组成、办事机构、编制、各部门的职责等具体内容作出规定。各地反恐怖主义工作领导机构可根据本法和当地反恐怖主义工作实际情况予以具体确定。总的来说，各有关部门和国家机关要牢固树立"一盘棋"意识，依据法律法规以及反恐怖主义工作领导机构确定的职责，做好本职工作，做好协调配合，形成整体合力，拧成一股绳把反恐怖主义工作做到实处做出成效。

（六）反恐怖主义工作责任制

《反恐怖主义法》第八条第一款规定："公安机关、国家安全机关和人民检察院、人民法院、司法行政机关以及其他有关国家机关，应当根据分工，实行工作责任制，依法做好反恐怖主义工作。"

各有关国家机关应按其分工实行工作责任制，主要包括如下内容：

第一，工作责任制的主体包括公安机关、国家安全机关和人民检察院、人民法院、司法行政机关以及其他有关国家机关。其中，"公安机关、国家安全机关"是反恐怖主义工作的基础部门。"人民检察院、人民法院、司法行政机关"主要承担在相关刑事诉讼中提起公诉、审判、执行等工作。根据反恐怖主义法和其他有关规定，承担相关职责的"其他有关国家机关"包括教育、人力资源主管部门，网信、电信主管部门，国务院反洗钱相关部门，审计、财政、税务、海关等部门。

第二，上述主体根据分工开展反恐怖主义具体工作。分工明确是做好工作的前提。反恐怖主义法系统梳理、完善、整合了安全防范、情报信息、调查、应对处置国际合作以及保障措施等方面的制度，具体规定了有关国家机关在相应方面的职责分工。其中，公安机关作为反恐怖主义工作的主要部门，其职责分工贯穿了上述各环节的诸多方面。此外，根据刑事诉讼法等的规定，公安机关还承担恐怖主义、极端主义犯罪的侦查职责。

第三，在分工明确的基础上，以上相关国家机关按工作分工实行工作责任制。反恐怖主义法要求形成分工明确、各司其职、失职可追的责任制度。相关部门应按照工作分工制定相应反恐怖主义工作路线图，确定具体的时间表、责任书、责任人，层层分解工作任务，逐级逐层贯彻落实，确保各项部署要求的实施扎实到位、取得实效。

（七）反恐怖主义情报信息工作机制

1. 国家反恐怖主义情报中心和情报信息工作机制

《反恐怖主义法》第四十三条第一款规定："国家反恐怖主义工作领导机构建立国家反恐怖主义情报中心，实行跨部门、跨地区情报信息工作机制，统筹反恐怖主义情报信息工作。"开展反恐怖主义斗争，情报先行。本法第七条规定，国家反恐怖主义工作领导机构统一领导和指挥全国反恐怖主义工作。恐怖活动牵涉面广，情报信源复杂，往往需要从海量的数据信息中发现恐怖事件的线索，因此建立跨部门、跨地区的国家反恐怖主义情报信息中心十分必要。跨部门、跨地区的情报信息工作机制既要求在信息收集、汇集、分析和研判中实现跨部门、跨地区，也要求跨部门、跨地区分享情报分析和研判成果。

2. 反恐怖主义情报信息搜集

《反恐怖主义法》第四十三条第二款规定："有关部门应当加强反恐怖主义情报信息搜集工作，对搜集的有关线索、人员、行动类情报信息，应当依照规定及时统一归口报送国家反恐怖主义情报中心。"这里的"有关部门"是指公安、国家安全、军队等部门。各部门应根据职责分工加强反恐怖主义情报信息搜集工作。各部门搜集到的有关线索、人员、行动类情报信息，应当依照规定及时统一归口报送国家反恐怖主义情报中心，以此实现反恐怖情报资源整合共享。

3. 地方跨部门情报信息工作机制

《反恐怖主义法》第四十三条第三款规定："地方反恐怖主义工作领导机构应当建立跨部门情报信息工作机制，组织开展反恐怖主义情报信息工作，对重要的情报信息，应当及时向上级反恐怖主义工作领导机构报告，对涉及其他地方的紧急情报信息，应当及时通报相关地方。"地方反恐怖主义工作领导机构主要负责所辖区域内的反恐怖主义情报工作。根据该款，地方也应当建立跨部门情报信息工作机制，建立起高效统一、安全可靠、反应迅速的工作系统。各地方反恐怖情报信息平台要实现与国家平台的无缝对接。此外，地方反恐怖主义工作领导机构还负有向上级报告重要情报信息，以及向其他地方通报紧急情报信息的重要责任。此处的"重要的情报信息"包括可能导致重大危害、影响的恐怖活动信息，涉及较重大的恐怖活动组织、案件等的情报信息。具体判断标准可由相关部门在工作中予以确定。

（八）反恐怖主义工作联动配合机制

《反恐怖主义法》第八条第三款规定："有关部门应当建立联动配合机制，依靠、动员村民委员会、居民委员会、企业事业单位、社会组织，共同开展反恐怖主义工作。"要做好反恐怖主义工作，一方面需要各有关部门齐抓共管、整体作战，另一方面还必须坚持专门工作与群众路线相结合的原则。"联动配合机制"要求在有关部门各司其职、密切协助的同时，依靠、动员城乡基层群众性自治组织、企事业单位、社会组织，调动社会各方面积极性，共同开展反恐怖主义工作。

反恐怖主义法对各社会组织和有关部门开展的一些具体工作内容进行了规定。如，《反恐怖主义法》第十七、二十九、七十四条明确规定了村民委员会、居民委员会的有关职责包括协助开展宣传教育，协助对特定人员进行帮教，以及在县级、乡级政府指导下，建立反恐怖主义工作力量、志愿者队伍等；"安全防范"专章针对特定企业事业单位、有关国家机关应承担的工作内容也作了具体规定；等等。

（九）对恐怖活动组织和人员的认定

对恐怖活动组织和人员予以认定，是明确各部门各方面开展反恐怖主义斗争目标，开展国际合作，开展全社会宣传教育和组织动员人民群众的必要前提。认定工作具有高度的政策性和法律性，责任重大。2011年10月第十一届全国人大常委会第二十三次会议通过的《关于加强反恐怖工作有关问题的决定》确立了对恐怖活动组织和个人的行政认定制度。《反恐怖主义法》第二章有5条，以专章的形式对恐怖活动组织和人员的认定制度进行了细化规定。

1. 认定机构

《反恐怖主义法》第十二条规定："国家反恐怖主义工作领导机构根据本法第三条的规定，认定恐怖活动组织和人员，由国家反恐怖主义工作领导机构的办事机构予以公告。"根据该条，第七条规定的"国家反恐怖主义工作领导机构"是开展认定工作的主体，第三条的规定是认定恐怖活动组织和人员的标准。认定后，要及时予以公告。这是因为恐怖活动组织和人员时刻具有高度危险性，若能及时予以公告，可及时引起全社会对他们的警惕和防范，甚至能及时有效地挫败其实施恐怖活动犯罪的阴谋。

2. 认定申请

《反恐怖主义法》第十三条规定："国务院公安部门、国家安全部门、外交部门和省级反恐怖主义工作领导机构对于需要认定恐怖活动组织和人员的，应当向国家反恐怖主义工作领导机构提出申请。"根据该条，"国务院公安部门、国家安全部门、外交部门和省级反恐怖主义工作领导机构"虽无权认定恐怖活动组织和人员，但在掌握了需要予以认定的相关情况后，应及时向国家反恐怖主义工作领导机构提出申请。这是一项职责要求，应予以高度重视。

3. 冻结资金、资产

《反恐怖主义法》第十四条规定："金融机构和特定非金融机构对国家反恐怖主义工作领导机构的办事机构公告的恐怖活动组织和人员的资金或者其他资产，应当立即予以冻结，并按照规定及时向国务院公安部门、国家安全部门和反洗钱行政主管部门报告。"本条规定，恐怖活动组织和人员一旦被予以公告，金融机构和特定非金融机构就有义务对公告的恐怖活动组织和人员的资产立即冻结并报告。其中，"特定非金融机构"主要是指房地产经纪、贵金属交易、珠宝交易以及律师、公证、会计、审计等中介服务等。这里的"冻结"不是一次性的，有关机构无论在什么时间发现上述资产，都应当立即采取措施予以冻结。值得注意的是，反恐怖主义法生效后，此类冻结不再需要公安部作出冻结决定后才能实施，而是直接赋予金融机构和特定非金融机构的职责。还需要注意的是，如果由于同名同姓等原因造成了无关的资金资产被冻结的，有关人员可直接向相关金融机构或者特定非金融机构提出异议或者申请，由这些机构确认属错误冻结后及时予以纠正。

4. 救济程序

根据《反恐怖主义法》第十五条，被认定的恐怖活动组织和人员有权申请复核。这一规定贯彻了法治原则和保障人权原则，为公民和组织维护合法权益提供了救济渠道，也为严格把关相关认定工作提供了一个有效纠错机制。该条第一款规定了相关救济程序。被认定的恐怖活动组织和人员可通过国家反恐怖主义工作领导机构的办事机构提出复核申请。复核的决定主体为认定的决定主体，即国家反恐怖主义工作领导机构。需注意的是，与第九十六条中的"行政处罚和行政强制措施决定"不同，对恐怖活动组织和人员认定决定的复核决定具有终局性，不能提起行政复议或者行政诉讼。此外，第十三条中的有关部门或机构的认定申请未被认可的，可通过内部工作程序提出意见，但不能按照该条规定申请复核。该条第二款规定了撤销认定的处理措施，包括公告和资产解冻。需要指出的是，根据本法第十六条，有管辖权的中级以上人民法院对恐怖活动组织和人员进行的司法认定，其救济适用刑事诉讼法的规定，而不适用本条规定的复核程序。

5. 司法认定

《反恐怖主义法》第十六条规定："根据刑事诉讼法的规定，有管辖权的中级以上人民法院在审判刑事案件的过程中，可以依法认定恐怖活动组织和人员。对于在判决生效后需要由国家反恐怖主义工作领导机构的办事机构予以公告的，适用本章的有关规定。"这是对恐怖活动组织和人员进行司法认定以及行刑衔接的规定。

（十）对涉恐融资的监管

1. 监管主体和对象

《反恐怖主义法》第二十四条第一款规定："国务院反洗钱行政主管部门、国务院有关部门、机构依法对金融机构和特定非金融机构履行反恐怖主义融资义务的情况进行监督管理。"对涉恐融资的监管主体是国务院反洗钱行政主管部门，国务院有关部门、机构。这与《反洗钱法》第四、三十六条的有关内容相一致。根据中国人民银行法，此处的"国务院反洗钱行政主管部门"系中国人民银行。这也与《金融机构反洗钱规定》第三条规定相一致。此处的"国务院有关部门、机构"主要指相关金融业监督管理机构，以及依法履行反洗钱义务的特定非金融机构的相关主管部门。此外，《反恐怖主义法》第二十五条规定了审计、财政、税务等部门在依法实施监督检查的过程中发现涉恐融资情况的，应当及时通报公安机关，第二十六条规定了海关在对进出境人员携带现金和无记名有价证券实施监管的过程中，发现涉恐融资的，应当立即通报国务院反洗钱行政主管部门和有管辖权的公安机关。

涉恐融资的监管对象系金融机构和特定非金融机构履行反恐怖主义融资义务的情况。反恐怖主义法和反洗钱法对金融机构和特定非金融机构的反恐怖主义融资义务作了规定，如《反恐怖主义法》第十四条和《反洗钱法》第三条。相关具体义务，反洗钱法以及《金融机构反洗钱规定》《金融机构大额交易和可疑交易报告管理办法》《金融机构客户身份识别和客户身份资料及交易记录保存管理办法》等作了细化规定。根据《反洗钱法》第三十五条规定，相关特定非金融机构的范围，由国务院反洗钱行政主管部门会同国务院有关部门制定。根据2017年中国人民银行印发的《义务机构反洗钱交易监测标准建设工作指引》第三条，义务机构包括"非银行支付机构、从事汇兑业务和基金销售业务的机构、银行卡清算机构、资金清算中心及其他应当履行反洗钱义务的特定非金融机构"。

2.对涉恐融资的处置措施

《反恐怖主义法》第二十四条第二款规定："国务院反洗钱行政主管部门发现涉嫌恐怖主义融资的，可以依法进行调查，采取临时冻结措施。"这里的"依法"包括反恐怖主义法和反洗钱法。具体处置措施包括两个方面：一是依法进行调查，反洗钱法在"反洗钱调查"专章中对相关调查条件、权限、程序等予以了明确规定。二是依法进行临时冻结。国务院反洗钱行政主管部门发现涉嫌恐怖主义融资的，可以采取临时冻结措施。关于对可疑交易涉及的资金采取临时冻结措施，《反洗钱法》第二十六条也予以了具体规定。需注意的是，这里的"临时冻结措施"主要是为了解决反洗钱行政主管部门与侦查机关工作衔接问题，与刑事诉讼法规定的冻结不同。相关侦查机关接到反洗钱行政主管部门报案后，认为需要继续冻结进而依据刑事诉讼法采取冻结措施的，不受临时冻结48小时的时限限制。

（十一）恐怖事件应对处置预案体系

1.国家建立健全恐怖事件应对处置预案体系

《反恐怖主义法》第五十五条第一款规定："国家建立健全恐怖事件应对处置预案体系。"这规定了国家建立健全恐怖事件应对处置预案体系的总体要求。从适用范围看，《反恐怖主义法》第五十五条规定的应对处置预案及预案体系针对的是"恐怖事件"。根据本法第三条，恐怖事件是指"正在发生或者已经发生的造成或者可能造成重大社会危害的恐怖活动"。实践中，只要恐怖活动刚刚发生或者即将发生，并且具有现实的或者可预见的重大危害，就应立即启动恐怖事件应对处置预案。国家恐怖事件应对处置预案体系总体上以分级、分类为原则建立。国家制定总体预案和各类专项预案，各部门各地方按国家预案确定的框架和原则，并结合各自主管领域和地区的不同特点，制定相应预案，以形成覆盖各层级、领域、地方的恐怖事件应对处置预案体系。此外，《反恐怖主义法》第三十二条还专门规定了重点目标管理单位应当制定防范和应对处置恐怖活动的预案、措施。

2.国家恐怖事件应对处置预案

《反恐怖主义法》第五十五条第二款规定："国家反恐怖主义工作领导机构应当针对恐怖事件的规律、特点和可能造成的社会危害，分级、分类制定国家应对处置预案，具体规定恐怖事件应对处置的组织指挥体系和恐怖事件安全防范、应对处置程序以及事后社会秩序恢复等内容。"这对国家恐怖事件应对处置预案作了规定。制定主体上，由国家反恐怖主义工作领导机构制定国家恐怖事件应对处置预案。全国反恐怖主义工作均统一受国家反恐怖主义领导机构领导和指挥，故国家预案在预案体系中处于最高地位，其中的工作制度和原则对各部门、各地方制定预案具有指导和规范意义。制定原则上，预案应以分级、分类为原则，根据恐怖事件的发生规律、特点和可能造成的社会危害进行制定。内容上，预案应包括组织指挥体系、恐怖事件安全防范、应对处置程序以及事后社会秩序恢复等。此处的"组织指挥体系"包括参加应对处置恐怖事件的各级机构的设置和职责。"恐怖事件的安全防范"主要有根据《反恐怖主义法》"安全防范"专章的规定，各单位应在各自的职责范围内采取措施的有关内容，"情报信息"专章还规定了关于各单位情报搜集和交流的内容。《反恐怖主义法》"应对处置"专章对"处置程序"和"事后社会秩序恢复"作了规定。从实践看，"处置程序"通常包括信息报告、先期处置、应急响应、应急结束四个步骤和内容；"事后社会秩序恢复"主要包括善后处置、调查评估、恢复重建、信息发布等内容。

3. 各部门、各地方应对处置预案

《反恐怖主义法》第五十五条第三款规定："有关部门、地方反恐怖主义工作领导机构应当制定相应的应对处置预案。"此处的"有关部门"主要包括参加反恐怖主义工作的公安、外交、国家安全、商务、金融、国有资产监管、旅游、交通运输等政府部门。"地方反恐怖主义工作领导机构"是指《反恐怖主义法》第七条规定的省级、设区的市一级以及根据需要设立的部分县级地方人民政府的反恐怖主义工作领导机构。这些部门和地方反恐怖主义工作领导机构应当在国家应对处置预案框架下，遵循分级、分类原则，结合主管领域、区域内的具体

情况制定预案。

（十二）对领域外恐怖活动犯罪的刑事管辖权

《反恐怖主义法》第十一条规定："对在中华人民共和国领域外对中华人民共和国国家、公民或者机构实施的恐怖活动犯罪，或者实施的中华人民共和国缔结、参加的国际条约所规定的恐怖活动犯罪，中华人民共和国行使刑事管辖权，依法追究刑事责任。"

本条中，"在中华人民共和国领域外"是指相关恐怖活动犯罪是任何组织或个人在境外实施的。鉴于恐怖活动犯罪的严重危害性、极端危险性及其国际公认性质，《反恐怖主义法》第十一条对我国领域外的有关犯罪的两种情形行使刑事管辖权进行了特别规定。

第一种是对恐怖活动犯罪行使保护管辖权的情形。此处的"对中华人民共和国国家"主要是指危害我国国家安全和利益的情形；"对中华人民共和国公民或者机构"主要是指侵犯我国公民的人身财产权利，或者侵犯我国驻外使领馆、驻外企业、驻外设施的安全等。需要注意的是，此处不受《刑法》第八条规定的最低刑为三年以上有期徒刑和按照犯罪地的法律也应当受到处罚的条件限制。①

第二种是对恐怖活动犯罪行使普遍管辖权的情形。此处的"实施的中华人民共和国缔结、参加的国际条约所规定的恐怖活动犯罪"主要是指外国人在我国境外针对其他国家或者公民实施的，属我国缔结、

---

① 《刑法》第八条规定："外国人在中华人民共和国领域外对中华人民共和国国家或者公民犯罪，而按本法规定的最低刑为三年以上有期徒刑的，可以适用本法，但是按照犯罪地的法律不受处罚的除外。"第九条规定："对于中华人民共和国缔结或者参加的国际条约所规定的罪行，中华人民共和国在所承担条约义务的范围内行使刑事管辖权的，适用本法。"

参加的反恐怖主义国际条约所规定的恐怖活动犯罪。截至目前，我国已经批准和加入了12个全球性的反恐怖主义条约。[1]同时，我国还在上海合作组织框架下，与哈萨克斯坦、吉尔吉斯斯坦、俄罗斯、塔吉克斯坦和乌兹别克斯坦五国缔结了《打击恐怖主义、分裂主义和极端主义上海公约》和《上海合作组织反恐怖主义公约》等。我国作为前述国际反恐怖主义条约的成员国，有义务履行条约规定，对条约确定的恐怖活动犯罪行使刑事管辖权，以配合有关国家打击国际恐怖活动犯罪。

本条中的"中华人民共和国行使刑事管辖权，依法追究刑事责任"是用来明确和强调我国享有对上述恐怖活动犯罪的刑事管辖权。实践中，对于上述恐怖活动犯罪，只要犯罪人在我国领域内被抓获，或者被我国从他国引渡，即可依照该条追究其刑事责任，适用刑法有关规定。

（十三）渎职侵权行为及其处罚

1. 反恐怖主义工作人员渎职侵权及其处罚

《反恐怖主义法》第九十四条第一款规定："反恐怖主义工作领导机构、有关部门的工作人员在反恐怖主义工作中滥用职权、玩忽职守、徇私舞弊，或者有违反规定泄露国家秘密、商业秘密和个人隐私等行为，构成犯罪的，依法追究刑事责任；尚不构成犯罪的，依法给予处

---

[1] 包括《关于在航空器内的犯罪和其他某些行为的公约》《关于制止非法劫持航空器的公约》《关于制止危害民用航空安全的非法行为的公约》《关于防止和惩处侵害应受国际保护人员包括外交代表的罪行的公约》《核材料实物保护公约》《制止危及海上航行安全非法行为公约》《制止危及大陆架固定平台安全非法行为议定书》《反对劫持人质国际公约》《制止在用于国际民用航空的机场发生的非法暴力行为以补充1971年9月23日订于蒙特利尔的制止危害民用航空安全的非法行为的公约的议定书》《制止恐怖主义爆炸的国际公约》《制止向恐怖主义提供资助的国际公约》《制止核恐怖主义行为国际公约》。

分。"此处的"反恐怖主义工作领导机构"是指第七条规定的各级人民政府设立的反恐怖主义工作领导机构。"有关部门"与本法第九十二条的"有关部门"含义一致，指根据反恐怖主义法开展工作的国家机关、相关部门、企事业法人、社会组织和团体等。"商业秘密"是指公众不知悉的、具有实用性的、能为权利人带来经济利益并经权利人采取保密措施的技术信息和经营信息。① "个人隐私"是指个人不愿为他人知悉或不宜公开的生活私密。"依法予以处分"是指根据公务员法等相关法律法规给予处分。本款重申了《刑法》第三百九十七至三百九十九条等关于滥用职权、玩忽职守、徇私舞弊、泄露国家秘密的有关规定，强调要严肃追究反恐怖主义工作领导机构、有关部门的工作人员渎职侵权等行为，对不构成犯罪的上述行为予以依法处分，对构成犯罪的追究刑事责任。

2. 单位和个人有权检举、控告

《反恐怖主义法》第九十四条第二款规定："反恐怖主义工作领导机构、有关部门及其工作人员在反恐怖主义工作中滥用职权、玩忽职守、徇私舞弊或者有其他违法违纪行为的，任何单位和个人有权向有关部门检举、控告。有关部门接到检举、控告后，应当及时处理并回复检举、控告人。"该款首先规定任何单位和个人都有权对反恐怖主义工作领导机构、有关部门及其工作人员违法违纪行为进行检举、控告。这是《反恐怖主义法》第六条第一款规定的法治原则和保障人权原则的具体体现之一，也体现了《宪法》第四十一条第一款的规定，即公

---

① 《反不正当竞争法》第九条第四款规定："本法所称的商业秘密，是指不为公众所知悉、具有商业价值并经权利人采取相应保密措施的技术信息、经营信息等商业信息。"

民对于任何国家机关和国家工作人员的违法失职行为，有向有关国家机关提出申诉、控告或者检举的权利，但是不得捏造或者歪曲事实进行诬告陷害。《反恐怖主义法》第九十四条第二款中的"任何单位和个人"包括中国、外国的公民、无国籍人和组织，包括因违法受追查的单位和个人。"其他违法违纪行为"是指在反恐怖主义工作中的其他违反法律纪律规定，侵害单位、个人合法权益的行为，包括采取不正当强制措施、在执行任务中进行歧视性执法等。受理相关检举、控告的"有关部门"主要指监察和检察部门，也包括相关单位部门内设纪检部门及其上级机关。"检举"是指有关部门揭发、报告相关违法行为。"控告"是指向有关部门告发侵犯自身合法权利的相关违法行为。

《反恐怖主义法》第九十四条第二款还对相关检举和控告的处理程序及结果作了规定。受理检举、控告的有关部门在接到相关检举、控告后，应当及时处理并将结果告知检举人、控告人。此处的"及时"是关于处理时限的要求，即不得推诿、不受理或者受理后久拖不办。"处理"包括进行相关的必要调查，查清事实。在处理结果上，受理部门有义务及时回复检举人、控告人，这是为了督促受理部门切实处理检举、控告，防止其拖延程序，保障单位和个人的检举权、控告权和对处理结果的知情权。

（十四）解除查封等措施

《反恐怖主义法》第九十五条规定："对依照本法规定查封、扣押、冻结、扣留、收缴的物品、资金等，经审查发现与恐怖主义无关的，应当及时解除有关措施，予以退还。"本条是对有关部门和单位执行反恐怖主义法规定的查封、扣押、冻结、扣留、收缴五种措施的要求，

第七讲 › 反恐怖主义法

即若与恐怖主义无关，应当及时解除并予以退还。

《反恐怖主义法》关于查封的规定有二：一是，第二十八条规定的公安机关对涉极端主义非法活动场所的查封；二是，第五十二条规定的公安机关调查恐怖活动可采取的查封。关于扣押的规定有二：一是，第二十三条规定的公安机关和其他主管部门发现的危险物品、物质的扣押；二是，第五十二条规定的公安机关调查恐怖活动嫌疑可采取的扣押措施。关于冻结的规定有三：一是，第十四条规定的金融机构和特定非金融机构对恐怖活动组织和人员的资金资产的冻结；二是，第二十四条规定的国务院反洗钱行政主管部门对涉恐融资的临时冻结措施；三是，第五十二条规定的公安机关调查恐怖活动嫌疑可采取的冻结措施。关于扣留的规定有二：一是，第三十四条规定的大型活动承办单位以及重点目标的管理单位对违禁品和管制物品的扣留；二是，第四十条规定的海关、出入境边防检查机关对有关涉恐物品的扣留。关于收缴的规定，是指第二十八条规定的公安机关对涉极端主义活动的物品资料的收缴。

上述措施，部分属行政强制措施，[1] 部分具有行政处罚性质，[2] 部分

---

[1] 《行政强制法》第二条第二款规定："行政强制措施，是指行政机关在行政管理过程中，为制止违法行为、防止证据损毁、避免危害发生、控制危险扩大等情形，依法对公民的人身自由实施暂时性限制，或者对公民、法人或者其他组织的财物实施暂时性控制的行为。"第九条规定："行政强制措施的种类：（一）限制公民人身自由；（二）查封场所、设施或者财物；（三）扣押财物；（四）冻结存款、汇款；（五）其他行政强制措施。"

[2] 《行政处罚法》第二条规定："行政处罚是指行政机关依法对违反行政管理秩序的公民、法人或者其他组织，以减损权益或者增加义务的方式予以惩戒的行为。"第九条规定："行政处罚的种类：（一）警告、通报批评；（二）罚款、没收违法所得、没收非法财物；（三）暂扣许可证件、降低资质等级、吊销许可证件；（四）限制开展生产经营活动、责令停产停业、责令关闭、限制从业；（五）行政拘留；（六）法律、行政法规规定的其他行政处罚。"

181

还可适用于对涉恐案件的刑事侦查。[①] 在刑事诉讼法、行政强制法、反洗钱法等也作了相关规定的情况下，《反恐怖主义法》作为反恐怖主义工作的专门性法律，在第九十五条中明确了被采取上述措施的相关物品、资金等若确与恐怖主义无关，应及时解除相关措施，予以退还。这是在反恐怖主义工作中贯彻法治原则，维护公民和组织合法权益的必然要求。若违法采取上述措施，损害了公民和组织的合法权益造成损害的，还应根据国家赔偿法等进行赔偿。

《反恐怖主义法》第五十二条规定了公安机关在对恐怖活动嫌疑展开调查中的查封、扣押、冻结措施的期限，这是有关措施的最长期限。根据第九十五条的规定，在上述情况下，一旦确认相关物品、资金等与恐怖主义无关的，应尽快解除查封等措施，而非推迟至第五十二条规定的期限届满再行解除。

三 常见法律问题

（一）如何认定和处理出于好奇从网上下载、存储涉恐视频的行为？

根据《反恐怖主义法》第八十条，参与制作、传播、非法持有宣扬恐怖主义、极端主义的物品的活动，情节轻微，尚不构成犯罪的，由公安机关处十日以上十五日以下拘留，可以并处一万元以下罚款。

[①] 《刑事诉讼法》第一百四十一至一百四十五条包含了对刑事侦查中采取查封、扣押、冻结措施的规定。

从网上下载、存储涉恐视频的行为属于"非法持有宣扬恐怖主义、极端主义的物品",应依法予以处罚。

（二）如何认定和处理信教人士强迫孩子不上学、去学经的行为？

根据《反恐怖主义法》第八十一条,利用极端主义,强迫他人参加宗教活动,或者强迫他人向宗教活动场所、宗教教职人员提供财物或者劳务的,情节轻微,尚不构成犯罪的,由公安机关处五日以上十五日以下拘留,可以并处一万元以下罚款。自己有宗教信仰,还强迫孩子学经而拒绝接受义务教育,是一种利用极端主义、把宗教信仰强加于他人的行为,应依法予以处罚。

反间谍法

第八讲
CHAPTER 8

第八讲 反间谍法

反间谍工作的本质是反渗透、反颠覆、反窃密斗争。2023年4月26日，第十四届全国人大常委会第二次会议通过了新修订的反间谍法，自2023年7月1日起施行。反间谍法作为规范和保障反间谍斗争的专门法律，既是党的二十大后首部国家安全领域专门立法，也是新一届全国人大常委会审议通过的第一部法律，充分体现了以习近平同志为核心的党中央对反间谍工作的高度重视，体现了国家立法机关加快完善中国特色国家安全法律制度体系的坚定态度，对于深化新时代反间谍斗争、筑牢国家安全法治屏障具有重要里程碑意义。

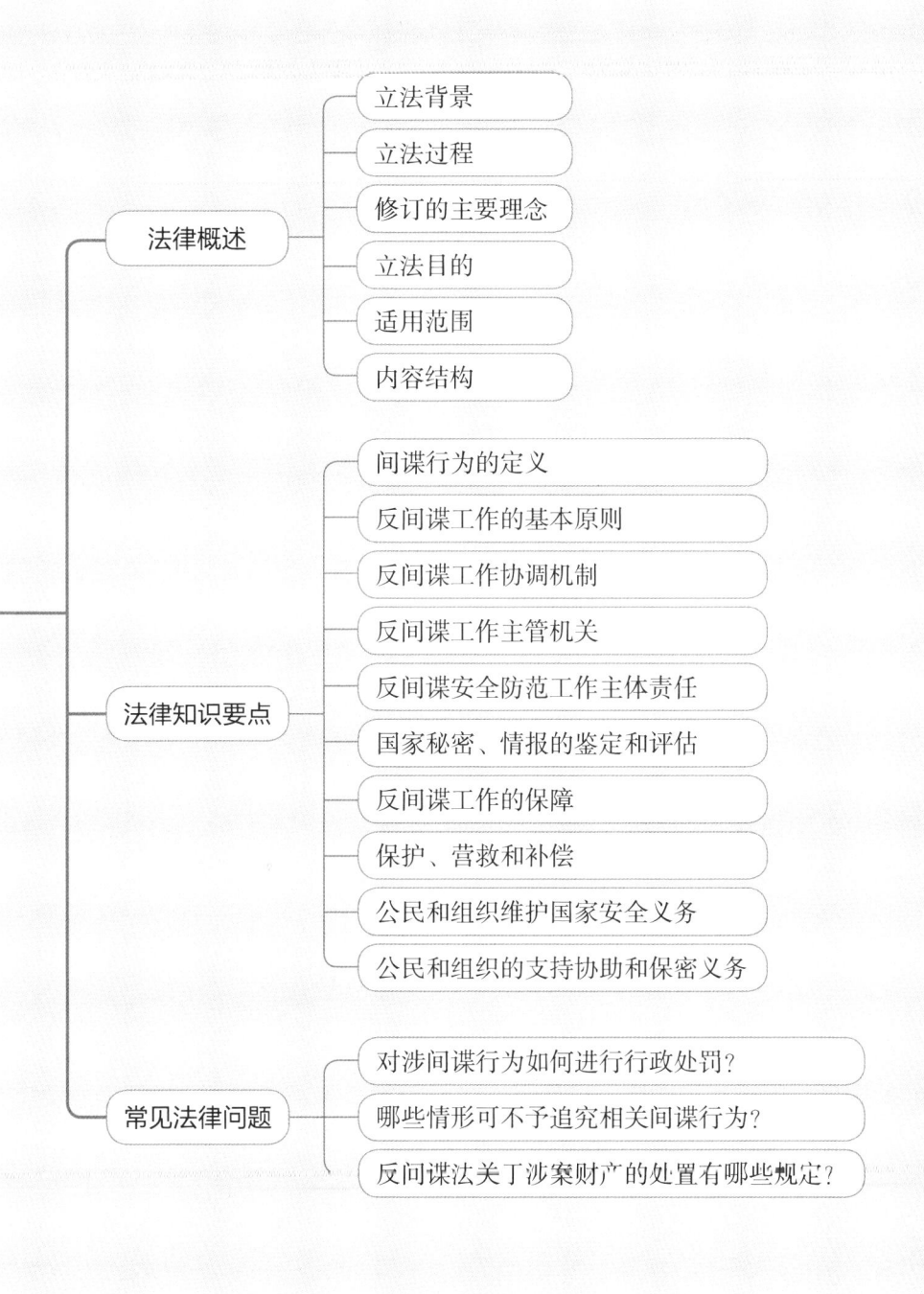

```
                    ┌─ 立法背景
                    ├─ 立法过程
         法律概述 ───┼─ 修订的主要理念
                    ├─ 立法目的
                    ├─ 适用范围
                    └─ 内容结构

                    ┌─ 间谍行为的定义
                    ├─ 反间谍工作的基本原则
                    ├─ 反间谍工作协调机制
                    ├─ 反间谍工作主管机关
         法律知识要点┼─ 反间谍安全防范工作主体责任
                    ├─ 国家秘密、情报的鉴定和评估
                    ├─ 反间谍工作的保障
                    ├─ 保护、营救和补偿
                    ├─ 公民和组织维护国家安全义务
                    └─ 公民和组织的支持协助和保密义务

                    ┌─ 对涉间谍行为如何进行行政处罚？
         常见法律问题┼─ 哪些情形可不予追究相关间谍行为？
                    └─ 反间谍法关于涉案财产的处置有哪些规定？
```

一　法律概述

（一）立法背景

第一，贯彻落实总体国家安全观的迫切需要。党的二十大提出，必须坚定不移贯彻总体国家安全观。党的十八大以来，在总体国家安全观的指引下，我国国家安全体系和能力得到全面加强，国家安全领导体制和法治体系、战略体系、政策体系不断完善。修订反间谍法是坚持系统观念，及时提高维护国家安全能力和依法治国水平的重要举措。

第二，与国家安全法治体系的相关法律更紧密地衔接的迫切需要。反间谍法作为国家安全法治体系的承重石，需要衔接好国家安全法治体系的相关法律，为保护各领域国家安全形成系统性合力。自2014年原反间谍法颁布施行后，我国2015年又颁布实施了新的国家安全法作为国家安全法治体系的统领性法律，并制定或修改了网络安全法（2016年制定）、核安全法（2017年制定）、反恐怖主义法（2015年制定、2018年修订）、密码法（2019年制定）、生物安全法（2020年制定）、数据安全法（2021年制定）、反外国制裁法（2021年制定）等以及军事国防领域的多部法律。面对反间谍工作面临的新形势新任务，既需要进一步明确当前维护国家安全的边界、范围和相关行为性质，给社会公众提供正确指引，也需要进一步精准夯实法理依据，为反间谍工作提供更完善的法制支撑。

第三，适应新形势下反间谍斗争迫切需要。当前，外部环境和安全格局发生重大变化，反间谍工作形势严峻。各类间谍情报活动的主体更复杂、领域更广泛、目标更多元、手段更隐蔽，新危害层出不穷。传统安全风险和非传统安全风险相互交织，传统间谍活动不容忽视，非传统安全领域的间谍活动专业化、科技化趋势明显，防控难度加大。2014年颁布施行的原反间谍法在实施中，逐渐显露出安全防范制度不健全、行政执法赋权不足等问题，已难以适应新形势下贯彻落实总体国家安全观和反间谍斗争实践的需要。

（二）立法过程

反间谍法源于1993年通过的《中华人民共和国国家安全法》（以下简称1993年国家安全法）。1993年国家安全法首次对我国国家安全机关履行职责，特别是反间谍职责以立法形式作出规定。2014年，习近平总书记在中央国家安全委员会第一次会议上创造性地提出总体国家安全观。同年11月1日，第十二届全国人大常委会第十一次会议审议通过了反间谍法，并相应废止了1993年国家安全法，将国家安全法的法名空出来，留给了2015年颁布的具有综合性、全局性、基础性的新国家安全法。2014年颁布施行的反间谍法是我国贯彻落实总体国家安全观的第一部法律，对于防范、制止和惩治间谍行为，维护国家安全，发挥了重要作用。

自2014年颁布施行后，反间谍法在间谍行为界定的清晰性、防范制度健全性、执法赋权完善性、法律责任匹配性等方面的问题逐渐凸显，亟须全面修订完善。2021年，全国人大监察司法委开展了反间谍法实施情况的专题调研，推动将反间谍法修订列入2022年度立法工作计划。2021年12月至2022年1月，全国人大监察司法委员会同7个中央有关部门组成工作专班，形成了修订草案。2022年8月，第十三届全国人大常委会第三十六次会议对反间谍法修订草案进行首次审议，12月进行第二次审议。第十三届全国人大宪法和法律委员会、常委会法工委深入学习贯彻党的二十大精神，就一些重要问题与中央国安办和中央有关部门多次沟通研究，通过多种形式征求意见；中国人大网全文公布修订草案二次审议稿，征求社会公众意见；按照立法法的有关规定，通过召开座谈会等方式听取意见，针对法律可行性、出台时机、社会效果和潜在问题召开评估会，对修订草案进行了进一步修改完善。

2023年4月，第十四届全国人大常委会第二次会议对反间谍法修订草案进行了第三次审议。4月26日，修订草案被表决通过，国家主席习近平签署第四号主席令予以公布，自2023年7月1日起施行。新修订的反间谍法有6章共计71条规定，在原反间谍法的基础上新增29条，修改41条，对原反间谍法的大多数条款进行了修改或完善。

（三）修订的主要理念

根据相关立法说明，修改原反间谍法遵循以下思路："一是全面贯彻习近平法治思想和总体国家安全观，将党中央对反间谍工作的重大决策部署转化为国家意志，更好地维护国家安全。二是坚持问题导向，聚焦现行反间谍法实施中存在的间谍行为范围较窄、安全防范制度不健全、行政执法赋权不足等重点难点问题，完善相关法律规定。三是妥善处理赋权与限权的关系，加强反间谍工作，同时注重对行使公权力的监督制约。四是坚持系统观念，立足我国反间谍工作实践，做好相关法律衔接，健全完善中国特色反间谍法律制度。"[1]本次修订的主要内容体现了上述理念。

（四）立法目的

《反间谍法》第一条规定："为了加强反间谍工作，防范、制止和惩治间谍行为，维护国家安全，保护人民利益，根据宪法，制定本法。"这是关于立法目的和立法依据的规定。反间谍法的立法目的和任务可被归纳为以下三个方面。

1. 以"加强反间谍工作"为基本任务

"为了加强反间谍工作"是本次修订新增加的表述，可从以下三方面把握：第一，面对新的历史时期面临的新任务新挑战，有必要在防范、制止和惩治层面系统性化解间谍风险，加大有关投入、保障和支持，切实提高反间谍工作能力，提升反间谍工作质量和效果。反间谍法确立了"加强反间谍工作"的立法目的，以国家最高形式为该项工作提供保障，体现了国家坚定支持并持续加强该项工作的决心和意志。第二，法律规定的内容是为了加强反间谍工作。2014年原反间谍法规定已为专门机关依法开展反间谍等工作提供了法律依据。此次修订为体系性提升反间谍工作提供了法律依据，为专门机关开展反间谍工作、全社会以新安全格局保障新发展格局提供了有力的法律武器。这既是法治国家的题中应有之义，也是治理能力和国家安全能力现代化的重要体现。第三，需从加强反间谍工作的角度出发理解和执行法律规定。如不能恰当理解相关条款规定，起不到良好的政治、法律和社会效果，

---

[1] 《全国人民代表大会宪法和法律委员会关于〈中华人民共和国反间谍法（修订草案）〉审议结果的报告》。

不仅将直接影响反间谍工作的成效,也将削弱反间谍法的法律实效。特别是关系民众切身利益的具体条款的适用,如果情景、场合或方式不当,不仅不能加强反间谍工作,还很可能会影响执法公信力。

2. 以"防范、制止和惩治间谍行为"为直接任务

防范、制止和惩治间谍行为是反间谍工作的主要内容。在总体国家安全观的指导下,反间谍法进一步划清了合法行为和非法行为的界限,明确了国家安全机关职权、各主体的权利义务等,有利于在维护个人和组织合法权益,维护正当活动和对外正常交往的同时,达到防范、制止和惩治间谍行为,维护国家利益和国家安全的效果。

3. 以"维护国家安全,保护人民利益"为根本目的

首先,反间谍法必须坚决捍卫政治安全,"维护国家安全,保护人民利益"。这是制定反间谍法的最终目的。维护国家安全关系领土完整、主权独立、社会制度稳固,关系国家的发展利益、经济繁荣和人民幸福。保护人民利益贯彻落实了总体国家安全观"坚持以人民安全为宗旨"的根本立场。其次,反间谍法要保障社会主义建设和改革开放事业的顺利进行,维护安定和谐的对外开放局面。反间谍法的出台及其不断完善,既为依法惩处危害我国国家安全的间谍行为提供法律依据,又能为依法保护对华交流、交往的境外个人和组织的合法权益提供法治支撑,有利于更好地坚持对外开放政策,营造和谐稳定的社会环境,营造对外开放的良好局面。最后,在总体国家安全观的要求和指导下,可更全面地保障国家安全,更积极回应人民群众日益提高的安全需求,保护人民的利益。应用发展的眼光看问题,及时回应反间谍工作实践中出现的新情况和新问题。反间谍法一方面更完整地贯彻总体国家安全观要求,在法治轨道上推进反间谍工作能力和体系现

代化；另一方面贯彻落实了宪法关于公民"有维护祖国的安全、荣誉和利益的义务，不得有危害祖国的安全、荣誉和利益的行为"的规定。这既有利于国家安全机关取得各方面的支持、协助和配合，也有利于维护有关公民、组织的合法权益，为我国经济社会发展和人民生活幸福创造一个安全稳定和谐的环境。

（五）适用范围

《反间谍法》第十条规定了相关间谍行为必受法律追究，其中，"间谍行为"限于"境外机构、组织、个人实施或者指使、资助他人实施的，或者境内机构、组织、个人与境外机构、组织、个人相勾结实施的危害中华人民共和国国家安全的间谍行为"，这实际上明确了反间谍法的适用范围。此处的"间谍行为"可从三方面予以理解。一是间谍行为具有涉境外特征。间谍行为主体具备涉外因素是其区别于其他非法获取、泄露国家秘密等行为的重要特征，包括三种情形：（1）境外机构、组织、个人实施的间谍行为；（2）境外机构、组织、个人指使、资助他人实施的间谍行为；（3）境内机构、组织、个人与境外机构、组织、个人相勾结实施的间谍行为。二是相关规定的适用限于对中国国家安全造成危害的间谍行为。三是"间谍行为"具体是指反间谍法第四条定义的间谍行为。

防范、制止和惩治间谍行为是反间谍工作的主要内容。这是构建反间谍工作体系的三个主要方面。"防范"是指社会各相关主体要承担起反间谍安全防范的主体责任，降低间谍犯罪等严重危害行为和结果的发生概率。安全防范是反间谍工作最前端和最重要的环节。"制止"是指提高对间谍行为的警惕，加强有关监控工作，及时了解境外间谍组织和敌对势力的动向，及时获取间谍活动线索，及时发现间谍行为，并采取有效措施防止间谍行为发生，或者遏制间谍行为于未果状态，避免造成危害国家安全的严重后果。"惩治"是指及时抓获间谍违法犯罪分子，坚决依法追究其法律责任，使之受到应有的惩罚，同时达到震慑其他不法分子违法犯罪企图的目的。

（六）内容结构

《反间谍法》分为6章，即总则、安全防范、调查处置、保障与监督、法律责任、附则。

总则有11条，依次对立法目的、指导思想和基本原则、法治原则和保障人权原则、间谍行为的定义、国家协调机制、主管机关及有关部门的配合协作、维护国家安全义务、支持协助和保密义务、保护和表彰奖励、违法必究、履职义务等方面进行了规定。

"安全防范"专章有11条，依次对安全防范的主体责任，宣传教育责任，不得非法获取和持有国家秘密，不得非法生产、销售、持有、使用专用间谍器材，举报间谍行为，重点单位管理制度和职责，重点单位人员的反间谍防范，重点单位物理防范，重点单位技术防范，涉及国家安全事项建设项目许可，技术防范的标准制定及检查检测等方面进行了规定。

"调查处置"专章有17条，依次对反间谍工作职权的范围，查验、问询和查看，电子设备查验，查阅和调取，传唤，检查，查询，查封、扣押和冻结，执法规范，配合调查工作，不准出境，不准入境，与移民管理机构的衔接，对网络信息内容和安全风险的处置，技术侦查和身份保护，国家秘密、情报的鉴定和评估，立案侦查等方面进行了规定。

"保障与监督"专章有13条，依次对履行职责受法律保护，重点领域协助调查，通行便利，进入有关场所单位，使用和征用，通关便利和免检，保护、营救和补偿，安置，抚恤优待，鼓励科技创新，专业队伍建设，内部监督和安全审查，检举和控告等方面进行了规定。

"法律责任"专章有17条，依次对追究间谍犯罪的刑事责任，间谍行为和帮助行为的行政处罚，宽大政策，违反安全防范主体责任的处罚，违反建设项目许可的处罚，重点领域违反协助调查要求的处罚，拒不配合数据调取的处罚，妨碍执法的处罚，违反国家秘密和专用间谍器材管理规定的处罚，查封、扣押和冻结财物的处理，涉案财物的处置，对非法利益的特殊措施，罚没财物的管理，限期出境和驱逐出境，行政处罚当事人的权利，申请行政复议和提起行政诉讼，渎职的法律责任等进行了规定。

附则有2条，依次对间谍行为以外的危害国家安全行为的法律适用及施行日期进行了规定。

二 法律知识要点

（一）间谍行为的定义

《反间谍法》第四条对间谍行为进行了定义。该条第一款明确规定了六项间谍行为。第二款规定了反间谍法对以第三国为目标的间谍活动的适用情形。反间谍法对社会危害性较轻微的间谍行为也规定了行政处罚，故对间谍行为的认定应严格依法、慎重进行。

1. 间谍组织及其代理人危害中国国家安全的活动

《反间谍法》第四条第一款第一项规定："间谍组织及其代理人实施或者指使、资助他人实施，或者境内外机构、组织、个人与其相勾结实施的危害中华人民共和国国家安全的活动。"此类间谍行为有以下三个特点：第一，行为主体具有特定性，为间谍组织及其代理人，以及间谍组织及其代理人指使、资助、勾结的他人。根据有关规定，间谍组织和间谍组织代理人由中华人民共和国国家安全部确认。第二，行为方式上，既包括间谍组织及其代理人直接实施的行为，也包括其以指使、资助他人的方式间接实施的，以及其与境内外机构、组织、个人相勾结实施的。其中，境外机构、组织、个人与间谍组织及其代理人相勾结实施间谍行为，主要是针对一些境外非政府组织等与间谍组织相勾结，从事危害我国国家安全活动的情况所作出的规定。第三，行为人实施的活动危害中华人民共和国国家安全。相关间谍活动若没有危害我国国家安全，则不属于本法规定的间谍行为。境外间谍组织实施的以第三国为目标的间谍行为，若在我国领域内实施，或利用我国的公民、组织或者其他条件的，且危害到我国国家安全的，适用本条第二款的规定。

2. 参加间谍组织、接受间谍任务或投靠间谍组织及其代理人

《反间谍法》第四条第一款第二项规定，"参加间谍组织或者接受间谍组织及其代理人的任务，或者投靠间谍组织及其代理人"是间谍行为。这类行为包含三种情形：一是参加间谍组织。这是指行为人通过一定的程序或者手续正式成为间谍组织成员。二是接受间谍组织及其代理人的任务。这是指受间谍组织及其代理人的命令、派遣、指使、委托，为间谍组织及其代理人服务。二是投靠间谍组织及其代理人。这是指明知对方为间谍组织及其代理人，主动接触和联系，加入间谍组织或者认领间谍组织及其代理人的任务。

3. 其他境外机构、组织、个人的间谍行为

《反间谍法》第四条第一款第三项规定，"间谍组织及其代理人以外的其他境外机构、组织、个人实施或者指使、资助他人实施，或者境内机构、组织、个人与其相勾结实施的窃取、刺探、收买、非法提供国家秘密、情报以及其他关系国家安全和利益的文件、数据、资料、物品，或者策动、引诱、胁迫、收买国家工作人员叛变的活动"是间谍行为。在行为主体上，这类间谍行为的主体是间谍组织及其代理人以外的其他机构、组织、个人，包括"境外机构、组织、个人"，"被其指使、资助的他人"，以及"与其相勾结的境内机构、组织、个人"。此处"境外机构"是指中国边境外的国家和地区的机构，如政府、军队以及其他由有关当局设立的机构，且包括了上述境外机构在我国境内设立的分支机构或代表机构。"境外组织"主要指境外政党、社会团体、非政府组织，以及其他企业、事业组织等，同样包括其在境内的分支或者代表组织。"境外个人"主要是指外国公民、无国籍人以及其他境外个人。外国人、无国籍人身处境内的，也属于"境外个人"。

在行为类型上，特指以下两类危害我国国家安全的间谍活动：一是窃取、刺探、收买、非法提供国家秘密、情报以及其他关系国家安全和利益的文件、数据、资料、物品。"其他关系国家安全和利益的文件、数据、资料、物品"在维护国家安全和利益的状态和能力的性质上以及被侵害所产生的危害性上应与"国家秘密、情报"相当。此处的"国家秘密"以及"关系国家安全和利益"的数据应根据保守国家

秘密法、数据安全法等相关法律法规确定。要特别注意，并非所有未公开的内部信息都必然属于"情报"；此处的"情报"应区别于正常信息情报交流的情况。① 二是实施了策动、引诱、胁迫、收买国家工作人员叛变的行为。《刑法》第九十三条规定了"国家工作人员"的范围。此处的"策动"是指策划、鼓动、诱使他人叛变；"引诱"是指以名利、地位等手段勾引他人叛变；"胁迫"是指以实施暴力侵害，揭露隐私、污点或者对其家庭成员实施侵害行为等进行威胁的行为；"收买"是指以金钱、财物或者其他财产性利益等为饵，诱使他人叛变的行为；"叛变"是指背叛祖国，出卖国家和人民利益，投靠敌国、敌方的变节行为。

4. 利用网络技术实施间谍行为

《反间谍法》第四条第一款第四项规定，"间谍组织及其代理人实施或者指使、资助他人实施，或者境内外机构、组织、个人与其相勾结实施针对国家机关、涉密单位或者关键信息基础设施等的网络攻击、侵入、干扰、控制、破坏等活动"是间谍行为。

该类间谍活动特征如下：一是行为的主体需要与间谍组织及其代理人相关。如果不存在间谍组织及其代理人背景或者联系，网络黑客间相互勾结实施的相关行为不属于反间谍法的调整范围，可依照治安管理处罚法、网络安全法、数据安全法等其他法律予以处理。二是行为的对象限定为国家机关、涉密单位或者关键信息基础设施等。需要注意的是，此处规定的"等"，指的是其他被特定主体利用网络技术实施间谍行为的对象。实际上，被间谍组织及其代理人等特定主体实施

---

① 根据2001年最高人民法院《关于审理为境外窃取、刺探、收买、非法提供国家秘密、情报案件具体应用法律若干问题的解释》，对有关事项是否属于情报，由国家保密工作部门或者省、自治区、直辖市保密工作部门鉴定。

网络攻击、侵入、干扰、控制、破坏等，本身就说明该对象有得到法律保护的重要价值和必要性。三是实施了网络攻击、侵入、控制、破坏等活动。网络技术处于动态发展和迭代中。只要这些网络活动是服务于特定主体针对特定目标实施的间谍活动，就可以认定构成本项规定的行为。值得注意的是，该项中的网络间谍活动主要是指"线上"活动；也包括"线上""线下"相配合的活动，如在硬件上安装"后门"，通过物理输入等方式向对外绝缘的局域网植入木马、病毒等，便利后续外网的攻击、侵入等。若只实施了"线下"行为，没有"线上"活动，则属第一项规定的间谍行为。

5. 为敌人指示攻击目标

此类间谍行为与刑法相衔接。《刑法》第一百一十条规定，"为敌人指示轰击目标"属间谍犯罪行为，承担刑事责任。此处的"为敌人指示轰击目标"是指以各种方式为敌人军事轰击等破坏活动提供引导，或提供、标示相关目标信息。"敌人"包括了非交战状态下攻击我国境内目标的敌国和敌对方。

6. 进行其他间谍活动

《反间谍法》第四条第一款第六项作了兜底性规定，主要是为应对间谍行为表现形式的多样性，以及间谍方式方法的多变性所作的概括性规定，以适应复杂的实际情况，打击间谍行为。

7. 利用中国实施的对第三国的间谍活动

《反间谍法》第四条第二款规定："间谍组织及其代理人在中华人民共和国领域内，或者利用中华人民共和国的公民、组织或者其他条件，从事针对第三国的间谍活动，危害中华人民共和国国家安全的，适用本法。"此类间谍活动容易让我国被第三国误解和误判，进而影响我国国家安全，因此需依法进行预防、制止和惩治。对此类间谍行为适用反间谍法有五个层面的要求：一是相关情形下，间谍活动的实施主体须是间谍组织及其代理人。二是相关间谍活动在中国领域内发生，或使用了包括但不限于中国公民、组织等产生的便利条件和价值实施。三是这些间谍活动以第三国为目标，对第三国国家安全造成了危害。四是对我国国家安全产生了危害。五是要适用反间谍法的规定予以预防、制止和惩治。

（二）反间谍工作的基本原则

《反间谍法》第二条规定了反间谍工作的基本原则："反间谍工作坚持党中央集中统一领导，坚持总体国家安全观，坚持公开工作与秘密工作相结合、专门工作与群众路线相结合，坚持积极防御、依法惩治、标本兼治，筑牢国家安全人民防线。"第三条规定法治原则和保障人权原则："反间谍工作应当依法进行，尊重和保障人权，保障个人和组织的合法权益。"

（三）反间谍工作协调机制

《反间谍法》第五条规定："国家建立反间谍工作协调机制，统筹协调反间谍工作中的重大事项，研究、解决反间谍工作中的重大问题。"这是反间谍法2023年修订后新增加的规定。国家建立反间谍工作协调机制，需把握以下三方面内容。

第一，根据《反间谍法》第二条，以及《国家安全法》第四、五条，必须始终坚持党对反间谍工作的领导，坚持党中央集中统一领导，由中央国家安全领导机构在实践中发挥反间谍工作协调机制功能。第二，参考《中国共产党重大事项请示报告条例》第二条第二款的规定，本条中"重大事项"一般可理解为超出自身职权范围，或者虽在自身职权范围内，但关乎全局、影响广泛的重要事情和重要情况。在具体工作中，有关部门可以报请反间谍工作协调机制研究其认为的"重大事项"，同时，反间谍工作协调机制认为属于涉及"重大事项"的，也可要求有关方面提请自己进行研究。第三，"重大问题"与"重大事项"相比，属反间谍工作中遇到的具体事项。"重大问题"包括关乎全局或者关乎重要领域的事项或者重要情况，涉及重要制度建设方面的情况和问题，以及有关部门、单位认为重要，但靠单一部门无法有效研究、解决的问题等。实践中，有关部门、单位可按规定和程序报请反间谍工作协调机制研究、解决相关"重大问题"。

（四）反间谍工作主管机关

《反间谍法》第六条第一款规定："国家安全机关是反间谍工作的主管机关。"从机构设置情况看，国家安全机关是指国家安全部，省级及省级以下国家安全厅、国家安全局、国家安全分局等。第二款规定："公安、保密等有关部门和军队有关部门按照职责分工，密切配合，加强协调，依法做好有关工作。"这明确了涉及反间谍工作的有关部门的职责划分和相互间的关系。此处的"按照职责分工"是指上述各部门根据反间谍法、保守国家秘密法等法律规定划分职责。"密切配合，加强协调，依法做好有关工作"是指上述各部门在反间谍工作中，应顾全大局，以维护国家安全和利益为出发点，依法行使职权，在做好各领域内本职工作的基础上，协调互助，避免产生越权、责任不清、推诿扯皮等情况。

（五）反间谍安全防范工作主体责任

《反间谍法》第十二条第一款规定："国家机关、人民团体、企业事业组织和其他社会组织承担本单位反间谍安全防范工作的主体责任，落实反间谍安全防范措施，对本单位的人员进行维护国家安全的教育，动员、组织本单位的人员防范、制止间谍行为。"该款主要规定了两方面内容。第一，责任主体是国家机关、人民团体、企业事业组织和其他社会组织。"其他社会组织"是指除国家机关、人民团体、企业事业组织以外的依法或者根据有关政策设立，有一定的组织机构和财产的各类组织、机构。第二，前述主体应承担本单位反间谍安全防范工作的主体责任。具体而言，一是根据《反间谍安全防范工作规定》第八条落实反间谍安全防范措施；① 二是在本单位人员中开展维护国家安全的教育，并动员、组织本单位的人员防范、制止间谍行为。这也是具体落实《宪法》第五十四条规定的体现。

《反间谍法》第十二条第二款规定："地方各级人民政府、相关行业主管部门按照职责分工，管理本行政区域、本行业有关反间谍安全防范工作。"该款主要规定了两方面内容。第一，责任主体是地方各级人民政府、相关行业主管部门。这需联系国家安全法理解。《国家安全法》第十五条第二款明确了相关责任主体反间谍安全防范工作的原则

---

① 《反间谍安全防范工作规定》第八条规定："机关、团体、企业事业组织和其他社会组织应当落实反间谍安全防范主体责任，履行下列义务：（一）开展反间谍安全防范教育、培训，提高本单位人员的安全防范意识和应对能力；（二）加强本单位反间谍安全防范管理，落实有关安全防范措施；（三）及时向国家安全机关报告涉及间谍行为和其他危害国家安全行为的可疑情况；（四）为国家安全机关依法执行任务提供便利或者其他协助；（五）妥善应对和处置涉及本单位和本单位人员的反间谍安全防范突发情况；（六）其他应当履行的反间谍安全防范义务。"

性要求。《国家安全法》第四十条第二款规定了地方各级人民政府依法管理本行政区域内国家安全工作的职权；第三十九条规定了中央国家机关各部门依法管理指导本系统、本领域国家安全工作的职权。第二，相关责任主体按职责分工，管理本行政区域、本行业有关反间谍安全防范工作。其中，《反间谍安全防范工作规定》第七条规定，行业主管部门应履行四类相关监督管理责任，且应与国家安全部门建立健全反间谍安全防范协作机制。[①]

《反间谍法》第十二条第三款规定："国家安全机关依法协调指导、监督检查反间谍安全防范工作。"该款包含两层含义：一是各相关组织落实对本单位人员的相关安全防范主体责任，应受国家安全机关的协调和指导；二是各级国家安全机关应按管理权限，依法对各类组织开展安全防范工作进行业务指导和督促检查。关于协调指导制度，《反间谍安全防范工作规定》第十一条就相关指导方式作了具体规定。关于监督检查制度，《反间谍安全防范工作规定》第二十一条对开展反间谍安全防范检查的情形和程序进行了具体规定；第二十二条对检查方式进行了具体规定。

（六）国家秘密、情报的鉴定和评估

《反间谍法》第三十八条规定："对违反本法规定，涉嫌犯罪，需

[①] 《反间谍安全防范工作规定》第七条规定："行业主管部门应当履行下列反间谍安全防范监督管理责任：（一）根据主管行业特点，明确本行业反间谍安全防范工作要求；（二）配合国家安全机关制定主管行业反间谍安全防范重点单位名录、开展反间谍安全防范工作；（三）指导、督促主管行业所属重点单位履行反间谍安全防范义务；（四）其他应当履行的反间谍安全防范行业管理责任。有关行业主管部门应当与国家安全机关建立健全反间谍安全防范协作机制，加强信息互通、情况会商、协同指导、联合督查，共同做好反间谍安全防范工作。"

要对有关事项是否属于国家秘密或者情报进行鉴定以及需要对危害后果进行评估的，由国家保密部门或者省、自治区、直辖市保密部门按照程序在一定期限内进行鉴定和组织评估。"对国家秘密或者情报鉴定、危害后果评估作了明确规定，特别是明确了进行相关鉴定和组织评估的主体是"国家保密部门或者省、自治区、直辖市保密部门"。

适用第三十八条的前提是违反反间谍法规定，涉嫌犯罪，需要对有关事项是否属于国家秘密或者情报进行鉴定以及对危害后果进行评估。"涉嫌犯罪"主要是指涉嫌《刑法》第一百一十条规定的间谍罪，第一百一十一条规定的为境外窃取、刺探、收买、非法提供国家秘密、情报罪，以及第三百九十八条规定的故意泄露国家秘密罪和过失泄露国家秘密罪。在实践中，有关事项是否属于国家秘密或情报、密级如何，是对相关犯罪行为进行定罪量刑的核心因素；其危害后果的严重程度，是认定犯罪情节、准确定罪量刑的重要依据。国家情报和秘密事项具有很强专业性，司法机关为确保适用法律准确、罪罚相当，需要由行政管理部门根据其工作经验和专业能力对有关事项是否属于国家秘密或者情报进行鉴定，并对其危害后果组织评估。

第三十八条规定了国家秘密或者情报的鉴定和对危害后果组织评估的主体、程序和期限等具体要求。这是对有关规定和实践做法的进一步确认。根据保守国家秘密法等相关法律、司法解释和部门规章的规定，进行鉴定和评估的主体是国家保密部门或者省、自治区、直辖市保密部门。2021年国家保密局出台的《国家秘密鉴定工作规定》第十九条、第二十三条第一款对鉴定和评估的程序和时限作出了相关规定；第三十七条规定了涉军事国家秘密的鉴定，应由军队相关军级以上单位保密工作机构进行鉴定或者提出鉴定意见。

（七）反间谍工作的保障

《反间谍法》第四十四条规定："国家安全机关因反间谍工作需要，根据国家有关规定，可以优先使用或者依法征用国家机关、人民团体、企业事业组织和其他社会组织以及个人的交通工具、通信工具、场地和建筑物等，必要时可以设置相关工作场所和设施设备，任务完成后应当及时归还或者恢复原状，并依照规定支付相应费用；造成损失的，应当给予补偿。"国家安全机关开展现场处置工作时，由于装备条件限制、装备未能到位或者根据现场情况，或需优先使用或者征用交通工具用于疏散、撤离人员，优先使用或者征用破拆、起重、通风、发电等设备设施用于营救、救治受伤人员，优先使用或者依法征用房屋、场所用于安置、疏散、撤离人员等。如果不是"正在"履行反间谍职责，或者履行的不是"反间谍"工作职责，则不能以反间谍法作为优先使用或者征用的法律依据。但若国家安全机关正在履行其他职责，而其他法律有关于征用规定的，则可以以其他法律为依据采取征用措施。此处的"根据国家有关规定"主要包括《宪法》第十三条第三款、《民法典》第二百四十五条。"优先使用"是指在国家安全机关因反间谍工作需要提出要求时，相关组织以及个人应优先保障其使用相关交通工具、通信工具、场地和建筑物等。"依法征用"是指国家安全机关为了反间谍工作的需要，依法征调使用相关组织和个人的财产，用后归还或恢复原状并给予补偿的制度。如果在国家安全机关完成任务后，对依法使用或征用的相关组织、个人的财产造成了损失，则国家安全机关应当依法对合法权益受损的单位和个人进行相应补偿。同时，合法权益受损的有关单位和个人，也相应享有请求有关方面给予补偿的请求权。

（八）保护、营救和补偿

1. 对执行或协助执行反间谍工作的人员应予以保护、营救

《反间谍法》第四十六条第一款规定："国家安全机关工作人员因执行任务，或者个人因协助执行反间谍工作任务，本人或者其近亲属的人身安全受到威胁时，国家安全机关应当会同有关部门依法采取必要措施，予以保护、营救。"本款适用于其本人或近亲属人身安全受到威胁的情形。此处的"威胁"是指人身安全面临比较迫切的现实危险，但不包括想象的威胁。现实危险比较典型的是可能遭受打击报复的情况，包括扬言或准备、策划实施打击报复，曾经实施打击、要挟和迫害等行为，采取其他行为滋扰相关人员及其近亲属的正常生活和工作。从适用程序看，国家安全机关可会同有关部门主动决定采取措施，也可应上述人员请求采取保护措施。保护措施的执行主体包括国家安全机关、公安机关、人民检察院、人民法院等。保护措施可采取一项或多项，具体措施类型包括但不限于：参照《反间谍安全防范工作规定》第十九条第一款的内容，不公开真实姓名、住所和工作单位等个人信息；不露外貌、真实声音等出庭作证措施；根据《公安机关办理刑事案件证人保护工作规定》，禁止特定人员接触被保护人员；对人身和住宅采取专门性保护措施；变更被保护人员的身份或姓名，重新安排住所和工作单位；[①]等等。有关保护措施主要参考我国证人保护措施。

2. 支持、协助反间谍工作的个人可请求予以保护

《反间谍法》第四十六条第二款规定："个人因支持、协助反间

[①] 《反恐怖主义法》第七十六条、《反有组织犯罪法》第六十一条也规定了类似措施。

谍工作，本人或者其近亲属的人身安全面临危险的，可以向国家安全机关请求予以保护。国家安全机关应当会同有关部门依法采取保护措施。"此两类人员，均属主动采取措施防范、制止间谍行为，及时消除涉及国家安全重大风险隐患或现实危害。根据《民法典》第一千零四十五条的规定，"近亲属"主要指配偶、父母、子女、兄弟姐妹、祖父母、外祖父母、孙子女、外孙子女。

3. 对支持、协助反间谍工作导致的财产损失予以补偿

《反间谍法》第四十六条第三款规定："个人和组织因支持、协助反间谍工作导致财产损失的，根据国家有关规定给予补偿。"国家应依法对因支持、协助反间谍工作导致的财产损毁予以补偿。有关方面应依法补偿合法权益被损害的个人和组织，相关个人和组织也有权依法请求有关方面予以补偿。

（九）公民和组织维护国家安全义务

《反间谍法》第七条是关于维护国家安全义务的总则性规定，分别对中国公民和一切组织的相关义务，以及国家安全机关的相关工作要求作了规定。

第七条第一款规定："中华人民共和国公民有维护国家的安全、荣誉和利益的义务，不得有危害国家的安全、荣誉和利益的行为。""维护祖国的安全、荣誉和利益"是《宪法》第五十四条规定的中国公民的法定义务。《反间谍法》在其他章节对维护国家安全义务和责任的具体内容作了进一步规定。第九条规定了对公民和组织支持协助反间谍工作予以保护、表彰奖励，并在第四章对有关支持协助措施作了具体规定，这也对动员公民履行法定义务、做好反间谍工作具有重要意义。

第七条第二款规定："一切国家机关和武装力量、各政党和各人民团体、企业事业组织和其他社会组织，都有防范、制止间谍行为，维护国家安全的义务。""防范、制止间谍行为"的表述与反间谍法的立法目的相对应，具有针对性。2023年修订反间谍法后，"其他社会组织"的主体范围进一步扩大，一切组织均承担防范、制止间谍行为，维护国家安全的义务。其义务内容主要有三：一是严格遵守反间谍法规定，履行有关义务，承担相关职责，完善各项制度；二是教育本组织成员遵守反间谍法的规定，协助国家安全机关和公安机关落实好防范、制止间谍行为的工作；三是在国家安全机关、公安机关执行相关任务需要帮助时，依法提供必要支持，积极协助有关部门开展工作。

第七条第三款规定："国家安全机关在反间谍工作中必须依靠人民的支持，动员、组织人民防范、制止间谍行为。"间谍行为具有隐蔽性、秘密性，人民群众的发现和报案具有重要意义。"必须依靠人民的支持"是指必须相信和依靠群众，获得人民的理解和支持，不能只靠自己的力量。"动员、组织人民防范、制止间谍行为"是指要始终注意发动和组织群众自觉与间谍行为作斗争，从而及时有效地防范和制止间谍行为。依靠人民群众既是我国国家安全工作的基本原则之一，也体现了宪法规定的精神，即"一切国家机关和国家工作人员必须依靠人民的支持"。

（十）公民和组织的支持协助和保密义务

《反间谍法》第八条规定："任何公民和组织都应当依法支持、协助反间谍工作，保守所知悉的国家秘密和反间谍工作秘密。"该条规定了所有公民和组织的依法支持协助和保密义务。具体来说，支持协助和保密义务的含义有二。

一是所有公民和组织都应依法支持、协助反间谍工作。"依法"是指支持、协助的事项有法律依据,国家安全机关根据法定职权和程序开展相关工作。本法第二条规定了坚持公开工作与秘密工作相结合、专门工作与群众路线相结合,筑牢国家安全人民防线的基本原则。在国家安全机关等依法执行反间谍工作任务中,特别是按反间谍法"调查处置"专章依法行使职权时,任何公民和组织都应按照反间谍法等法律的规定提供支持、协助。"依法支持、协助反间谍工作"是指依照反间谍法等法律规定,有关公民和包括其他国家机关在内的组织应当依法对国家安全机关反间谍工作任务提供支持、帮助或者条件。对有利于反间谍工作的各种条件和协助,只要符合法定条件和程序,且又具备提供支持、协助的条件,公民和组织就应当依法给予支持和协助。

二是保守所知悉的国家秘密和反间谍工作秘密。"保守所知悉的国家秘密"是指所有公民和组织对从任何渠道得知的任何国家秘密,均应严格遵守保守国家秘密法的规定予以保护。《保守国家秘密法》第五条第二款规定,保密主体包括所有中国公民和一切国家机关、武装力量、政党、社会团体、企业事业单位,无论其身处境内还是境外;第二条规定:"国家秘密是关系国家安全和利益,依照法定程序确定,在一定时间内只限一定范围的人员知悉的事项。"根据《反间谍法》第三十八条,需要对有关事项是否属于国家秘密或者情报进行鉴定以及需要对危害后果进行评估的,由国家保密部门或者省、自治区、直辖市保密部门按照法定程序在一定期限内进行鉴定和组织评估。"国家秘密"具体依照保守国家秘密法的规定进行认定。国家安全机关工作人员本人情况、体貌特征、任务事项、执行时间和场所、侦察对象等情况均应予以保密。"工作秘密"是指与反间谍工作有关的不能向外界公开的内部事项、工作、信息等。目前有20多部法律对保守"工作秘密"作出了规定，如《国家情报法》第七条。

根据《反间谍法》第六十条，泄露有关反间谍工作的国家秘密的，应依法受行政、刑事处罚。有关刑事处罚是指根据《刑法》第三百九十八条应承担的刑事责任。其中，泄露反间谍工作秘密的法律责任，根据具体情况予以处分等；若相关工作秘密经鉴定后属国家秘密的，应依法承担相应法律责任。

三 常见法律问题

（一）对涉间谍行为如何进行行政处罚？

《反间谍法》"法律责任"专章对违反反间谍法所应承担的法律责任作了具体规定。应予以处罚的涉间谍行为不仅限于间谍行为和帮助行为，同时也包括未依法履行相关安全防范、支持协助和保密等义务的其他涉间谍行为的情形。对于尚不构成犯罪的相关情形，应由国家安全机关等国家机关依法予以行政处罚。

1. 对个人实施间谍行为、帮助行为的行政处罚

《反间谍法》第五十四条第一款规定："个人实施间谍行为，尚不构成犯罪的，由国家安全机关予以警告或者处十五日以下行政拘留，单处或者并处五万元以下罚款，违法所得在五万元以上的，单处或者并处违法所得一倍以上五倍以下罚款，并可以由有关部门依法予以处分。"根据《刑法》第十三条规定，情节显著轻微危害不大的行为不

认为是犯罪。本款明确对不构成犯罪的个人实施的间谍行为，由国家安全机关予以行政处罚，特别是明确了国家安全机关具有行政罚款权。其中，警告属于行政处罚中最轻的一种处罚，适合较为轻微的违法行为，可以当场作出。此处的"依法予以处分"主要是指纪律处分。行为人不是国家机关工作人员的，主要是指单位内部规定的处分。行为人是党员的，包括党内纪律处分。行为人是公职人员，包括公职人员政务处分法等规定的政府处分。《反间谍法》第五十四条第二款规定："明知他人实施间谍行为，为其提供信息、资金、物资、劳务、技术、场所等支持、协助，或者窝藏、包庇，尚不构成犯罪的，依照前款的规定处罚。"对个人明知他人实施间谍行为却仍提供帮助，尚不构成犯罪的情形，国家安全机关可据此依法予以行政处罚。

2. 对单位实施间谍行为、帮助行为的行政处罚

《反间谍法》第五十四条第三款规定："单位有前两款行为的，由国家安全机关予以警告，单处或者并处五十万元以下罚款，违法所得在五十万元以上的，单处或者并处违法所得一倍以上五倍以下罚款，并对直接负责的主管人员和其他直接责任人员，依照第一款的规定处罚。"根据本款规定，若单位实施了间谍行为、帮助行为，由国家安全机关对单位予以警告、罚款等处罚，并对直接负责的主管人员和其他直接责任人员，依照个人实施间谍行为的规定进行处罚。第五十四条第四款规定："国家安全机关根据相关单位、人员违法情节和后果，可以建议有关主管部门依法责令停止从事相关业务、提供相关服务或者责令停产停业、吊销有关证照、撤销登记。有关主管部门应当将作出行政处理的情况及时反馈国家安全机关。"根据该款，国家安全机关除了可直接根据第三款实施行政处罚外，还可根据情况，建议有关主管部门，根据行政处罚法等的规定，作出责令停止从业或停产停业、吊销证照等行政处罚。"撤销登记"是一种行政处理方式。该款中的"行政处理"是指"撤销登记"。有关主管部门应及时将"撤销登记"的情况反馈给国家安全机关。

3.对其他涉间谍行为的行政处罚

"法律责任"专章对未依法履行相关安全防范、支持协助和保密等义务的情形也作了具体规定：第五十六条规定了对违反安全防范主体责任的处罚，第五十七条规定了对违反建设项目许可的处罚，第五十八条规定了对重点领域违反协助调查要求的处罚，第五十九条规定了对拒不配合数据调取的处罚，第六十条规定了对妨碍执法的处罚，第六十一条规定了对违反国家秘密和专用间谍器材管理的处罚。

（二）哪些情形可不予追究相关间谍行为？

《反间谍法》第五十五条第二款规定："在境外受胁迫或者受诱骗参加间谍组织、敌对组织，从事危害中华人民共和国国家安全的活动，及时向中华人民共和国驻外机构如实说明情况，或者入境后直接或者通过所在单位及时向国家安全机关如实说明情况，并有悔改表现的，可以不予追究。"境外间谍组织等敌对势力常以我国驻外国家工作人员、中资企业人员、留学生等公民为策反目标，拉拢、引诱，甚至设圈套迫其就范。对被胁迫、诱骗参与间谍组织、敌对组织的人员，应予以教育挽救。

可不予追究相关间谍行为应满足的三个条件。第一个条件是，行为人系因受胁迫或诱骗参加间谍组织、敌对组织，从事危害国家安全的活动。需要特别说明的是，此处的"危害中华人民共和国国家安全的活动"除了反间谍法规定的"间谍行为"外，也包括其他危害国家安全的活动。此处的"间谍组织""敌对组织"的范围，应根据有关规定，由国家安全部或者公安部根据相关规定予以确认。第二个条件是，行为人"及时"且"如实"说明情况。"及时"是指行为人相关行为和活动尚未被发觉，或者虽被发觉，但尚未被讯问或者采取强制措施。"如实说明情况"是指说明的情况应当全面、真实，不得刻意隐瞒、歪曲，或者提供虚假信息。行为人说明情况的途径有二：一是在境外向我国驻外机构说明情况；二是入境后直接或者通过所在单位向国家安全机关说明情况。2023年反间谍法修订后，将原反间谍法规定的"及时向国家安全机关、公安机关如实说明情况"修改为"及时向国家安全机关如实说明情况"。实践中，相关行为人向公安机关坦白或不能实际获得不予追究，故统一规定由国家安全机关予以处理。第三个条件是，行为人有悔改表现。悔改表现包括真诚悔悟的态度，还包括以积极的行动，消除、减轻自己行为造成的危害和不良影响，如积极配合有关机关调查取证、开展工作等。

（三）反间谍法关于涉案财产的处置有哪些规定？

根据反间谍法的相关规定，国家安全机关可依法对间谍行为实施者从间谍组织及其代理人处所得的所有利益采取追缴、没收等措施，全流程防范间谍组织及其代理人通过事后给付、向第三人给付等方式传输利益、施加诱惑。

1. 处理依法查封、扣押、冻结的涉案财物

《反间谍法》第六十二条规定："国家安全机关对依照本法查封、扣押、冻结的财物，应当妥善保管，并按照下列情形分别处理：（一）涉嫌犯罪的，依照《中华人民共和国刑事诉讼法》等有关法律的规定

处理；（二）尚不构成犯罪，有违法事实的，对依法应当没收的予以没收，依法应当销毁的予以销毁；（三）没有违法事实的，或者与案件无关的，应当解除查封、扣押、冻结，并及时返还相关财物；造成损失的，应当依法予以赔偿。"

依法查封、扣押、冻结的涉案财物被分为三类进行规定。第一类是在涉嫌犯罪的情形中，应严格依照刑事诉讼法等有关法律规定处理涉案财物。《刑事诉讼法》第一百四十一条、第三百条，《行政强制法》第二十一条、第二十八条、第三十三条对此作了规定。根据相关法律规定，不能侵犯公民基本权利，随意扩大查封、扣押、冻结的财物的范围，对于符合解除条件的要及时解除，对给当事人合法权益造成损失的应予以补偿。第二类是在不构成犯罪的情形下，由国家安全机关采取针对财物的行政强制措施后，对涉案财物的处理。国家安全机关依法查封、扣押和冻结相关财物后，应严格按照反间谍法以及行政强制法等规定予以没收、销毁，或解除相关强制措施。《行政强制法》第二十七条对此作了专门规定。第三类是在国家安全机关采取相关行政强制措施后，发现财物与案件无关的情形下，应当及时返还，以及赔偿因此造成的损失。此处的"没有违法事实"是指相对人没有实施间谍行为以及本法中所列的其他违法行为。"与案件无关"是指对案件事实和对查封、扣押、冻结的财物进行调查，认定该财物并非违法所得，且不属于应当作为证据使用的情况，或者与违法犯罪行为无任何牵连。《刑事诉讼法》第一百四十一、一百四十五条，《行政强制法》第二十六条对此类情形作了相关规定。

2. 对反间谍领域涉案财物的专门性处理措施

《反间谍法》第六十三条规定："涉案财物符合下列情形之一的，

应当依法予以追缴、没收,或者采取措施消除隐患:(一)违法所得的财物及其孳息、收益,供实施间谍行为所用的本人财物;(二)非法获取、持有的属于国家秘密的文件、数据、资料、物品;(三)非法生产、销售、持有、使用的专用间谍器材。"

本条规定的反间谍专门领域的涉案财物包括三类:一是"违法所得的财物及其孳息、收益",以及"供实施间谍行为所用的本人财物"。其中,"违法所得的财物"是指行为人因实施违反反间谍法规定的行为而取得的全部财物。"孳息"指财物所产生的收益,包括天然孳息和法定孳息,此处的"孳息"主要是后者。"收益"包括但不限于财产直接产生的收益,如使用涉案财产购买彩票中奖所得收益等;财产用于违法犯罪活动产生的收益;财产投资、置业形成的财产及其收益;财产和其他合法财产共同投资或者置业形成的财产中,与涉案财产对应的份额及其收益;以及应当认定为收益的其他情形。[①] 二是"非法获取、持有的属于国家秘密的文件、数据、资料、物品"。《反间谍法》第十四条规定:"任何个人和组织都不得非法获取、持有属于国家秘密的文件、数据、资料、物品。"三是"非法生产、销售、持有、使用的专用间谍器材"。第十五条规定:"任何个人和组织都不得非法生产、销售、持有、使用间谍活动特殊需要的专用间谍器材。专用间谍器材由国务院国家安全主管部门依照国家有关规定确认。"

本条规定的对涉案财物的处置方式包括追缴、没收、采取措施消除隐患三种,应根据涉案财物的具体情况确定实际采取哪种方式。其中,"采取措施消除隐患"主要针对属国家秘密的"数据",应根据实

---

① 可参照2019年最高人民法院、最高人民检察院、公安部、司法部《关于办理黑恶势力刑事案件中财产处置若干问题的意见》第22条的规定。

际情况，为避免国家秘密泄露，采取技术措施消除隐患。该条是处置相关行为人违反反间谍法的行为所涉财物的法律依据，也与《刑法》第六十四条、《行政处罚法》第二十八条第二款等关于涉案财物处置规定的精神相一致，应注意与之相配合运用。该条没有规定"退赔"的处置方式，主要是考虑到间谍行为属于危害国家安全的违法犯罪行为，通常不涉及被害人的财产。

3. 全流程追缴、没收实施间谍行为所获收益

《反间谍法》第六十四条规定："行为人及其近亲属或者其他相关人员，因行为人实施间谍行为从间谍组织及其代理人获取的所有利益，由国家安全机关依法采取追缴、没收等措施。"这是在总结反间谍实践经验基础上，参考刑法等的相关规定，补充和扩展了《反间谍法》第六十二、六十三条相关财产处置规定，进一步明确国家安全机关有权对行为人因实施间谍行为而从间谍组织及其代理人获取的所有利益，依法采取追缴、没收等措施。此处的"行为人"是指实施间谍违法犯罪行为的人。"其他相关人员"是指其他与行为人关系密切的人员。"所有利益"是指因行为人实施间谍违法犯罪活动而获得的全部利益，包括行为人本人，以及其近亲属或者其他相关人员，直接或间接所得的，物质性或非物质性的，实际已得和尚未获得的远期利益等所有利益。需注意的是，考虑到实践中间谍组织及其代理人施加利益诱惑的方式具有多样性和多变性，第六十四条使用了"等措施"的表述，让国家安全机关能更具针对性地处置各类非法利益。

数据安全法

第九讲
CHAPTER 9

CHAPTER 9

扫码查阅法律

第九讲　**数据安全法**

数据安全已成为事关国家安全与经济社会发展的重大问题。党中央对此高度重视，明确要求加快法规制度建设、切实保障国家数据安全。2021年6月10日，我国首部数据安全法由第十三届全国人大常委会第二十九次会议通过，自2021年9月1日起施行。

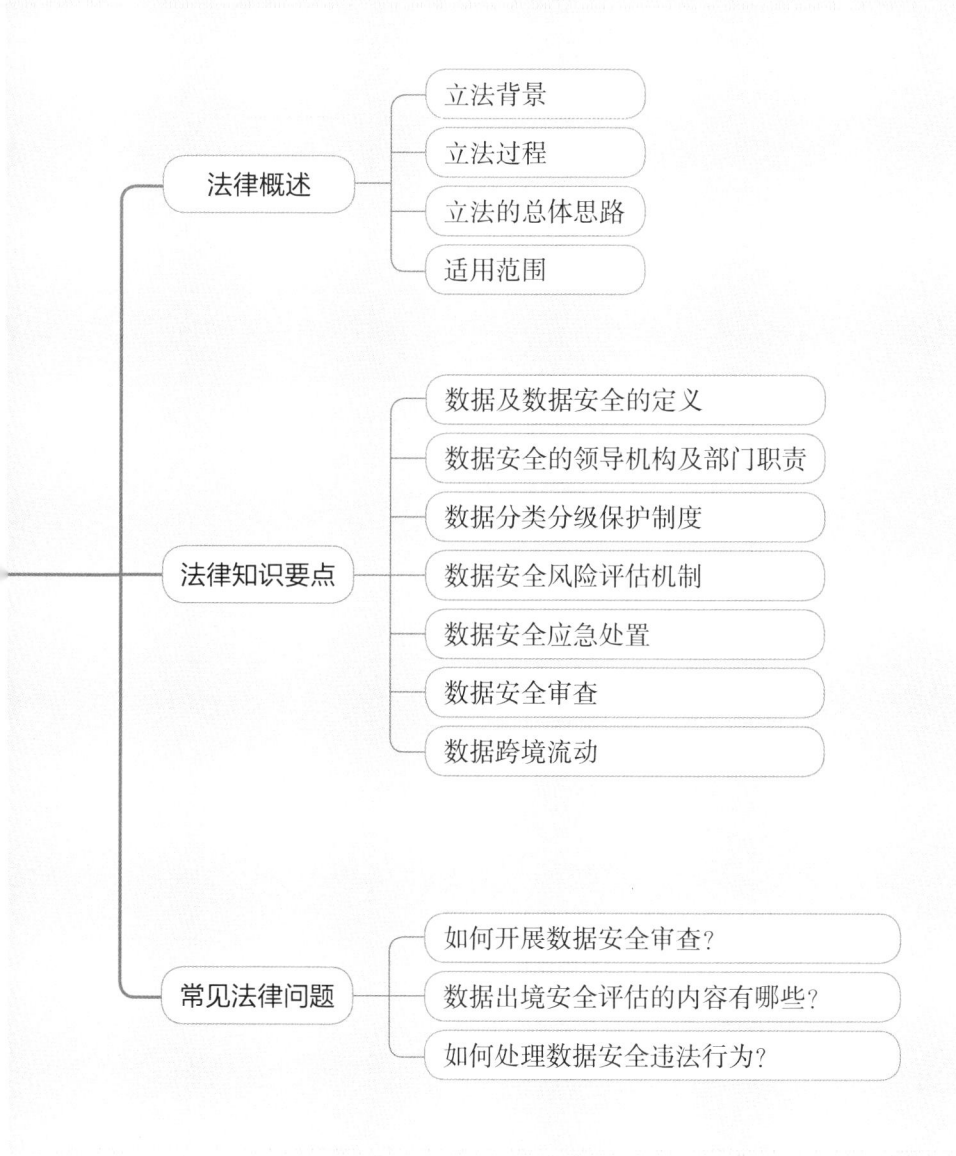

```
法律概述 ─┬─ 立法背景
         ├─ 立法过程
         ├─ 立法的总体思路
         └─ 适用范围

法律知识要点 ─┬─ 数据及数据安全的定义
             ├─ 数据安全的领导机构及部门职责
             ├─ 数据分类分级保护制度
             ├─ 数据安全风险评估机制
             ├─ 数据安全应急处置
             ├─ 数据安全审查
             └─ 数据跨境流动

常见法律问题 ─┬─ 如何开展数据安全审查？
             ├─ 数据出境安全评估的内容有哪些？
             └─ 如何处理数据安全违法行为？
```

一　法律概述

（一）立法背景

随着信息技术和人类生产生活交汇融合，各类数据迅猛增长、海量聚集，对经济发展、社会治理、人民生活都产生了深刻影响。数据发展与数据安全相辅相成，不可偏废。全球范围内，数据应用的发展正逐渐从技术向治理迁移，数据治理将提供更具共识、更可操作性、更加安全的制度方案和政策框架，以释放数据新动能，推动数字经济发展。党的十九大报告提出，推动互联网、大数据、人工智能和实体经济深度融合。党的十九届四中全会决定将数据作为新的生产要素。按照党中央部署和贯彻落实总体国家安全观的要求，制定一部数据安全领域的基础性法律十分必要。

第一，数据是国家基础性战略资源，没有数据安全就没有国家安全。因此，应当按照总体国家安全观的要求，通过立法加强数据安全保护，提升国家数据安全保障能力，有效应对数据这一非传统领域的国家安全风险与挑战，切实维护国家主权安全发展利益。第二，当前，各类数据的拥有主体多样，处理活动复杂，安全风险加大，必须通过立法建立健全各项制度措施，切实加强数据安全保护，维护公民、组织的合法权益。第三，发挥数据的基础资源作用和创新引擎作用，更好地服务我国经济社会发展，必须通过立法规范数据活动，完善数据安全治理体系，以安全保发展、以发展促安全。第四，为适应电子政务发展的需要,提升政府决策、管理、服务的科学性和效率,应通过立法明确政务数据安全管理制度和开放利用规则,大力推进政务数据资源开放和开发利用。①

(二)立法过程

按照党中央部署,制定数据安全法列入了第十三届全国人大常委会立法规划和年度立法工作计划。2018年10月,全国人大常委会法工委会同有关方面成立工作专班,抓紧草案研究起草工作。在起草过程中,多次召开座谈会,认真听取有关部门、企业和专家学者的意见;整理国内外有关立法资料,开展专题研究;并到有关地方和部门调研,深入了解数据安全领域存在的突出问题,听取立法意见建议。形成数据安全法草案稿后,又征求了中央有关部门和部分企业、专家的意见。经反复修改完善后,形成《中华人民共和国数据安全法(草案)》。②

2020年6月28日,第十三届全国人大常委会第二十次会议对《中华人民共和国数据安全法(草案)》进行了初次审议。7月3日,《中华人民共和国数据安全法(草案)》在中国人大网公布,向社会公开征求意见。《中华人民共和国数据安全法(草案)》共7章51条,主要内容包括:确立数据分类分级管理、数据安全风险评估、监测预警和应急处置等数据安全管理基本制度;明确开展数据活动的组织、个人的数据安全保护义务,落实数据安全保护责任;坚持安全与发展并重,规定支持促进数据安全与发展的措施;建立保障政务数据安全和推动政务数据开放的制度措施。

2021年4月26日,第十三届全国人大常委会第二十八次会议对

---

① 参见《中华人民共和国数据安全法》,法律出版社2022年版,第16页。
② 参见《中华人民共和国数据安全法》,法律出版社2022年版,第16—17页。

《中华人民共和国数据安全法（草案二次审议稿）》进行了审议。根据常务委员会委员和地方、部门、专家的建议，草案二次审议稿与公开征求意见稿相比主要作出以下修改：一是与民法典等有关规定相衔接，草案二次审议稿第二条中的"开展数据活动"修改为"开展数据处理活动及其安全监管"，并适当调整完善有关用语的含义。二是对地方、部门制定重要数据目录作出规定，明确由国家建立数据分类分级保护制度，确定重要的数据目录，各地区、各部门按照规定确定本地区、本部门，以及相关行业、领域的重要数据的具体目录。三是与网络安全法中的相关制度做好衔接，规定开展数据处理活动应当"在网络安全等级保护制度的基础上"建立健全全流程安全管理制度，加强数据安全保护。四是增加关于重要数据出境的规定，"关键信息基础设施的运营者在我国境内运营中收集和产生的重要数据的出境安全管理，适用网络安全法的规定；其他数据处理者在我国境内运营中收集和产生的重要数据的出境安全管理办法，由国家网信部门会同国务院有关部门制定"。五是增加未经批准擅自提供数据的处罚规定，为有关组织、个人拒绝其他国家不合理要求提供更为充分的法律依据。

2021年6月8日，第十三届全国人大常委会第二十九次会议对《中华人民共和国数据安全法（草案三次审议稿）》进行了分组审议，普遍认为草案三次审议稿比较成熟，建议进一步修改后，提请本届常务委员会会议表决通过。2021年6月10日，《中华人民共和国数据安全法》由第十三届全国人大常委会第二十九次会议通过，自2021年9月1日起施行。

（三）立法的总体思路

第一，把握正确政治方向，贯彻落实总体国家安全观，坚持党对数据安全工作的领导。

第二，立足数据安全工作实际，着力解决数据安全领域存在的突出问题。

第三，数据安全法作为数据领域的基础性法律，重点是确立数据安全保护管理各项基本制度，并与网络安全法、个人信息保护法等做好衔接。

（四）适用范围

数据安全法除了适用于在我国境内开展的数据处理活动及其安全监管，也适用于在我国境外开展的损害我国国家安全、公共利益或个人、组织合法权益的数据处理活动。

二 法律知识要点

《数据安全法》共7章55条，作为数据领域的基础性法律，确立了数据分类分级、重要数据保护、数据安全风险评估预警及应急处置、数据安全审查、跨境数据流动管理、政务数据安全与开放等重要制度，构建了我国数据安全的顶层设计。

（一）数据及数据安全的定义

数据安全法对数据、数据处理、数据安全等基本术语进行了界定，"数据"是指以电子或者其他方式对信息的记录；"数据处理"是指数据的收集、存储、使用、加工、传输、提供、公开等；"数据安全"是指通过采取必要措施，确保数据处于有效保护和合法利用的状态，以及具备保障持续安全状态的能力。

（二）数据安全的领导机构及部门职责

《数据安全法》第五条规定，中央国家安全领导机构负责国家数据安全工作的决策和议事协调，研究制定、指导实施国家数据安全战略和有关重大方针政策，统筹协调国家数据安全的重大事项和重要工作，建立国家数据安全工作协调机制。《数据安全法》第六条规定，各地区、各部门对本地区、本部门工作中收集和产生的数据及数据安全负责。工业、电信、交通、金融、自然资源、卫生健康、教育、科技等主管部门承担本行业、本领域数据安全监管职责。公安机关、国家安全机关等依照本法和有关法律、行政法规的规定，在各自职责范围内承担数据安全监管职责。国家网信部门依照本法和有关法律、行政法规的规定，负责统筹协调网络数据安全和相关监管工作。

（三）数据分类分级保护制度

数据安全法强调，根据数据重要程度及可能造成的危害程度，对数据实行分类分级保护，明确重要数据、核心数据的特殊管理要求。在重要数据方面，要求对重要数据采用目录管理方式，并明确目录的制定机制；强化重要数据处理者的义务，要求应明确数据安全负责人和管理机构，并对数据处理活动定期开展风险评估等。在核心数据方面，明确关系国家安全、国民经济命脉、重要民生、重大公共利益等数据属于国家核心数据，对其实行更加严格的管理制度。

1. 数据分类分级的相关规范

《数据安全法》第二十一条规定："国家建立数据分类分级保护制度，根据数据在经济社会发展中的重要程度，以及一旦遭到篡改、破坏、泄露或者非法获取、非法利用，对国家安全、公共利益或者个人、组织合法权益造成的危害程度，对数据实行分类分级保护。国家数据安全工作协调机制统筹协调有关部门制定重要数据目录，加强对重要数据的保护。关系国家安全、国民经济命脉、重要民生、重大公共利益等数据属于国家核心数据，实行更加严格的管理制度。各地区、各部门应当按照数据分类分级保护制度，确定本地区、本部门以及相关行业、领域的重要数据具体目录，对列入目录的数据进行重点保护。"

该条标志着数据分类分级保护制度正式成为我国数据安全治理的基本原则。"各地区、各部门"则是实施数据分类分级保护制度的主体，如何全面理解把握、准确贯彻实施数据分类分级保护制度，直接考验各级政府的数据治理能力水平；各类组织和个人是数据的主要生产者、处理者与利用者，需要根据数据的不同类别与安全等级精细化采取相应措施，以防范合规风险及可能出现的国家安全、公共安全风险。

数据安全法从管理形式和保护要求上确立了重要数据的强化保护制度。在管理形式上采用目录管理的方式，明确将"确定重要数据具体目录"纳入国家层面的管理事项，国家数据安全工作协调机制统筹协调有关部门制定重要数据目录。而各地区、各部门制定本地区、本部门及相关行业、领域的重要数据具体目录，有利于形成国家与各地方、各部门管理权限之间的合理协调机制，推动建立重要数据统一认定标准。在保护要求上，数据安全法在一般保护之外，强化了重要数据、国家核心数据的保护要求：一是规定数据处理者开展数据处理活动应当依照法律法规的规定，建立健全全流程数据安全管理制度，组织开展数据安全教育培训，采取相应的技术措施和其他必要的措施，保障数据安全；二是规定了重要数据处理者"明确数据安全负责人和管理机构"的义务，要求重要数据处理者在内部作出明确的责任划分，落实数据安全保护责任；三是规定了重要数据处理者进行风险评估的要求，重要数据处理者应当按照规定对其数据处理活动定期开展风险评估，并向有关主管部门报送风险评估报告。

2. 数据分类分级的具体要求

数据分类分级包括数据分类和数据分级两大方面。数据分类是指按照数据具有的某种共同属性或特征，采用一定的原则和方法进行区分和归类，是对数据的横向划分。从数据安全治理的角度来看，其目的主要在于确定数据归口管理的部门，也方便各类组织和个人识别、查询、利用各类数据。数据分级是根据数据的重要程度、敏感程度，以及一旦遭到篡改、破坏、泄露或者非法获取、非法利用，对国家安全、公共利益或者个人、组织合法权益造成的危害程度对数据进行定义，是对数据的纵向区分。数据分级一般是在数据分类的基础上进行的。从数据安全治理的角度来看，其目的主要在于使数据的对口管理部门针对不同特点的数据区分不同的监管措施，以及使各类组织和个人明晰数据的重要程度，从而采取不同的合规措施。综合来看，数据分类与数据分级虽然侧重点不同，但本质都是对庞大的数据进行分类，从而进行精细化、区别化管理的一种现代化管理措施。数据分类与数据分级是相辅相成的，离开了数据分类的分级将造成数据量庞大、权属不明最终无序混乱，离开了数据分级的分类将使该项制度失去意义。分级也是一种分类，分类的最终目的是分级。

根据《数据安全法》第二十一条规定，"国家"是数据分类分级保护制度的主体。在具体实施上，包括"国家数据安全工作协调机制"和"各地区、各部门"，即中央和地方各层级的政府是执行《数据安全法》第二十一条规定的数据分类分级的主体。制定国家核心数据、重要数据目录并开展重点保护，进行相应的立法和执法活动。因此，从国家建立数据分类分级保护制度和开展执法活动的角度来看，数据分类分级的标准着眼于明确数据的管理部门，压实各层级政府、各部门的主体责任。另外，数据分类分级广泛地应用于人们日常生活的方方面面。小到一个图书馆的图书按照一定的类别摆放在不同的楼层、书架，以及对图书复本和原本采取不同的保护措施，这也是典型的数据分类分级活动。因此，在实践中，各类企业、组织也是数据分类分级的主体，数据分类分级的标准差异巨大。在数据安全法正式施行的背景下，各类企业、组织内部的数据分类分级标准必须与国家机关制定的相关标准相适应相一致，才能更好地符合数据合规的要求。

3. 数据分类分级标准与实践

目前，我国多个部门、地方政府通过指南、国家标准、地方标准等形式发布了一系列数据分类分级指引性文件，为数据安全法的实施打下了基础。

例如，2020年2月27日，工业和信息化部办公厅印发了《工业数据分类分级指南（试行）》（以下简称《指南》），用于指导工信部门、工业企业、平台企业开展数据分类分级工作。在分类标准上，《指南》第六条将工业企业工业数据分为五大数据域：研发数据域（研发设计数据、开发测试数据等）、生产数据域（控制信息、工况状态、工艺参数、系统日志等）、运维数据域（物流数据、产品售后服务数据等）、管理数据域（系统设备资产信息、客户与产品信息、产品供应链数据、业务统计数据等）、外部数据域（与其他主体共享的数据等）。《指南》将平台企业工业数据分为平台运营数据域（物联采集数据、知识库模型库数据、研发数据等）和企业管理数据域（客户数据、业务合作数据、人事财务数据等）。

在分级标准上，《指南》"根据不同类别工业数据遭篡改、破坏、泄露或非法利用后，可能对工业生产、经济效益等带来的潜在影响，将工业数据分为一级、二级、三级等3个级别"，其中三级最重要。在防护要求上，《指南》规定企业针对三级数据采取的防护措施，应能抵御来自国家级敌对组织的大规模恶意攻击，并应及时上报数据所在地的省级工信主管部门；针对二级数据采取的防护措施，应能抵御大规模、较强的恶意攻击；针对一级数据采取的防护措施，应能抵御一般的恶意攻击。在数据共享与开发利用上，《指南》第十五条规定，鼓励企业在做好数据管理的前提下适当共享一、二级数据，充分释放工业数据的潜在价值。二级数据只对确需获取该级数据的授权机构及相关人员开放。三级数据原则上不共享，确需共享的应严格控制知悉范围。

又如，2020年12月9日，工业和信息化部发布了《基础电信企业数据分类分级方法》（以下简称《方法》）。《方法》的适用主体为基础电信企业。在数据分类上，《方法》将基础电信企业掌握的数据分为两大类，即用户相关数据和企业自身数据，再逐级分解。在数据分级上，《方法》主要考虑三大影响类别：一是数据破坏对国家安全、社会秩序、公共利益造成的影响；二是数据破坏对企业利益造成的影响（包括业务影响、财务影响和声誉影响）；三是数据破坏对用户利益造成的影响。最终取3个影响类别中影响程度最高的一项来确定数据的重要敏感程度。重要敏感程度从高到低分别为第四级、第三级、第二级和第一级。

在分类分级安全管控要求方面，《方法》要求应当对数据进行分类分级标识，原则上未经脱敏处理的数据不可降级使用，传输高安全级别的数据应当对数据报文进行加密，使用或披露高安全级别数据应采用数据脱敏技术，符合其他标准对个人敏感信息的安全管控要求等。

再如，2020年9月23日，中国人民银行发布《金融数据安全——数据安全分级指南》，该标准在金融数据分级中主要考虑影响对象与影响程度两个要素：影响对象列举了国家安全、公众权益、个人隐私、企业合法权益4种情况；影响程度从高到低分为严重损害、一般损害、轻微损害和无损害4个级别。影响程度应当综合考虑数据类型、数据特征和数据规模等因素。判断影响程度可以从以下四个方面考虑：一是国家安全层面；二是公众权益层面；三是个人隐私层面；四是企业合法权益层面。安全影响评估需要综合考虑影响对象与影响程度两个要素，对数据安全性遭受破坏后对数据进行保密性评估、完整性评估和可用性评估。最终将金融数据从高到低划分为五级、四级、三级、二级、一级。

（四）数据安全风险评估机制

《数据安全法》第二十二条规定："国家建立集中统一、高效权威的数据安全风险评估、报告、信息共享、监测预警机制。国家数据安全工作协调机制统筹协调有关部门加强数据安全风险信息的获取、分析、研判、预警工作。"

建立集中统一、高效权威的数据安全风险评估、报告、信息共享、监测预警机制有利于有效应对境内外数据安全风险，建立健全国家数据安全管理制度，完善国家数据安全治理体系。从制度衔接来看，数据安全风险评估、报告、信息共享、监测预警机制是国家安全制度的组成部分。数据安全风险评估、报告、信息共享、监测预警机制是国家安全法规定的风险预防、评估和预警相关制度在数据安全领域的具体落实。

《网络安全法》第五十一条规定，"国家建立网络安全监测预警和信息通报制度。国家网信部门应当统筹协调有关部门加强网络安全信息收集、分析和通报工作，按照规定统一发布网络安全监测预警信息"。第五十二条规定，"负责关键信息基础设施安全保护工作的部门，应当建立健全本行业、本领域的网络安全监测预警和信息通报制度，并按照规定报送网络安全监测预警信息"。第五十三条第一款规定，"国家网信部门协调有关部门建立健全网络安全风险评估和应急工作机制，制定网络安全事件应急预案，并定期组织演练"。

《数据安全法》第三十条对重要数据处理者的风险评估报告作出规定，风险评估报告应当包括处理的重要数据的种类、数量，开展数据处理活动的情况，面临的数据安全风险及其应对措施等。该条款规定的实际要求是在重要数据处理者定期报送风险评估报告的基础上，从国家层面统筹对我国境内数据安全风险的全面评估，并向中央国家安全领导机构等进行报告和信息共享。

（五）数据安全应急处置

数据安全应急处置是我国数据安全制度领域的亮点内容。根据现有立法要求，一旦数据安全风险防范及监控预警措施失效，导致数据安全事件发生，相关组织应立即开展应急处置、复盘整改，并在内部进行宣贯宣导，防范数据安全事件再次发生。

1. 数据安全法相关规范

数据安全应急处置是指数据处理者通过建立数据安全应急处置机制，在发生数据安全事件时及时启动应急响应机制，采取措施防止危害扩大，从而消除安全隐患，保障数据安全和网络安全。由于数据具有易复制、易删除、易篡改等特点，因此，但凡发生数据安全事件，处置得不及时，或不恰当，其危害程度和危害范围极有可能迅速扩大。为科学、有效、快速地处置数据安全事件，将数据安全事件的危害降到最小，《数据安全法》第二十三条规定，"国家建立数据安全应急处置机制。发生数据安全事件，有关主管部门应当依法启动应急预案，采取相应的应急处置措施，防止危害扩大，消除安全隐患，并及时向社会发布与公众有关的警示信息"。

该条包含四层含义：一是在国家层面构建数据安全应急处置机制；二是在发生数据安全事件时，有关主管部门应当依法立即启动应急预案，遵从"谁主管谁负责、谁运行谁负责"的原则；三是采取相应的应急处置措施，在防止危害扩大、消除安全隐患的同时，要组织研判，保存证据，并做好信息通报工作；四是及时向社会发布与公众有关的警示信息，强调"发布与公众有关的警示信息"的目的，是让公众了解数据安全事件的真相，并及时采取自我保护措施，以免其数据遭到破坏或在遭到破坏后防止损失扩大。建立数据安全应急处置机制，对于提高应对网络安全事件的能力，预防和减少网络安全事件造成的损失和危害，保护公众利益，维护国家安全、公共安全和社会秩序具有重要意义。因此，有必要建立从数据安全监测预警到应急处置的完整数据治理框架，把握数据的自主可控权，维护国家数据主权。

2. 数据安全应急处置配套规范

《网络安全法》第五十三、五十五条对网络安全应急处置作出规定。其中，第五十三条指出，国家网信部门和负责关键信息基础设施安全保护工作的部门都应制定网络安全事件应急预案，并定期组织演练。这里的"应急预案"是指《国家网络安全事件应急预案》，由网络安全法授权国家网信部门牵头制定。同时网络安全法还要求，网络运营者应当制定网络安全事件应急预案；负责关键信息基础设施安全保护工作的部门应当制定本行业、本领域的网络安全事件应急预案。这些应急预案都要在《国家网络安全事件应急预案》的总体框架下分别制定。《数据安全法》第二十二条隐含了有关部门制定应急预案的要求。数据安全事件的产生来源可以分为两类，即人为因素和客观因素（自然灾害等）。数据安全事件又可以分为数据泄露类事件、数据篡改类事件和数据灭失类事件。国家有关主管部门及数据处理者应当根据数据安全事件的产生来源、具体类型等情况制定数据安全事件应急预案，并在发生数据安全事件时根据应急预案及时处置。

具体而言，制定应急预案的基本内容包括明确数据安全事件应急处置的组织机构及其职责、数据安全事件分级、应急响应程序、处置措施等。由于数据安全事件的性质不同，发生或造成的危害程度、影响范围等各不相同，对于不同的数据安全事件需要采取的处置措施也不相同。为了保证数据安全事件应急预案和处置措施的针对性和有效性，并防止应急处置超过必要的限度，造成不必要的损失，可以对相应的数据安全事件按照危害程度、影响范围等因素进行分级，如，数据安全事件可被分为四级，由高到低依次用红色、橙色、黄色和蓝色标识，分别对应可能发生特别重大、重大、较大和一般网络安全突发事件，并制定相应的应急措施，这与网络安全法对于网络安全事件应急预案的要求一致。

数据安全应急处置坚持预防为主、预防与应急相结合的原则，坚持分级管理、逐级负责、责任到人，充分发挥集体力量，做好数据安全事件的预防与处置工作。在事前，相关主管部门及数据处理者皆应做好装备、通信、经费、人员等方面的应急保障工作，并加强宣传教育和定期开展监督管理；在发生数据安全事件后，相关人员应立即上报，作出预警和进行必要的先期处置工作，并及时启动应急预案；在启动应急预案后，应急处置机制就进入应急状态，此时相关人员应做好应急指挥、应急支援、信息处理、扩大应急，以及善后处置、调查评估等工作。

（六）数据安全审查

数据安全审查制度是国家安全法规定的"国家安全审查"体系下的审查领域之一。数据安全法中首次提出数据安全审查制度，后续修订的《网络安全审查办法》进一步明确和突出了数据安全审查的部分内容。

数据安全审查是指国家对影响或者可能影响国家安全的数据处理活动进行的安全审查。数据安全审查的负责主体是国家，任何部门均不得私自进行超出范围的审查；开展审查的目的只有一个，即确定数据处理活动是否影响或者可能影响国家安全；审查程序应当"一锤定音"，数据安全法明确规定，依法作出的安全审查决定为最终决定。考虑到数据安全审查决定主要涉及国家利益，关系重大，如果认为数据处理活动对国家安全会产生不利影响，那么数据处理者应当立即停止数据处理活动，否则可能会对国家安全带来不可估量、无法挽救的损失。因此，对数据安全审查决定规定为最终决定，具有必要性。

数据安全审查制度的内容部分也体现在修订后的《网络安全审查办法》中。《网络安全审查办法》最早颁布于2020年4月，审查范围主要聚焦于关键信息基础设施运营者采购网络产品和服务，影响或可能影响国家安全的情况。后来，为了落实数据安全法和个人信息保护法的相关精神，对《网络安全审查办法》进行了修订。修订后的《网络安全审查办法》于2021年11月通过，主要增加了针对数据开展安全审查的内容，其中范围拓展到"网络平台运营者开展数据处理活动，影响或者可能影响国家安全的情况"，也应当根据该办法开展网络安全审查，尤其是掌握超过一百万用户个人信息的网络平台运营者赴国外上市的，必须向网络安全审查办公室申报网络安全审查；重点审查要素增加了数据的内容，包括核心数据、重要数据或者大量个人信息被窃取、泄露、毁损以及非法利用、非法出境的风险，国外上市存在关键信息基础设施、核心数据、重要数据或者大量个人信息被外国政府影响、控制、恶意利用的风险，以及网络信息安全风险。

数据安全审查并非单独的一套制度体系，而是国家安全审查在数据安全领域的重点体现。国家安全审查是在"总体国家安全观"的指导下构建的制度体系，并在不同领域通过不同形式予以体现。例如，外商投资法、反垄断法、海南自由贸易港法明确要对外商投资进行安全审查，乡村振兴促进法、种子法明确要建立、实施种业国家安全审查机制，生物安全法中明确国家要建立生物安全审查制度，密码法明确要建立密码工作的安全审查机制，国家情报法明确要对国家情报工作进行安全审查。网络安全法和数据安全法分别明确了有关部门可以在网络安全领域和数据领域开展网络安全审查和数据安全审查的制度。我国以国家安全法和其他各项重要立法为基础，形成一套以国家安全审查为主，以具体领域安全审查为重要表现形式的安全审查体系。数据安全审查即国家安全审查在数据领域的进一步落实。

（七）数据跨境流动

数据安全法在网络安全法的基础上完善了重要数据的跨境流动管理制度。《数据安全法》第三十一条明确了关键信息基础设施的运营者在我国境内运营中收集和产生的重要数据的出境安全管理应适用《网络安全法》第三十七条提出的"一般情形 + 例外规定"，即关键信息基础设施的运营者因业务需要，确需向境外提供重要数据的，一般情况下应由使用国家网信部门会同国务院有关部门制定的办法进行安全评估，法律、行政法规另有规定的则从其规定。

明确了向外国司法或者执法机构提供数据的必须经过批准。《数据安全法》第三十六条规定，"非经中华人民共和国主管机关批准，境内的组织、个人不得向外国司法或者执法机构提供存储于中华人民共和国境内的数据"。该条制定的背景是近年来数据管辖权冲突日益激烈的国际环境。2018年3月，在微软爱尔兰数据案后，美国国会通过《澄清域外合法使用数据法》，其中第103(a)(1)条规定"电子通信服务提供商和远程计算服务提供商应当依据本章规定，保存、备份或披露其拥有、监管或控制的用户通信数据、记录及其他信息，无论该通信数据、记录及其他信息存储于美国境内或境外"，从而为数据领域的"长臂管辖"规则提供了基础。在此背景下，数据安全法再度明确了我国对境内数据的管辖权，充分体现了我国维护数据主权和国家安全的决心。数据安全法还特别明确了未经主管机关批准向外国司法或者执法机构提供数据的法律责任，包括对企业和直接负责的主管人员的罚款、责令企业暂停相关业务、停业整顿、吊销相关业务许可证或者吊销营业执照等。这一明确的法律责任形式，不仅意味着《数据安全法》第三十六条规定是企业应严格履行的一项数据合规义务，也使企业在对抗外国司法或者执法机构可能的数据调取要求时，拥有了可援引的有力法律规则。

明确了对出口管制数据的规定。《数据安全法》第二十五条规定，"国家对与维护国家安全和利益、履行国际义务相关的属于管制物项的数据依法实施出口管制"。《出口管制法》第二条规定，"国家对两用物项、军品、核以及其他与维护国家安全和利益、履行防扩散等国际义务相关的货物、技术、服务等物项（以下统称管制物项）的出口管制，适用本法。前款所称管制物项，包括物项相关的技术资料等数据"。数据安全法在数据保护领域立法中，明确了技术资料等数据出口属于出口管制监管范围，如果予以出口，需申请相应的出口许可证，从而进一步确保了涉及限制出口的两用物项技术资料的安全。

明确了针对数据歧视的对等措施。《数据安全法》第二十六条中设置了一项针对数据歧视的规定，即"任何国家或者地区在与数据和数据开发利用技术等有关的投资、贸易等方面对中华人民共和国采取歧视性的禁止、限制或者其他类似措施的，中华人民共和国可以根据实际情况对该国家或者地区对等采取措施"。"对等措施"的设置多存在于贸易法与投资法领域，例如外商投资法、出口管制法等。在作为数据安全领域重要法律基础的数据安全法中加入对等措施，反映出立法机关将数据安全、数据技术认定为我国企业发展壮大的关键要素，也反映出我国立法机关在复杂国际背景下的未雨绸缪。

三 常见法律问题

（一）如何开展数据安全审查？

首先，根据数据安全法的规定，数据安全审查的对象为在我国境内开展的涉及国家安全的数据处理活动，既包括线上的数据活动，也包括线下的数据活动。网络安全审查的内容重点在于信息技术产品和服务的安全性和可控性，而数据安全审查的主要内容更关注数字环境的安全性和数据利用的可控性，二者之间对此价值定位具有一定相似性。

其次，审查程序方面，根据数据安全法和网络安全审查办法的规定：第一步应由运营者预判后进行审查申报；第二步由网络安全审查办公室确定是否进行审查，如果确定审查，则要在规定时间内完成初步审查并向网络安全审查工作机制成员单位、相关关键信息基础设施保护工作部门征求意见；第三步由上述相关部门书面回复网络安全审查办公室，审查意见一致时将直接反馈给运营者，否则进入特别程序。

（二）数据出境安全评估的内容有哪些？

依据数据安全法和数据出境安全评估办法的规定，数据出境安全评估重点评估数据出境活动可能对国家安全、公共利益、个人或者组织合法权益带来的风险。主要包括以下事项：一是数据出境的目的、范围、方式等的合法性、正当性、必要性。二是境外接收方所在国家或者地区的数据安全保护政策法规和网络安全环境对出境数据安全的影响；境外接收方的数据保护水平是否达到中华人民共和国法律、行政法规的规定和强制性国家标准的要求。三是出境数据的规模、范围、种类、敏感程度，出境中和出境后遭到篡改、破坏、泄露、丢失、转移或者被非法获取、非法利用等风险。四是数据安全和个人信息权益是否能够得到充分有效保障。五是数据处理者与境外接收方拟订立的法律文件中是否充分约定了数据安全保护责任义务。六是遵守中国法律、行政法规、部门规章情况。七是国家网信部门认为需要评估的其他事项。

（三）如何处理数据安全违法行为？

数据安全法对数据安全违法行为赋予了多项处罚说明，对违反国家核心数据管理制度，危害国家主权、安全和发展利益的，由有关主管部门处二百万元以上一千万元以下罚款，并根据情况责令暂停相关业务、停业整顿、吊销相关业务许可证或者吊销营业执照；构成犯罪的，依法追究刑事责任。

境外非政府组织境内活动管理法

第十讲
CHAPTER 10

第十讲 境外非政府组织境内活动管理法

CHAPTER 10

扫码查阅法律

2016年4月28日,第十二届全国人大常委会第二十次会议通过了境外非政府组织境内活动管理法。制定这部法律,既是我国全面推进依法治国、建设社会主义法治国家的客观要求,也是依法引导和规范境外非政府组织在华活动,依法保障其合法权益的重要举措。境外非政府组织境内活动管理法在推进高水平开放的同时,有利于依法加强监管,有效防范和打击各类非法活动,切实维护我国国家安全、国家利益和社会公共利益。

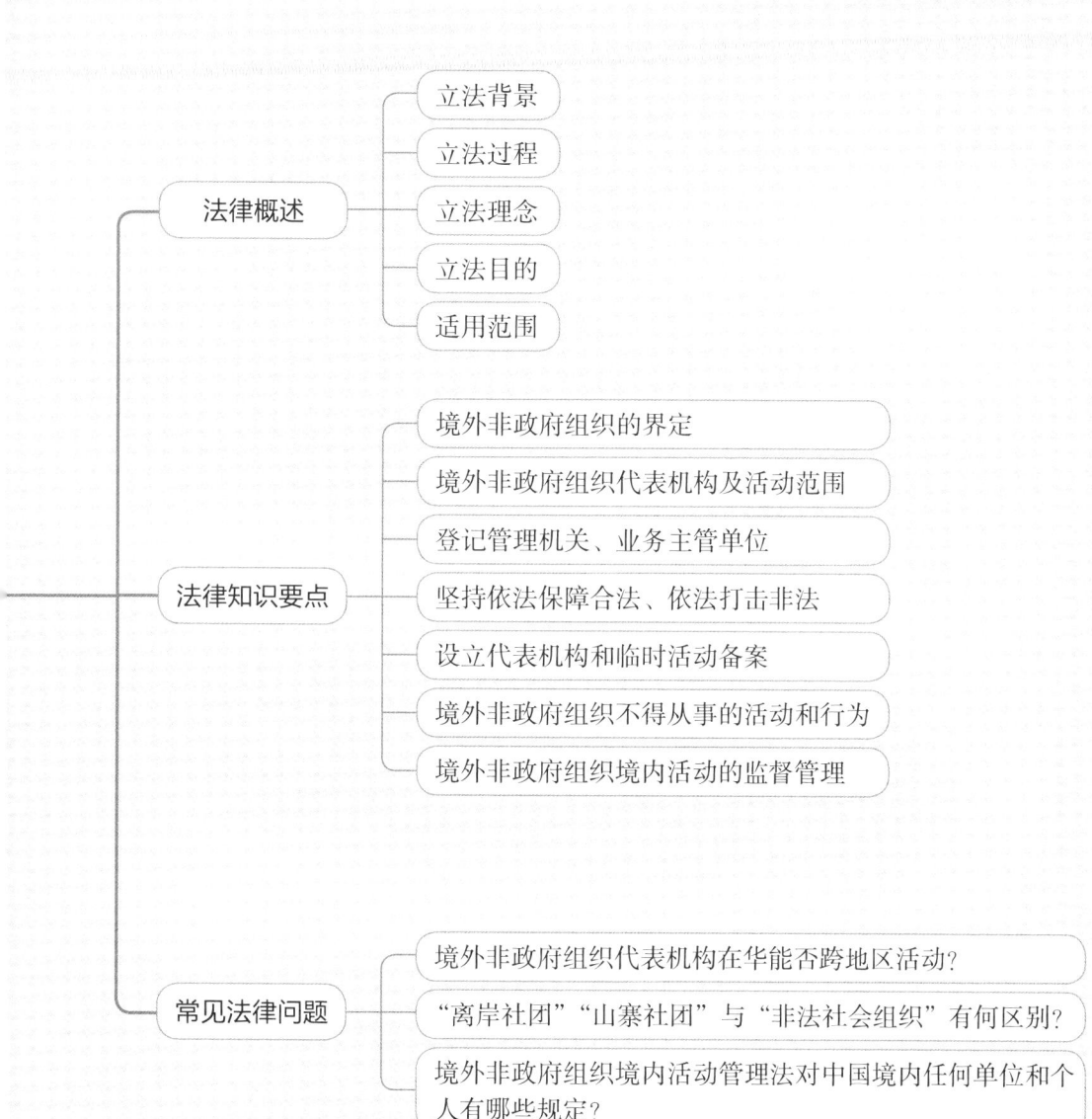

```
                    ┌─ 立法背景
                    ├─ 立法过程
         ─ 法律概述 ─┼─ 立法理念
                    ├─ 立法目的
                    └─ 适用范围

                    ┌─ 境外非政府组织的界定
                    ├─ 境外非政府组织代表机构及活动范围
                    ├─ 登记管理机关、业务主管单位
       ─ 法律知识要点┼─ 坚持依法保障合法、依法打击非法
                    ├─ 设立代表机构和临时活动备案
                    ├─ 境外非政府组织不得从事的活动和行为
                    └─ 境外非政府组织境内活动的监督管理

                    ┌─ 境外非政府组织代表机构在华能否跨地区活动？
       ─ 常见法律问题┼─ "离岸社团""山寨社团"与"非法社会组织"有何区别？
                    └─ 境外非政府组织境内活动管理法对中国境内任何单位和个
                       人有哪些规定？
```

一 法律概述

（一）立法背景

改革开放以来，随着中外交往与合作的增多，来我国境内开展活动的境外非政府组织日益增多。许多境外非政府组织在理念、人才、管理、资金方面有很多优势，为我国社会公益事业作出了积极贡献，为促进我国与世界的交流交往起到了重要作用。一些经贸类境外非政府组织向我国企业提供了高水平的专业服务，有力地帮助了我国企业顺利对接国际经贸规则、提高"走出去"能力。但也有少数境外非政府组织企图或者已经作出了危害中国社会稳定和国家安全的事情。将境外非政府组织在华的活动纳入法治轨道，已成为中国推行全面依法治国，建设法治社会的必然要求。

在2014年以前，我国管理境外非政府组织的规范性文件主要是1989年颁布、2013年修订的《外国商会管理暂行规定》和2004年修订的《基金会管理条例》。外国商会主要是指由境外在华活动的商业机构或人员设立，不从事任何商业活动的非营利性团体。这两部法规只涉及两类境外非政府组织，而多数境外非政府组织在我国的活动无法可依。2012年，民政部修订了关于社会组织的三个登记管理条例，有针对性地初步解决境外非政府组织设立代表机构和开展登记管理、监督管理的问题。其他可适用的法律条款零散分布于一些法律法规和部门规章中，为相关的纳税减免、常驻代表机构登记、外籍人士入境和境内活动等提供了一定依据。但从整体上看，这些法律规定分布松散，不够全面、系统和完善，已不能满足新形势下统筹发展和安全，依法管理境外非政府组织在华活动的需要。

2013年，党的十八届三中全会通过了《中共中央关于全面深化改革若干重大问题的决定》，提出"加强对社会组织和在华境外非政府组织的管理，引导它们依法开展活动"。2014年，党的十八届四中全会通过了《中共中央关于全面推进依法治国若干重大问题的决定》，提出"加强在华境外非政府组织管理，引导和监督其依法开展活动"。为了规范境外非政府组织在我国境内的活动，保障其合法权益，促进交往与合作，制定境外非政府组织境内活动管理法已十分必要。

（二）立法过程

2014年4月下旬以来，国务院有关部门在总结实践经验、借鉴国外有益做法的基础上，经过深入调研、反复论证，起草了《中华人民共和国境外非政府组织境内活动管理法（草案）》（下文称草案）。2014年12月，全国人大常委会听取了公安部关于草案的说明。第十二届全国人大常委会第十二次会议对草案进行了初次审议。会后，全国人大常委会法工委将草案印发各省（区、市）和中央有关部门征求意见。全国人大法律委和全国人大常委会法工委多次召开座谈会听取部分全国人大代表和有关方面的意见，并到广东进行调研。法律委根据全国人大常委会组成人员的审议意见和各方面意见，对草案进行了逐条审议和修改，形成了草案二次审议稿。2015年4月，第十二届全国人大第十四次会议对草案进行了再次审议。会后，为向全社会征求公众意见，中国人大网全文公布草案二次审议稿。全国人大法律委、全国人大常委会法工委会同有关方面多次召开专题座谈会，听取教育部、科技部、民政部和部分高校、科研机构以及境内外社会组织的意见，并到浙江进行调研。根据常委会组成人员的审议意见和各方面意见，法律委于2015年6月1日、9月29日两次召开会议，逐条审议了草案，深入讨论了草案涉及的重要问题。国务院法制办、公安部和民政部的有关负责同志列席了会议。之后，根据中央精神，法律委和法工委继续加强与中央国安委办公室、国务院法制办、公安部、民政部以及中央政法委、外交部、教育部、科技部、商务部、国家卫计委等部门的沟通协商，在取得共识的基础上，对草案进行了修改完善。2016年3月30日，全国人大法律委召开会议，对草案修改稿进行了逐条审议。中央国安委办公室、国务院法制办、公安部、民政部的有关负责同志列席了会议。4月19日，法律委再次召开会议审议草案。4月25日，第十二届全国人大常委会第二十次会议对草案三次审议稿进行了分组审议，建议进一步修改后，提请本次会议通过。4月26日，全国人大法律委逐条研究了常委会组成人员的审议意见，对草案进行了审议。中央国安委办公室、国务院法制办公室、公安部、民政部的有关负责同志列席了会议。4月28日，第十二届全国人大常委会第二十次会议正式通过了境外非政府组织境内活动管理法。

2017年11月，第十二届全国人大常委会第三十次会议通过了《全国人民代表大会常务委员会关于修改〈中华人民共和国会计法〉等十一部法律的决定》，删去了《境外非政府组织境内活动管理法》第二十四条中的"聘请具有中国会计从业资格的会计人员依法进行会计核算"。这是因为修正案对会计法第三十八条进行了修改，取消了会计从业资格认定，故有必要对《境外非政府组织境内活动管理法》第二十四条进行相应修改。

（三）立法理念

根据相关立法说明，以及相关部门负责人的说明，制定境外非政府组织境内活动管理法的主要理念包括四方面内容。

一是贯彻落实党的十八届三中全会关于全面深化改革的有关决定精神，坚持改革开放的路线方针不动摇，充分肯定境外非政府组织在我国改革开放过程中所发挥的积极作用，支持和欢迎境外非政府组织来华进行友好交流与合作，并尽可能提供便利。

二是贯彻落实党的十八届四中全会关于全面推进依法治国的有关决定精神，为依法引导和规范境外非政府组织在华活动、依法保障境外非政府组织在华活动夯实法制支撑，让有关组织开展活动以及政府对其进行管理、提供服务有法可依。

三是坚持科学立法，务实开放，把管理和服务相结合，在为境外非政府组织来华开展友好交流和合作提供便利的同时，通过相关管理制度保障合法、积极引导相关活动有序展开。

四是坚持问题导向，针对极少数境外非政府组织借交流合作之名，实施违法犯罪活动的情况，坚决依法予以制止甚至是惩处，坚定维护我国领土完整、政权安全和广大人民群众的合法权益。[①]

（四）立法目的

《境外非政府组织境内活动管理法》第一条规定："为了规范、引

---

① 郭声琨：《欢迎和支持境外非政府组织来华发展》，载《学会》2015年第10期；张维炜：《将境外非政府组织境内活动纳入法治轨道》，载《中国人大》2016年第9期。

导境外非政府组织在中国境内的活动,保障其合法权益,促进交流与合作,制定本法。"这是关于该法立法目的、任务的规定。该条明确了境外非政府组织境内活动管理法的立法目的包括三项。一是规范和引导境外非政府组织在中国境内的活动,通过明确其活动方式、相关资金监管方式以及其他应履行的义务和责任等内容,为其在中国境内开展活动提供合规指引。二是保障境外非政府组织的合法权益,完善对境外非政府组织的管理体制,明确了有关部门对境外非政府组织管理的职责分工,为境外非政府组织在我国境内依法开展活动提供便利。三是促进境外非政府组织来华进行交流与合作。

(五)适用范围

《境外非政府组织境内活动管理法》第二条第一款规定:"境外非政府组织在中国境内开展活动适用本法。"根据该款,境外非政府组织在中国境内开展的活动均适用该法。根据该条第二款,此处的"境外非政府组织"是指在境外合法成立的基金会、社会团体、智库机构等非营利、非政府的社会组织。我国立法对在我国境内活动的境外非政府组织予以规范、引导,是国家行使属地管辖权的一种体现。

二 法律知识要点

(一)境外非政府组织的界定

《境外非政府组织境内活动管理法》第二条第二款规定:"本法所

称境外非政府组织,是指在境外合法成立的基金会、社会团体、智库机构等非营利、非政府的社会组织。"该款明确了在我国具备"境外非政府组织"法律地位的相关组织的范围。根据该款,可以在我国作为"境外非政府组织"取得合法活动地位的相关组织,须满足两项条件。其一,相关组织已在境外合法成立,即其成立符合母国的法律规定,在其母国具备作为合法组织的法律地位。其二,相关组织须是基金会、社会团体、智库机构等非营利、非政府的社会组织。非营利组织通常是指为公益目的或者其他非营利目的成立,不向出资人、设立人或者会员分配所取得利润的组织。我国的社会组织主要是指依法在行政机关登记注册的社会团体、基金会、民办非企业单位。[①] "基金会、社会团体、智库机构"是境外非政府组织的三种主要类型。此处的"社会团体"主要包括了在境外依法成立的协会、学会、商会等非营利组织。在我国行政法中,社会团体通常是指由会员自愿组成,为实现会员共同意愿,按照章程开展活动的非营利性社会组织。

(二)境外非政府组织代表机构及活动范围

境外非政府组织代表机构是相关组织为在我国境内开展活动,经依法登记而设立的机构。《境外非政府组织境内活动管理法》第九条第一款规定:"境外非政府组织在中国境内开展活动,应当依法登记设立代表机构;未登记设立代表机构需要在中国境内开展临时活动的,应当依法备案。"未设立代表机构并不意味着完全不能来华开展活动,相

[①] 民政部2010年制定的《社会组织评估管理办法》第二条规定:"本办法所称社会组织是指经各级人民政府民政部门登记注册的社会团体、基金会、民办非企业单位。"要注意的是,境外非政府组织代表机构的登记机关是国务院公安部门和省级人民政府公安机关,不属于此类社会组织。

关组织仍然可在依法备案后开展临时活动。

境外非政府组织代表机构不具有法人资格。《境外非政府组织境内活动管理法》第十五条第二款明确规定："境外非政府组织代表机构注销登记后，设立该代表机构的境外非政府组织应当妥善办理善后事宜。境外非政府组织代表机构不具有法人资格，涉及相关法律责任的，由该境外非政府组织承担。"需要注意的是，虽然境外非政府组织代表机构不具备法人地位，但仍应依法办理税务登记和开立银行账户，其特定工作人员可办理就业等工作手续，并应当依法承担责任、接受行政处罚。《境外非政府组织境内活动管理法》第十三条第二款规定："境外非政府组织代表机构凭登记证书依法办理税务登记，刻制印章，在中国境内的银行开立银行账户，并将税务登记证件复印件、印章式样以及银行账户报登记管理机关备案。"第三十八条规定："境外非政府组织代表机构首席代表和代表中的境外人员，可以凭登记证书、代表证明文件等依法办理就业等工作手续。"另外，根据第六章"法律责任"的有关规定，境外非政府组织代表机构若作出相关违法行为，除可对直接责任人员予以处罚外，还可对相关代表机构直接采取措施，包括警告、责令限期停止活动、没收非法财物和违法所得、吊销登记证书、取缔临时活动。

境外非政府组织境内活动管理法对相关组织的活动范围从正反两方面进行了明确规定。本法第三条规定："境外非政府组织依照本法可以在经济、教育、科技、文化、卫生、体育、环保等领域和济困、救灾等方面开展有利于公益事业发展的活动。"本条是关于境外非政府组织活动范围的规定。为将相关组织的境内活动全面纳入法治管理轨道，引导在我国公益事业发展中起积极作用，本条明确了相关组织可开展的合法活动是"有利于公益事业发展"的各项活动，并通过列举进一步明确，这些活动可以是关于经济、教育、科技、文化、卫生、体育、环保或其他领域的活动，也可以是在济困、救灾或其他方面开展的活动。

此外，境外非政府组织境内活动管理法还对禁止境外非政府组织从事或开展的活动作了明确规定，确立了这些组织的活动范围限制。第五条第一款明确规定，相关组织来华开展活动必须遵守中国法律，不得危害中国国家安全，不得损害中国国家利益、社会公共利益和人民群众合法权益。第五条第二款，第九条第二款，第十八条第二款，第二十条，第二十一条第二款、第三款等条款进一步从相关组织的活动内容、活动形式、运作方式、资金来源和使用等方面对其禁止从事、实施的活动和行为作了细致具体的规定。目前，公安部已颁布了《境外非政府组织在中国境内活动领域和项目目录、业务主管单位名录》，该目录名录是根据《境外非政府组织境内活动管理法》第三条、第十一条、第三十四条的规定制定，为境外非政府组织在境内依法开展活动提供指引，其"主要项目"一栏项目内容基本涵盖了相关组织在华活动的绝大多数具体内容。

（三）登记管理机关、业务主管单位

《境外非政府组织境内活动管理法》第六条规定："国务院公安部门和省级人民政府公安机关，是境外非政府组织在中国境内开展活动的登记管理机关。国务院有关部门和单位、省级人民政府有关部门和单位，是境外非政府组织在中国境内开展活动的相应业务主管单位。"该条明确了境外非政府组织在华活动的登记管理机关和业务主管单位。

1. 公安部及省级公安机关负责登记管理

在境外非政府组织境内活动管理法出台前，由于相关法制不健全，造成一些管理空白，让部分境外组织借此牟利。例如，一些在香港等地以公司形式注册的"离岸社团""山寨社团"，在内地以带"中国""中华""世界"名头的社会组织的名义，肆无忌惮圈钱敛财，相关部门却难以及时有效地查处，追究其责任。将在境内活动的境外非政府组织的登记管理机关明确为公安部以及省级公安机关主要有三方面原因。一是该体制符合我国的具体国情。二是公安机关具有维护国家安全、社会秩序和惩治违法犯罪的职责，且在户籍、国籍、出入境和外国人在华活动方面承担了管理职责。由公安机关作为登记管理机关可以为相关组织提供更为快捷的服务。三是有利于公安机关依法开展相关监督、管理和服务工作。其中，《境外非政府组织境内活动管理法》第七条第一款明确规定，县级以上公安机关应在其职责分工范围内对相关组织开展活动依法实施监督管理。第四十一条第一款明确规定："公安机关负责境外非政府组织代表机构的登记、年度检查，境外非政府组织临时活动的备案，对境外非政府组织及其代表机构的违法行为进行查处。"

2. 国务院和省级行政区有关部门、单位是业务主管机关

境外非政府组织在华活动的范围宽广、内涵丰富、形式多样，对政府在监督、管理、服务方面的工作能力和专业水平提出了较高要求。业务主管单位是针对相关组织业务范围、活动地域和开展活动内容确定的，对有效开展监督、管理和服务工作具有不可或缺的意义。根据境外非政府组织境内活动管理法，业务主管部门的职责包括四类：一是在相关登记工作中，同意境外非政府组织设立代表机构，和变更登记事项。第十一条规定："境外非政府组织申请登记设立代表机构，应当经业务主管单位同意。业务主管单位的名录由国务院公安部门和省级人民政府公安机关会同有关部门公布。"第十四条规定相关组织变更登记事项也需要业务主管部门同意。二是根据第十九条的规定，接受境外非政府组织代表机构关于下一年度活动计划的报告；根据第三十一条的规定出具关于上一年度工作报告意见。三是根据第二十七条规定，对境外非政府组织代表机构在中国境内聘用的工作人员进行备案。四是根据第五章的规定实施监督管理。第四十条规定："业务主管单位负责对境外非政府组织设立代表机构、变更登记事项、年度工作报告提出意见，指导、监督境外非政府组织及其代表机构依法开展活动，协助公安机关等部门查处境外非政府组织及其代表机构的违法行为。"

2016年12月公安部颁布了《境外非政府组织在中国境内活动领域和项目目录、业务主管单位名录》。根据该目录名录，境外非政府组织在中国境内申请设立代表机构，应当依照该文件确定业务主管单位，并经业务主管单位同意后，向所设立代表机构所在地的省级人民政府公安机关申请登记。如果相关代表机构涉及多个活动领域的，应以其主要活动领域和主要业务范围确定一个业务主管单位。对其他领域的活动，主要业务主管单位可征求相关部门的意见，相关部门积极配合，共同做好服务管理工作。各省级公安机关应结合本地实际，会同有关部门，参照该目录名录，研究制定并发布本地区目录名录，为本地区境外非政府组织依法开展活动提供指引。

（四）坚持依法保障合法、依法打击非法

《境外非政府组织境内活动管理法》第四条规定："境外非政府组

织在中国境内依法开展活动，受法律保护。"坚持保障合法、打击非法是规范、引导境外非政府组织境内活动，保障其合法权益的立法宗旨的集中体现。简要而言，这主要体现在三个层次。一是境外非政府组织应当依法开展活动。相关组织依法开展活动是国家保障和支持其活动的必然前提。《境外非政府组织境内活动管理法》第五条规定，"境外非政府组织在中国境内开展活动应当遵守中国法律"。第九条第二款规定，境外非政府组织未登记代表机构、未取得临时活动许可的，不得在我国境内开展活动，不得委托、资助我国境内个人、法人或者其他组织在我国境内开展活动。二是国家保障和支持相关合法活动，并提供便利与服务。《境外非政府组织境内活动管理法》第三十三条以法律的形式明确："国家保障和支持境外非政府组织在中国境内依法开展活动。各级人民政府有关部门应当为境外非政府组织在中国境内依法开展活动提供必要的便利和服务。"第三十四至三十八条明确规定了包括制定和公布相关指引性目录和名录、提供政策咨询和活动指导、税收优惠等多项便利、服务措施。三是对境外非政府组织在境内非法开展活动，以及相关违法行为予以坚决打击、惩治。《境外非政府组织境内活动管理法》第六章，明确规定了境外非政府组织及其代表机构，相关直接责任人员、境内单位和个人、境外人员如果违反境外非政府组织境内活动管理法的相关规定，应依法承担法律责任，构成犯罪的应承担刑事责任。其中，严重违反法律规定的境外非政府组织将被列入不受欢迎名单，不得在中国境内再设立代表机构或开展临时活动。另外，第五十一条规定："公安机关、有关部门和业务主管单位及其工作人员在境外非政府组织监督管理工作中，不履行职责或者滥用职权、玩忽职守、徇私舞弊的，依法追究法律责任。"

（五）设立代表机构和临时活动备案

《境外非政府组织境内活动管理法》第九条第一款规定："境外非政府组织在中国境内开展活动，应当依法登记设立代表机构；未登记设立代表机构需要在中国境内开展临时活动的，应当依法备案。"这是关于境外非政府组织设立代表机构，以及临时活动备案的规定。此外，公安部2016年公布施行了《境外非政府组织代表机构登记和临时活动备案办事指南》（下文称《登记和备案指南》），在具体实践中发挥了重要的指导作用。

1. 设立代表机构

根据《境外非政府组织境内活动管理法》第十条，境外非政府组织需满足五项条件方能设立代表机构，即已在境外合法成立，有能力独立承担民事责任，其章程规定的宗旨和业务范围有利于公益事业发展，在境外存续二年以上并实质性开展活动，法律、行政法规规定的其他条件。根据《境外非政府组织境内活动管理法》第九条和第十一条的规定，境外非政府组织代表机构经业务主管部门同意，以登记的形式设立。根据第十二条的规定，结合《登记和备案指南》，相关组织应当自业务主管单位同意之日起三十日内，向登记管理机关申请设立代表机构登记，申请时需具体提交以下十二项材料：《境外非政府组织代表机构设立申请书》《境外非政府组织代表机构登记事项表》《境外非政府组织代表机构首席代表登记表》，境外非政府组织办理设立代表机构登记授权书，境外非政府组织在境外合法成立的证明文件、材料，境外非政府组织章程，境外非政府组织在境外存续二年以上并实质性开展活动的证明材料，拟设代表机构首席代表身份证明及简历，首席代表无犯罪记录证明材料或者声明，拟设代表机构的住所证明材料，资金来源证明材料，业务主管单位的同意文件。此外，境外非政府组织境内活动管理法还就登记事项、社会公告、变更登记事项、注销登记等作了其他规定。《登记和备案指南》作了进一步详细规定。

2.境外非政府组织临时活动备案

境外非政府组织在我国境内开展活动，也存在不设立代表机构直接开展临时活动的情况。对于这种情况，境外非政府组织境内活动管理法并未"一刀切"予以禁止，而是确立了临时活动备案制度予以规范和管理。其中，中方合作单位是境外非政府组织依法开展临时活动的必要合作伙伴，具有重要作用。根据境外非政府组织境内活动管理法的规定，临时活动备案的相关流程主要包括四个环节：一是境外非政府组织须确定中方合作单位。第十六条规定，未设立代表机构的境外非政府组织在中国境内开展临时活动的，应当与中方合作单位合作进行。可作为合作单位的中方单位有四类，即国家机关、人民团体、事业单位、社会组织。二是中方合作单位须提前十五日向登记管理机关办理备案手续。根据第十七条的规定，中方合作单位应当依法办理审批手续，在活动开展前十五日向其所在地的登记管理机关备案。在救灾、救援等紧急情况下需要开展的临时活动，备案时间不受此限制。临时活动期限不超过一年，若确需延长期限，应当重新备案。三是登记管理机关依法进行审批。根据第十七条，登记管理机关在收到临时活动备案后，如果认为相关活动不符合第五条的规定，应及时告知中方合作单位停止临时活动。四是在活动结束后，境外非政府组织、中方合作单位向登记管理机关提交书面报告。根据第三十条的规定，临时活动结束后三十日内，境外非政府组织、中方合作单位应当将活动情况、资金使用情况等书面报送登记管理机关。

《登记和备案指南》明确了办理临时活动备案应提交以下五项材料:《境外非政府组织临时活动备案表》，境外非政府组织合法成立的证明文件、材料，境外非政府组织与中方合作单位的书面协议，临时活动项目经费、资金来源证明材料及中方合作单位的银行账户，中方合作单位获得批准的文件。其中有关境外非政府组织的材料均需经公证、认证。

（六）境外非政府组织不得从事的活动和行为

境外非政府组织管理法明确规定了相关组织不得从事的活动和行为，主要包括以下六类。

一是违反中国法律的活动。《境外非政府组织境内活动管理法》第五条第一款明确规定："境外非政府组织在中国境内开展活动应当遵守中国法律，不得危害中国的国家统一、安全和民族团结，不得损害中国国家利益、社会公共利益和公民、法人以及其他组织的合法权益。"危害中国国家统一、安全或民族团结的活动，损害中国国家利益或社会公共利益的活动，以及损害公民和组织合法权益的活动，本身违背了我国宪法和法律的相关规定。

二是从事或者资助营利性活动、政治活动，以及非法从事或者资助宗教活动。《境外非政府组织境内活动管理法》第五条第二款对此进行了规定。根据该款，所有的营利性活动和政治活动，境外非政府组织均不可从事，或提供资助；境外非政府组织若要从事或自主宗教活动，必须符合相关法律法规规章的规定。相关法律文件主要有国务院2017年修订的《宗教事务条例》，以及1994年制定的《中华人民共和国境内外国人宗教活动管理规定》。后者第十条规定:"外国组织在中华人民共和国境内的宗教活动适用本规定。"

三是未经登记或备案,直接或间接开展或变相开展活动。《境外非政府组织境内活动管理法》第九条第二款规定:"境外非政府组织未登记设立代表机构、开展临时活动未经备案的,不得在中国境内开展或者变相开展活动,不得委托、资助或者变相委托、资助中国境内任何单位和个人在中国境内开展活动。"该款要求相关非政府组织开展活动必须严格按照相关的登记制度或备案制度进行,有效防范了境外非政府组织利用中间人或变相开展活动的方式,绕开登记、备案程序的情况。

四是不得设立分支机构,不得发展会员。《境外非政府组织境内活动管理法》第十八条第二款明确规定:"境外非政府组织不得在中国境内设立分支机构,国务院另有规定的除外。"由于已经允许相关组织设立代表机构,故在绝大多数情况下并无设立分支机构的必要。第二十八条规定:"境外非政府组织代表机构、开展临时活动的境外非政府组织不得在中国境内发展会员,国务院另有规定的除外。"需要指出的是,许多专家、学者是境外科技类非政府组织的会员,国家也鼓励中国科学家加入有影响力的国际科技类组织并担任职务。因此,第二十八条规定了若国务院另有规定,则允许境外非政府组织分支机构在中国境内发展会员的例外情况。

五是开展活动时不得对中方合作单位、受益人附加违法条件。《境外非政府组织境内活动管理法》第二十条规定:"境外非政府组织在中国境内开展活动不得对中方合作单位、受益人附加违反中国法律法规的条件。"该条明确禁止境外非政府组织通过合作、资助等方式诱使、迫使相关单位和个人作出违法行为，具有很强的针对性。

六是不得在法律规定范围外取得、使用、收付资金，不得进行募捐。对资金来源进行限制和管控是对境外非政府组织进行有效管理、切实维护国家安全的重点内容。境外非政府组织管理法要求境外非政府组织严格按照法律规定获得和使用资金。第二十一条规定，境外非政府组织在境内的活动只能取得、使用境外合法来源的资金或包括境内银行存款利息在内的合法取得的资金，且不得在中国境内进行募捐。第二十二条明确规定其相关资金往来必须使用特定的银行账户，且境外非政府组织、中方合作单位和个人不得以其他任何形式在中国境内进行项目活动资金的收付。并在第二十三条至二十六条对其资金运用、会计制度、外汇收支和纳税事项进行了专门规定。

需要进一步说明的是，只有取得民政部门颁发的公开募捐资格的慈善组织才具有募捐资格。境外非政府组织的临时活动是短期活动，其代表机构没有法人资格，不符合慈善法关于募捐的规定，故相关组织不得进行募捐。

（七）境外非政府组织境内活动的监督管理

《境外非政府组织境内活动管理法》第三十九条规定："境外非政府组织在中国境内开展活动，应当接受公安机关、有关部门和业务主管单位的监督管理。"对境外非政府组织境内活动的监督管理工作可以分为四方面内容，即该条规定的三类监督管理单位各自的有关职责，以及各有关部门间的监督管理工作协调机制。

关于公安机关的监督管理职责，《境外非政府组织境内活动管理法》第四十一条第一款规定："公安机关负责境外非政府组织代表机构的登记、年度检查，境外非政府组织临时活动的备案，对境外非政府组织及其代表机构的违法行为进行查处。"这是关于公安机关监督管理职责的总体规定。此外，根据第七条第一款，由县级以上公安机关和有关部门按各自职责范围内对境外非政府组织开展活动实施监督管理、提供服务。根据第四十一条第二款以及第四十二条，公安机关在履行监督管理职责，发现涉嫌违反本法规定行为时，可依法采取约谈，现场检查，询问、查阅、复制、封存有关文件、资料，查封或者扣押有关场所、设施或者财物等措施，以及查询有关银行账户，并经设区的市以上的公安机关负责人批准，提请法院依法冻结相关账户资金。

关于业务主管单位的监督管理职责，《境外非政府组织境内活动管理法》第四十条规定："业务主管单位负责对境外非政府组织设立代表机构、变更登记事项、年度工作报告提出意见，指导、监督境外非政府组织及其代表机构依法开展活动，协助公安机关等部门查处境外非政府组织及其代表机构的违法行为。"

除了公安机关和业务主管单位外，境外非政府组织管理法还明确了其他有关部门对境外非政府组织管理的职责分工。第四十三条明确规定了国家安全、外交外事、财政、金融监督管理、海关、税务、外国专家等部门按其职责承担相应监督管理职责。第四十四条对相关反洗钱和反恐怖主义工作作了专门规定，即国务院反洗钱行政主管部门对境外非政府组织代表机构、中方合作单位以及接受相关境外组织资金的单位和个人的银行账户有监督管理职责，监督开立、使用相关账户遵守反洗钱和反恐怖主义融资的法律规定。

鉴于相关监督管理工作涉及多个部门，境外非政府组织境内活动管理法对建立监督管理工作协调机制作了规定。第七条第二款规定：

"国家建立境外非政府组织监督管理工作协调机制,负责研究、协调、解决境外非政府组织在中国境内开展活动监督管理和服务便利中的重大问题。"目前,国家境外非政府组织监督管理工作协调机制已经成立,由公安部牵头,有关业务主管部门参加,负责研究、协调、解决境外非政府组织在中国境内开展活动监督管理和服务便利中的重大问题。

三 常见法律问题

(一)境外非政府组织代表机构在华能否跨地区活动?

根据《境外非政府组织境内活动管理法》第十条、第十三条规定:境外非政府组织可以在中国境内设立一个或多个代表机构,并在登记时确定代表机构的活动地域;代表机构可以开展跨省级行政区划的活动,但在确定活动地域时,要与该代表机构业务范围和开展活动的实际需要相符;一个境外非政府组织设立两个或者两个以上代表机构的,每个代表机构确立的活动地域之间不能相互交叉重叠。

(二)"离岸社团""山寨社团"与"非法社会组织"有何区别?

"离岸社团"主要是指内地居民在境外登记条件较为宽松的国家或地区依规注册却在中国境内以社会组织名义开展活动的组织;"山寨社团"是指"离岸社团"中与内地合法登记的社会组织名称完全相同或极其相似的组织。根据《境外非政府组织境内活动管理法》第二条的规定，"离岸社团""山寨社团"的法律属性为境外非政府组织。公安部门应根据境外非政府组织境内活动管理法等有关法律规定，严格履行监管职责，依法查处违法行为。

"非法社会组织"是指未经民政部门登记擅自以社会组织名义开展活动，以及被撤销登记后继续以社会组织名义活动的组织，也包括筹备期间开展筹备以外活动的社会组织。由民政部门依照《社会团体登记管理条例》《民办非企业单位登记管理暂行条例》《基金会管理条例》《取缔非法民间组织暂行办法》的有关规定依法予以查处和取缔。

（三）境外非政府组织境内活动管理法对中国境内任何单位和个人有哪些规定？

《境外非政府组织境内活动管理法》第三十二条明确规定："中国境内任何单位和个人不得接受未登记代表机构、开展临时活动未经备案的境外非政府组织的委托、资助，代理或者变相代理境外非政府组织在中国境内开展活动。"这明确了中国境内的任何单位和个人接受境外非政府组织的委托、资助或为其代理，必须以相关代表机构经登记，或相关临时活动经备案为前提。第九条第二款已明确禁止了境外非政府组织在未登记设立代表机构、开展临时活动未经备案的情况下在中国境内直接或间接开展或变相开展活动。在第三十二条进一步对中国境内单位和个人作了相应的禁止性规定。

需要注意的是，《境外非政府组织境内活动管理法》在第十三条、第十五条和第四十九条规定了登记管理机关对相关代表机构存续状态向社会进行公告的义务。在第十七条第四款规定了登记管理机关在未通过相关临时活动备案时，应当及时告知相关中方合作单位的义务。

这为相关单位和个人及时确认境外非政府组织未登记或未备案情况提供了保障。目前，公安部境外非政府组织管理办公室已建立了境外非政府组织办事平台网站，所有已登记的境外非政府组织和已备案的临时活动均在该平台上予以公示。违反相关规定的中国境内单位和个人也将承担法律责任。《境外非政府组织境内活动管理法》第四十六条第二款规定："中国境内单位和个人明知境外非政府组织未登记代表机构、临时活动未备案，与其合作的，或者接受其委托、资助、代理或者变相代理其开展活动、进行项目活动资金收付的，依照前款规定处罚。"

香港国安法

第十一讲
CHAPTER 11

CHAPTER 11

扫码查阅法律

第十一讲 **香港国安法**

2020年6月30日,第十三届全国人大常委会第二十次会议通过《中华人民共和国香港特别行政区维护国家安全法》(下文简称香港国安法)。香港国安法为有效防范、制止和惩治与香港特区有关的危害国家安全犯罪提供了法治支撑,堵塞了香港特区在维护国家安全方面的制度漏洞。这部法律充分体现了全面准确贯彻"一国两制"方针的总要求,把"一国两制"的原则和底线进一步法律化,对"一国两制"实践行稳致远具有深远影响,推动香港进入由乱到治走向由治及兴的新阶段。

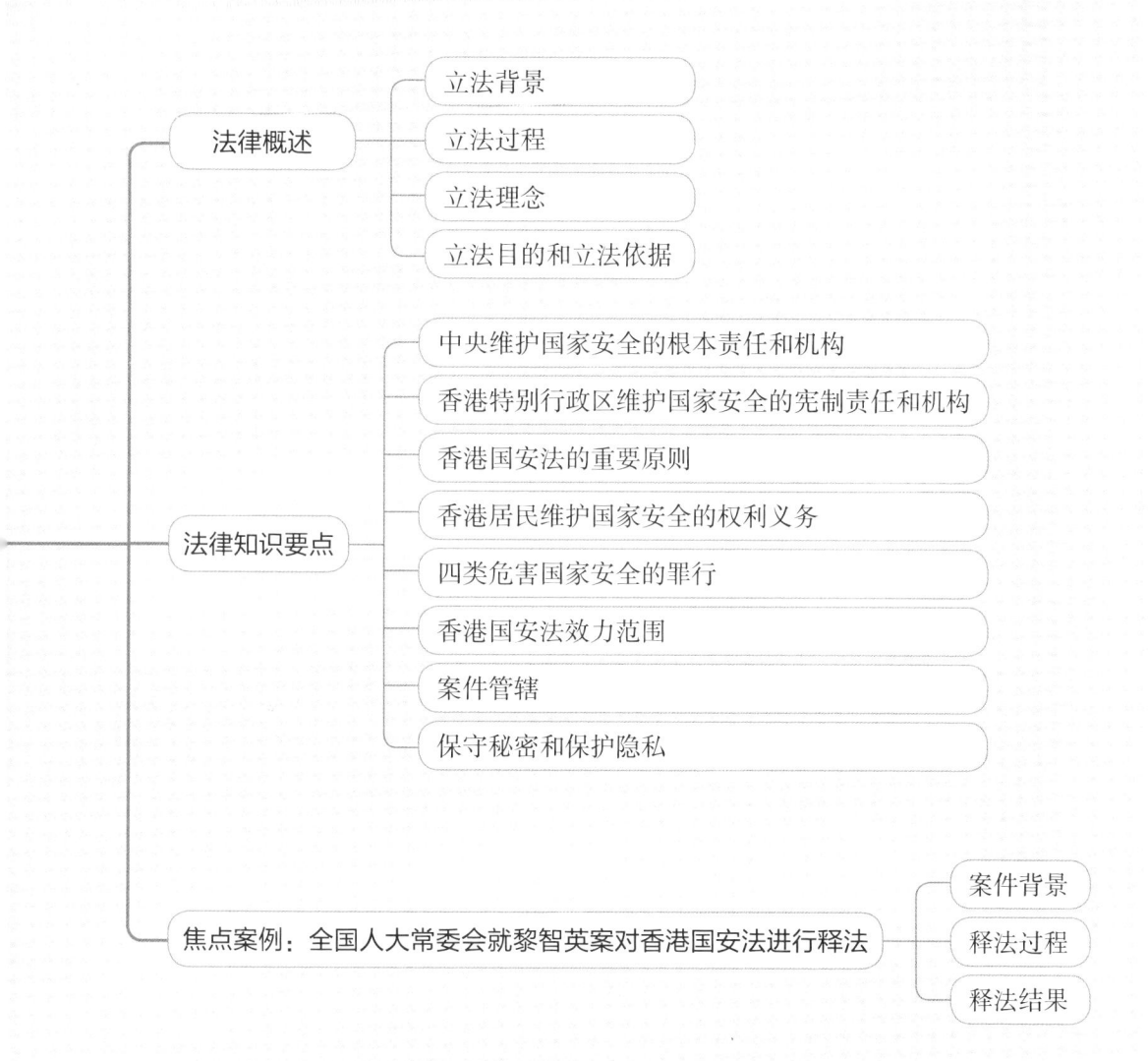

- 法律概述
  - 立法背景
  - 立法过程
  - 立法理念
  - 立法目的和立法依据

- 法律知识要点
  - 中央维护国家安全的根本责任和机构
  - 香港特别行政区维护国家安全的宪制责任和机构
  - 香港国安法的重要原则
  - 香港居民维护国家安全的权利义务
  - 四类危害国家安全的罪行
  - 香港国安法效力范围
  - 案件管辖
  - 保守秘密和保护隐私

- 焦点案例：全国人大常委会就黎智英案对香港国安法进行释法
  - 案件背景
  - 释法过程
  - 释法结果

一 法律概述

（一）立法背景

香港特别行政区作为中华人民共和国不可分离的部分，从国家层面为制定香港国安法具有充分的宪法和法律依据。我国作为单一制国家，维护国家主权安全是中央政府的宪制职能，属于中央事权。根据《宪法》第三十一条，以及第六十二条第二、十四、十六项，全国人大有权为特别行政区制定法律、确立制度，其决定本身也当然构成全国人大常委会相关立法依据。《中华人民共和国香港特别行政区基本法》（下文简称基本法）第一条、第十二条明文确认了香港在中国宪法秩序中的地位、中央与香港的关系；第十八条进一步确认了全国人大常委会有权增减在香港实施的全国性法律。

维护国家主权、统一和领土完整是香港特别行政区的宪制责任。《基本法》第二十三条规定："香港特别行政区应自行立法禁止任何叛国、分裂国家、煽动叛乱、颠覆中央人民政府及窃取国家机密的行为，禁止外国的政治性组织或团体在香港特别行政区进行政治活动，禁止香港特别行政区的政治性组织或团体与外国的政治性组织或团体建立联系。"该条要求香港对七类禁止性危害国家安全行为自行立法，既是出于对香港的高度信任，也是对香港维护国家安全宪制责任的明确规定。但直至2020年，香港始终未能履行这一立法义务，也未能建立健全维护国家安全的执行机制，成为世所罕见的在国家安全方面不设防的地区。

近年来,弥补香港在维护国家安全方面法治漏洞的必要性、紧迫性日益凸显。在2002年至2003年期间,香港特区政府曾为推进国家安全立法作出了重大努力,但未能成功,且在香港引发了一系列所谓"宪政危机"。由于各种政治势力干扰阻挠,国家安全立法在香港被严重"污名化""妖魔化",香港自行推进国家安全立法面临事实上的重大困难。随着世界百年未有之大变局加速演进,香港实行"一国两制"的内外环境更加复杂,外部敌对势力扰乱香港的活动愈演愈烈,围绕香港特别行政区民主发展的斗争更加激烈,特别是2019年香港"修例风波"使得我国国家安全遭受前所未有的风险挑战。国务院新闻办公室2021年发布的《"一国两制"下香港的民主发展》白皮书明确指出:"反中乱港势力不断挑战宪法和基本法的权威,以夺取香港特别行政区管治权、实施'颜色革命'为目的,通过特别行政区选举平台和立法会、区议会等议事平台,利用有关公职人员身份,肆无忌惮挑战'一国两制'原则底线,冲击香港特别行政区宪制秩序,破坏香港法治,进行危害国家安全、损害香港繁荣稳定的各种活动,企图将香港特别行政区民主发展引入歧途,严重破坏了香港特别行政区进一步发展民主的社会环境。"[1]

2020年5月28日,第十三届全国人大第三次会议通过《关于建立健全香港特别行政区维护国家安全的法律制度和执行机制的决定》(以下简称《决定》),对建立健全香港特别行政区维护国家安全的法律制度和执行机制提出原则要求,授权全国人大常委会就此制定相关法律,

---

[1] 国务院新闻办公室:《"一国两制"下香港的民主发展》,国务院新闻办公室网站,http://www.scio.gov.cn/zfbps/ndhf/2021n_2242/202207/t20220704_130722.html。

切实防范、制止和惩治与香港特别行政区有关的严重危害国家安全的行为和活动。6月30日，全国人大常委会通过香港国安法，并决定将该法列入基本法附件三，由香港特别行政区政府同日刊宪公布实施。该法对与香港特别行政区有关的分裂国家、颠覆国家政权、组织实施恐怖活动和勾结外国或者境外势力危害国家安全等犯罪及其处罚作出了规定，建立健全了国家和特别行政区两个层面维护国家安全的执行机制，并从国家安全的角度进一步明确了参选或者就任香港特别行政区有关公职的资格和条件。香港国安法的制定实施，筑牢了特别行政区维护国家安全的法律制度屏障，有力打击了"港独"激进势力的嚣张气焰，对香港迅速止暴制乱、恢复正常社会秩序、实现由乱到治的历史性转折发挥了关键作用，是"一国两制"事业发展的重要里程碑。

（二）立法过程

2019年10月31日，党的十九届四中全会通过了《中共中央关于坚持和完善中国特色社会主义制度　推进国家治理体系和治理能力现代化若干重大问题的决定》，明确提出，"必须坚持'一国'是实行'两制'的前提和基础，'两制'从属和派生于'一国'并统一于'一国'之内"，"绝不容忍任何挑战'一国两制'底线的行为，绝不容忍任何分裂国家的行为"，"建立健全特别行政区维护国家安全的法律制度和执行机制，支持特别行政区强化执法力量"。

在以习近平同志为核心的党中央集中统一领导下，中央港澳工作领导小组组织中央和国家有关部门认真研究、按照党中央"决定＋立法"决策部署精神，同时开始了立法决定草案和香港国安法相关法律草案的研究起草工作。从国家层面推进建立健全相关维护国家安全的法律制度和执行机制有多种方式，包括全国人大及其常委会作出决定、制定法律、修改法律、解释法律、将全国性法律列入基本法附件三，中央政府发出指令等。党中央"决定＋立法"的决策部署是在经过认真研究、论证、评估，综合考虑各种因素后作出的。

中央港澳工作领导小组统筹协调各方面意见，成立了工作专班。中央政法委、中央国安办、国务院港澳办、香港中联办、公安部、国家安全部、司法部、最高人民法院、最高人民检察院、全国人大常委会法工委和香港基本法委员会等单位参加了工作专班和草案研究修改工作。国务院港澳事务办公室、香港中联办通过多种方式和渠道听取香港特区政府主要官员、港区全国人大代表、港区全国政协委员和省级政协委员、香港社会各界代表人士、香港法律界人士等的相关立法意见和建议，认真研究全国两会期间全国人大代表、全国政协委员提出的相关意见和建议。法律草案文本形成后，有关方面案文征求了香港特区政府和有关人士的意见，认真研究了香港特区政府的意见建议，充分考虑香港特区实际情况，本着能吸收尽量吸收的精神，对草案文本作了修改完善。

2020年5月28日，立法决定在第十三届全国人大第三次会议上正式通过。立法决定是全国人大作为最高国家权力机关，贯彻党的十九届四中全会精神，根据宪法和基本法的有关规定，从国家层面建立健全香港特别行政区维护国家安全的法律制度和执行机制的重要举措，为下一步全国人大常委会制定相关法律提供了宪制依据。立法决定以《宪法》第三十一条和第六十二条第二、十四、十六项的规定以及基本法有关规定为决定依据，明确了香港国安法立法的五条基本原则，即坚决维护国家安全、坚持和完善"一国两制"制度体系、坚持依法治港、坚决反对外来干涉、切实保障香港居民合法权益，确定了下一步立法的总体要求，对相关制度安排的核心要素作出了基本规定。立法决定在第六条决定，授权全国人大常委会就建立健全香港维护国家安全的法律制度和执行机制制定相关法律；决定上述相关法律将被列入《基本法》附件三，由香港特区在当地公布实施。立法决定的公布和施行，标志着贯彻落实党中央"决定+立法"决策部署的第一步顺利完成、第二个阶段正式开启。

2020年6月3日，中央港澳工作领导小组负责同志在北京认真听取了香港特区政府的相关意见。香港特区行政长官林郑月娥表示将全力支持和拥护国家相关立法，认真做好香港特区维护国家安全相关工作。6月16日，党中央审议并原则同意了中央港澳工作领导小组关于起草香港国安法的情况汇报和相关法律草案，对新形势下推进相关工作作出重要指示、提出明确要求。6月17日，全国人大常委会委员长会议决定将香港国安法草案提请全国人大常委会审议。6月18日，法工委将法律草案发送中央和国家有关部门以及部分省、自治区、直辖市和地级市的人大常委会内部征求意见。国务院港澳办、法工委、中联办负责人在港听取了香港各界人士的意见。6月23日，宪法和法律委员会召开会议，根据常委会组成人员的审议意见和各方面意见，对法律草案进行逐条审议。国务院港澳事务办公室有关负责同志列席了会议。6月28日、29日，第十三届全国人大常委会第二十次会议对草案二次审议稿进行了审议。6月30日，全国人大常委会通过了香港国安法，即日公布施行。

从全国人大作出立法决定，到人大常委会最终形成法律、颁布实行，香港国安法的制定和通过用了不到两个月的时间，速度之快、力度之大超出预计，这一产生过程极不寻常，充分说明了建立健全香港维护国家安全法律制度和执行机制极具必要、极为紧迫。

（三）立法理念

2020年6月18日，全国人大常委会法工委负责人在第十三届全国人大常委会第十九次会议上作了关于《中华人民共和国香港特别行政区维护国家安全法（草案）》的说明（下文称草案说明）。草案说明对起草香港国安法的指导思想和工作原则作了详细介绍。

关于起草香港国安法的指导思想，草案说明指出："必须坚持以习近平新时代中国特色社会主义思想特别是习近平总书记关于香港维护国家安全的重要论述为指导，深入贯彻落实党的十九届四中全会精神和十三届全国人大三次会议精神，根据宪法、基本法和全国人大《决定》的有关规定，全面、准确、有效行使全国人民代表大会授予全国人民代表大会常务委员会的相关立法职权，坚持和完善'一国两制'制度体系，充分考虑维护国家安全的现实需要和香港特别行政区的具体情况，对香港特别行政区维护国家安全的法律制度和执行机制作出全面系统的规定，切实维护国家主权、安全、发展利益，切实维护宪法和基本法确立的特别行政区宪制秩序，为推进香港特别行政区维护国家安全相关制度机制建设、加强相关执法司法工作提供有力的宪制依据和法律依据。"

香港国安法的起草工作主要贯彻了五项工作原则。一是坚定制度自信，着力健全完善新形势下香港同宪法、基本法和立法决定实施相关的制度机制。二是坚持问题导向，着力解决香港在维护国家安全方面存在的法律漏洞、制度缺失和工作"短板"。三是突出责任主体，着力落实香港维护国家安全的宪制责任和主要责任。四是统筹制度安排，着力从国家和香港特区两个层面、法律制度和执行机制两个方面、实体法程序法组织法三类法律规范作出系统全面的规定。五是兼顾两地差异，着力处理好香港国安法与国家有关法律、香港本地法律的衔接、兼容和互补关系。

（三）立法目的和立法依据

《香港国安法》第一条规定："为坚定不移并全面准确贯彻'一国两制'、'港人治港'、高度自治的方针，维护国家安全，防范、制止和惩治与香港特别行政区有关的分裂国家、颠覆国家政权、组织实施恐怖活动和勾结外国或者境外势力危害国家安全等犯罪，保持香港特别行政区的繁荣和稳定，保障香港特别行政区居民的合法权益，根据中华人民共和国宪法、中华人民共和国香港特别行政区基本法和全国人民代表大会关于建立健全香港特别行政区维护国家安全的法律制度和执行机制的决定，制定本法。"

这是关于香港国安法立法目的和立法依据的直接规定。根据该条，香港国安法立法目的涵盖四方面内容。一是坚持并全面准确贯彻"一国两制"、"港人治港"、高度自治方针，坚持和完善"一国两制"制度体系。二是维护国家安全，防范、制止和惩治与香港有关的分裂国家、颠覆国家政权、组织实施恐怖活动、勾结外国或境外势力危害国家安全等犯罪活动。三是保持香港繁荣稳定。四是保障香港居民合法权益。这一立法目的与"一国两制"的根本宗旨完全一致，也与基本法相关规定完全吻合。该条还以法律形式明确了其立法依据有三，分别是宪法相关规定、基本法相关规定以及全国人大作出的立法决定。

二 法律知识要点

（一）中央维护国家安全的根本责任和机构

1. 中央维护国家安全的根本责任

《香港国安法》第三条对中央和香港维护国家安全的责任及其落实进行了规定。其第一款规定："中央人民政府对香港特别行政区有关的国家安全事务负有根本责任。"此处的"根本责任"有三个层面的意义。其一，从来源上，中央维护相关国家安全的责任是固有的、初始的、原始的。其二，从范围上，中央所负的是全面的责任。其三，中央对香港维护国家安全事务承担最高责任，对相关事务所作的决定就是最终决定。[①]

中央维护国家安全的根本责任具体表现在三方面。其一，国家安全事务属于中央事权。[②]《基本法》第二十三条的规定虽然授予香港特区对七类危害国家安全犯罪行为的自行立法权，但这并不改变国家安全事务作为中央事权的性质，也不改变全国人大具有最高立法权的法律地位。此外，《基本法》第十八条第四款也规定，全国人大常委会具有在香港特区政府无法控制在港发生的危及国家统一或安全的动乱时，决定香港进入紧急状态的权力，中央可发布命令在香港实施有关全国

[①] 王振民、黄风、毕雁英等：《香港特别行政区维护国家安全法读本》，三联书店（香港）有限公司2021年版，第87—88页。
[②] 《中共中央关于全面深化改革若干重大问题的决定》明确指出："国防、外交、国家安全、关系全国统一市场规则和管理等作为中央事权。"

性法律。这充分表明了中央对香港国家安全事务承担最终和兜底责任。其二,中央可直接行使中央事权的相关权力,也有权授权香港特区行使。《基本法》第十三条、第十四条明确规定,中央直接负责香港的国防、外交事务,行使有关权力。国防、外交事务正是维护国家安全的重要领域。其三,从国家层面建立香港维护国家安全的法律制度和执行机制,是中央承担维护国家安全根本责任的体现。

2. 中央驻港维护国家安全机构

《香港国安法》第五章是"中央人民政府驻香港特别行政区维护国家安全机构"专章。中央人民政府驻香港特别行政区维护国家安全公署是中央在港维护国家安全的专门机构。该机构根据《香港国安法》第四十八条设立,并根据第五十一条由中央财政保障其经费。中联办、外交部驻港公署以及驻港部队作为早先设立的机构,也承担着维护国家安全的职责。

关于中央人民政府驻香港特别行政区维护国家安全公署的职责,《香港国安法》第四十九条规定了四项职责,分别为:分析研判香港特区维护国家安全形势,就维护国家安全重大战略和重要政策提出意见和建议;监督、指导、协调、支持香港特区履行维护国家安全的职责;收集分析国家安全情报信息;依法办理危害国家安全犯罪案件。值得注意的是,根据第六十条,驻港国安公署及其人员的职务行为不受香港特区管辖。①

---

① 《香港国安法》第六十条规定:"驻香港特别行政区维护国家安全公署及其人员依据本法执行职务的行为,不受香港特别行政区管辖。持有驻香港特别行政区维护国家安全公署制发的证件或者证明文件的人员和车辆等在执行职务时不受香港特别行政区执法人员检查、搜查和扣押。驻香港特别行政区维护国家安全公署及其人员享有香港特别行政区法律规定的其他权利和豁免。"

关于中央人民政府驻香港特别行政区维护国家安全公署的履职要求，第五十条明确规定：其应当严格依法履职，依法接受监督，不得侵害任何个人和组织的合法权益；公署人员须遵守全国性法律和香港特区法律，接受国家监察机关监督。此外，驻香港特别行政区维护国家安全公署应根据第五十二条的规定，加强与中联办、外交部驻港公署以及驻港部队的工作联系和工作协同；根据第五十三条的规定，驻香港特别行政区维护国家安全公署应当与香港特别行政区维护国家安全委员会建立协调机制，监督、指导香港特别行政区维护国家安全工作。驻香港特别行政区维护国家安全公署的工作部门应当与香港特别行政区维护国家安全的有关机关建立协作机制，加强信息共享和行动配合。

（二）香港特别行政区维护国家安全的宪制责任和机构

1. 香港特别行政区维护国家安全的宪制责任

《香港国安法》第三条第二、三款规定："香港特别行政区负有维护国家安全的宪制责任，应当履行维护国家安全的职责。香港特别行政区行政机关、立法机关、司法机关应当依据本法和其他有关法律规定有效防范、制止和惩治危害国家安全的行为和活动。"

香港特区的法律地位决定了其负有维护国家安全的宪制责任。《香港国安法》第二条规定："关于香港特别行政区法律地位的香港特别行政区基本法第一条和第十二条规定是香港特别行政区基本法的根本性条款。香港特别行政区任何机构、组织和个人行使权利和自由，不得违背香港特别行政区基本法第一条和第十二条的规定。"《基本法》第一条规定:"香港特别行政区是中华人民共和国不可分离的部分。"第十二条规定:"香港特别行政区是中华人民共和国的一个享有高度自治权的地方行政区域,直辖于中央人民政府。"香港特区作为中国不可分离的地方行政区域,和内地其他省、自治区、直辖市一样,应当承担维护国家统一和领土完整,维护国家安全的职责。2015年通过的《国家安全法》第四十条第三款明确规定:"香港特别行政区、澳门特别行政区应当履行维护国家安全的责任。"基本法明确规定,香港特区有维护国家的统一和领土完整,维护国家安全的责任和义务。根据基本法序言第二段,基本法的首要立法目的是"为了维护国家的统一和领土完整"。[1] 根据第二十三条,香港特区有义务立法禁止七类危害国家安全的行为。

香港特区的宪制责任服从于中央的根本责任。一方面,香港特区行政长官就维护国家安全事务对中央负责、向中央汇报。《基本法》第四十三条规定,香港特别行政区行政长官是香港特别行政区的首长,代表香港特别行政区,依法对中央人民政府和香港特区负责。《香港国安法》第十一条规定,香港特区行政长官应当就香港维护国家安全事务向中央政府负责,提交年度报告,以及根据中央政府的要求及时提交相关特定事项的报告。另一方面,香港特区维护国家安全工作受中央监督、指导、问责。《香港国安法》第十二条规定香港特区设立的维护国家安全委员会,负责香港特区维护国家安全事务,承担维护国家安全的主要责任,并接受中央政府的监督和问责。第四十九条规定,驻港国安公署的职责之一是"监督、指导、协调、支持"香港特区履

---

[1] 王振民、黄风、毕雁英等:《香港特别行政区维护国家安全法读本》,三联书店(香港)有限公司2021年版,第45页。

行维护国家安全的职责。

2. 香港特别行政区维护国家安全的机构

根据香港国安法，香港特区维护国家安全的机构包括：行政长官、特区政府、香港国安委、国家安全事务顾问、保安局、警务处、律政司、特区法院。

行政长官是香港特区维护国家安全的第一责任人。其职责包括：根据《香港国安法》第十一条、《基本法》第四十三条的规定向中央负责并提交报告；根据《香港国安法》第十三条的规定领导香港国安委工作；根据第十六条、第十八条的规定任命警务处、律政司国家安全部门的负责人；根据第四十四条第一款的规定指定法官处理危害国家安全案件；根据第四十三条第一款、第三款的规定会同香港国安委制定相关实施细则；根据第四十七条的规定，就国家安全、国家秘密的认定问题向特区法院发出有约束力的证明书。

特区政府在行政长官领导下负责相关日常工作，接受中央监督指导。其职责包括：根据《香港国安法》第七条尽早完成基本法规定的维护国家安全立法，完善相关法律；根据《香港国安法》第九条的规定加强维护国家安全和防范恐怖活动的工作，加强对国家安全的宣传、指导、监督和管理；根据第十条的规定开展国家安全教育；根据第十九条的规定支付维护国家安全开支、核准人员编制。

香港国安委负责香港特区维护国家安全事务，承担维护国家安全主要责任，于2020年7月3日成立并开始运作。根据《香港国安法》第十三条第一款，香港国安委由行政长官任主席，由政务司长、财政司长、律政司长、保安局局长、警务处处长、警务处维护国家安全部门的负责人、入境事务处处长、海关关长和行政长官办公室主任组成。

根据第十四条第一款，其职责有三：分析研判香港特区国家安全形势，规划有关工作，制定香港特区国家安全政策；推进香港特区维护国家安全的法律制度和执行机制建设；协调香港特区国家安全重点工作和重大行动。根据第二款，香港国安委的工作不受香港任何其他机构、组织和个人干涉，工作信息不予公开，所作决定不受司法复核。

国家安全事务顾问为香港国安委履职提供意见，列席香港国安委会议。根据《香港国安法》第十五条，香港国安委设立国家安全事务顾问，由中央政府指派。2020年7月3日，中央指派中联办主任骆惠宁为首任国家安全事务顾问。

保安局是香港特区政府机构之一，下辖纪律部队包括警务处、消防处、惩教署、入境事务处、香港海关、政府飞行服务队等，统筹协调这些部门运作。根据《香港国安法》第十三条，保安局局长、警务处处长、入境事务处处长、海关关长均为香港国安委成员。

警务处是香港本地维护国家安全最重要的执法力量。根据《香港国安法》第十六条，警务处设立维护国家安全的部门，配备执法力量；其负责人由行政长官在书面征求驻港国安公署意见后任命。根据第十七条，警务处维护国家安全部门有六项职责：收集分析相关情报信息；部署、协调、推进相关措施和行动；调查危害国家安全犯罪案件；进行反干预调查和开展国家安全审查；承办香港国安委交办的有关工作；执行香港国安法所需的其他职责。为保障该部门履职，香港国安法规定了多项措施，包括该部门可根据第十六条第三款外聘专门人员和技术人员，协助执行任务；可根据第四十三条采取多种调查措施，受香港国安委监督。

律政司负责国家安全犯罪案件的检控工作和其他相关法律事务。

根据《香港国安法》第十八条，律政司设立专门的国家安全犯罪案件检控部门，其检控官由律政司长征得香港国安委同意后任命。2020年6月30日，律政司设立了维护国家安全检控科。根据第四十一条，律政司享有对国家安全案件的专属检控权，相关检控程序遵循公诉程序进行。根据第四十六条，律政司长有权发出证书，指示相关诉讼毋须在有陪审团的情况下进行审理。

特区法院作为香港的司法机关在维护国家安全方面负有不可或缺的重要职责，起着重要作用。《香港国安法》第三条、第八条对香港司法机关维护国家安全的义务作了明确规定。具体来说，特区法院对第四十条规定范围内的案件行使管辖权，依法作出审判。根据第四十四条，由行政长官指定法官处理危害国家安全犯罪案件；被指定法官不得有危害国家安全的言行。

（三）香港国安法的重要原则

1. 保障人权原则

《香港国安法》第四条规定保障人权原则，即："香港特别行政区维护国家安全应当尊重和保障人权，依法保护香港特别行政区居民根据香港特别行政区基本法和《公民权利和政治权利国际公约》、《经济、社会与文化权利的国际公约》适用于香港的有关规定享有的包括言论、新闻、出版的自由，结社、集会、游行、示威的自由在内的权利和自由。"该条明确了香港特区维护国家安全必须保障人权，并进一步明确了其所保障的范围，即香港居民根据基本法的有关规定，以及《公民权利和政治权利国际公约》《经济、社会与文化权利的国际公约》适用于香港的有关规定所享有的权利与自由。"约翰内斯堡原则""锡拉库扎原则"等学术观点没有法律约束力，不是香港保护人权的法律依据。

维护国家安全和保障人权间是相辅相成而非对立互否的关系。任何法治彰显的社会，既需要保障安全，也需要保障人权，这两者均是不可或缺的基本要素。没有国家安全打底，就谈不上全面有效保障人权。人权得不到彰显，维护国家安全就失去了其实质意义。香港国安法打击的是极少数的、特定的危害国家安全犯罪及其犯罪分子，却能有力保护绝大多数香港居民的生命财产安全，有效确保香港社会的整体安全稳定。可以说，制定香港国安法正是从根本上保护香港居民基本权利和自由的题中应有之义。

2. 法治原则

《香港国安法》第五条对法治原则作出明确规定，即"防范、制止和惩治危害国家安全犯罪，应当坚持法治原则"。同时，该条还对这一法治原则的内涵作了进一步明确，包括四方面内容。一是罪刑法定原则，即"法律规定为犯罪行为的，依照法律定罪处刑；法律没有规定为犯罪行为的，不得定罪处刑"；二是无罪推定原则，即"任何人未经司法机关判罪之前均假定无罪"；三是保障诉讼参与人诉讼权利原则，即"保障犯罪嫌疑人、被告人和其他诉讼参与人依法享有的辩护权和其他诉讼权利"；四是一事不再审原则，即"任何人已经司法程序被最终确定有罪或者宣告无罪的，不得就同一行为再予审判或者惩罚"。

3. 法不溯及既往原则

法不溯及既往原则是在东西方法律实践中均源远流长的古老法治原则。我国《立法法》第一百零四条明确规定："法律、行政法规、地方性法规、自治条例和单行条例、规章不溯及既往，但为了更好地保护公民、法人和其他组织的权利和利益而作的特别规定除外。"香港国安法作为全国人大常委会制定的全国性法律同样遵循该条的规定，在第三十九条明确规定："本法施行以后的行为，适用本法定罪处刑。"这正是法不溯及既往原则的体现。需要明确的是，在香港国安法施行前的涉及危害国家安全的犯罪行为，虽然不适用香港国安法，但仍可根据《刑事罪行条例》《公安条例》等香港本地现行法律的相关规定，依法予以惩治。

（四）香港居民维护国家安全的权利义务

香港国安法对香港居民维护国家安全的相关权利义务作了进一步规定。在权利方面，《香港国安法》第五条第二款、第五十八条等对相关诉讼程序作了明确规定，保障了相关涉案人员的各项诉讼权利；第四十一条第四款对公开审判作了明确规定，保障了香港居民的知情权；第五十条规定了驻港国安公署应依法接受监督，保障了香港居民的监督权。此外，特区政府2020年7月6日公布的《中华人民共和国香港特别行政区维护国家安全法第四十三条实施细则》在附表三《关于冻结、限制、没收及充公财产的细则》第14条"赔偿"中规定，对任何人进行危害国家安全罪行的相关调查后，若出现未提起法律程序、提起法律程序但结果并无定罪，则原讼法庭可应曾持有可变现财产的人的申请，命令特区政府对申请人作出赔偿。在义务方面，《香港国安法》第六条第二款规定："在香港特别行政区的任何机构、组织和个人都应当遵守本法和香港特别行政区有关维护国家安全的其他法律，不得从事危害国家安全的行为和活动。"这与《基本法》第四十二条的规定相符。关于参选或就任公职，《香港国安法》第六条第三款明确规定："香港特别行政区居民在参选或者就任公职时应当依法签署文件确认或者宣誓拥护中华人民共和国香港特别行政区基本法，效忠中华人民共和国香港特别行政区。"此外，根据第五十九条的规定，在由驻港公署管辖案件时，任何人若知道相关危害国家安全犯罪案件的情况，均有如实作证的义务。根据第六十三条第三款，配合办案的有关机构、组织和个人对案件有关情况有予以保密的义务。

《宪法》序言第九段、正文第五十二、五十四条对中国公民维护国家主权、统一和领土完整的义务作了明确规定。《国家安全法》第十一条、《香港国安法》第六条第一款对包括港澳同胞在内的全中国人民维护国家主权、统一和领土完整的共同义务作了规定。

（五）四类危害国家安全的罪行

《香港国安法》在第三章"罪行与处罚"专章前四节对四类危害国家安全犯罪的具体内涵及其刑事责任作了规定。这四类罪行分别是：分裂国家罪、颠覆国家政权罪、恐怖活动罪、勾结外国或境外势力危害国家安全罪。

1. 分裂国家罪

《香港国安法》第二十条第一款规定："任何人组织、策划、实施或者参与实施以下旨在分裂国家、破坏国家统一行为之一的，不论是否使用武力或者以武力相威胁，即属犯罪：（一）将香港特别行政区或者中华人民共和国其他任何部分从中华人民共和国分离出去；（二）非法改变香港特别行政区或者中华人民共和国其他任何部分的法律地位；（三）将香港特别行政区或者中华人民共和国其他任何部分转归外国统治。"根据该条规定，分裂国家罪的犯罪活动主要表现为三种情况，即侵犯国家领土完整、改变包括香港特区在内的中国任何部分的法律地位、破坏国家对包括香港特区在内的任何地区的主权。此外,《香港国安法》第二十一条规定:"任何人煽动、协助、教唆、以金钱或者其他财物资助他人实施本法第二十条规定的犯罪的,即属犯罪。"因此,分裂国家的行为不仅包括组织、策划、实施以及参与实施第二十条规定的三类犯罪活动,还包括煽动、协助、教唆、以金钱或者其他财物资助他人实施上述犯罪。

2. 颠覆国家政权罪

《香港国安法》第二十二条第一款规定:"任何人组织、策划、实施或者参与实施以下以武力、威胁使用武力或者其他非法手段旨在颠覆国家政权行为之一的,即属犯罪:(一)推翻、破坏中华人民共和国宪法所确立的中华人民共和国根本制度;(二)推翻中华人民共和国中央政权机关或者香港特别行政区政权机关;(三)严重干扰、阻挠、破坏中华人民共和国中央政权机关或者香港特别行政区政权机关依法履行职能;(四)攻击、破坏香港特别行政区政权机关履职场所及其设施,致使其无法正常履行职能。"根据该条,颠覆国家政权罪的犯罪活动主要表现为四种情况:颠覆国家基本制度、颠覆中央和特区政权机关、扰乱中央政权机关履职、损毁政权机关履职处所及其设施。结合《香港国安法》第二十三条的规定,颠覆国家政权罪的犯罪行为,不仅包括组织、策划、实施以及参与实施第二十二条规定的四类犯罪活动,还包括煽动、协助、教唆、以金钱或者其他财物资助他人实施上述犯罪。

3. 恐怖活动罪

《香港国安法》第三章第三节对恐怖活动罪及其刑事责任作了专门规定。第二十四条第一款、第二十五条、第二十六条、第二十七条对属于恐怖活动犯罪的范围作出了规定。根据《香港国安法》第二十四条第一款，为胁迫中央政府、香港特区政府或者国际组织或者威吓公众以图实现政治主张，组织、策划、实施、参与实施或者威胁实施造成或者意图造成严重社会危害的该款列举的五类恐怖活动之一的，即属恐怖活动犯罪。这五类恐怖活动分别是：针对人的严重暴力，爆炸、纵火或者投放毒害性、放射性、传染病病原体等物质，破坏交通工具、交通设施、电力设备、燃气设备或者其他易燃易爆设备，严重干扰、破坏水、电、燃气、交通、通讯、网络等公共服务和管理的电子控制系统，以其他危险方法严重危害公众健康或者安全。

根据《香港国安法》第二十五条，恐怖活动犯罪还包括组织、领导恐怖活动组织。此处的"恐怖活动组织"是指实施或者意图实施第二十四条规定的恐怖活动罪行，或者参与或者协助实施上述恐怖活动罪行的组织。根据《香港国安法》第二十六条，为恐怖活动组织、恐怖活动人员、恐怖活动实施提供培训、武器、信息、资金、物资、劳务、运输、技术或者场所等支持、协助、便利，或者制造、非法管有爆炸性、毒害性、放射性、传染病病原体等物质以及以其他形式准备实施恐怖活动的，也构成恐怖活动罪。根据《香港国安法》第二十七条，宣扬恐怖主义、煽动实施恐怖活动也属于恐怖活动犯罪。此处的"宣扬"是指对恐怖主义理论和实践进行宣传、颂扬、辩护的行为，包括以言论自由、出版自由、新闻报道自由等理由为恐怖主义做鼓吹、辩解，为危害公众生命财产安全和公共秩序的"揽炒"主张进行宣传、喝彩。

《香港国安法》第三章第三节对恐怖活动犯罪所作规定，其针对的对象是危害中国国家安全的恐怖活动犯罪。香港本地法律对其他恐怖活动犯罪也有所规定。香港本地法律的有关规定与香港国安法相互配合、协调，共同构成香港特区打击恐怖主义的法律支撑。

4. 勾结外国或者境外势力危害国家安全罪

《香港国安法》第二十九条对勾结外国或者境外势力危害国家安全罪的犯罪构成作出了规定。该条在第一款规定了两类行为可分别构成这项犯罪的行为，并在第三款明确规定，第一款规定涉及的境外机构、组织、人员，按共同犯罪定罪处刑。《香港国安法》第二十九条第一款规定的第一类勾结外国或者境外势力危害国家安全的犯罪行为是，为外国或者境外机构、组织、人员窃取、刺探、收买、非法提供涉及国家安全的国家秘密或者情报的；第二类犯罪行为是，请求外国或者境外机构、组织、人员实施，与外国或者境外机构、组织、人员串谋实施，或者直接或者间接接受外国或者境外机构、组织、人员的指使、控制、资助或者其他形式的支援实施该款列举的五种行为之一的。针对第二类犯罪行为所列举的五种行为分别是：对中国发动战争，或者以武力或者武力相威胁，对中国主权、统一和领土完整造成严重危害；严重阻挠香港特区政府或者中央政府制定和执行法律、政策，可能造成严重后果；操控、破坏香港特区选举并可能造成严重后果；对香港特区或者中国进行制裁、封锁或者采取其他敌对行动；通过各种非法方式引发香港居民对中央政府或香港特区政府的憎恨并可能造成严重后果。

（六）香港国安法效力范围

《香港国安法》第三章"罪行和处罚"的第六节是关于效力范围的规定，明确了香港国安法作为定罪处刑法律依据的适用范围。

《香港国安法》第三十六条规定了基于属地管辖原则的适用范围，即只要是在香港特区内实施香港国安法所规定的犯罪，就适用香港国安法；并进一步明确，只要犯罪的行为或者结果有一项发生在香港特别行政区内，就属于在香港特区内实施相关犯罪。此外，该条在第二款还明确规定，在香港注册的船舶或者航空器内实施的相关犯罪，也适用香港国安法。

《香港国安法》第三十七条规定了基于属人管辖原则的适用范围。该条规定："香港特别行政区永久性居民或者在香港特别行政区成立的公司、团体等法人或者非法人组织在香港特别行政区以外实施本法规定的犯罪的，适用本法。"这意味着，只要是香港永久性居民，或是在香港成立的法人组织和非法人组织，即使是在香港特区外的其他国家、地区实施相关犯罪，香港国安法仍然适用。

《香港国安法》第三十八条规定了基于保护管辖原则的适用范围。该条规定："不具有香港特别行政区永久性居民身份的人在香港特别行政区以外针对香港特别行政区实施本法规定的犯罪的，适用本法。"在打击危害国家安全犯罪和恐怖主义犯罪上施行保护管辖原则是包括德国、美国在内的各国通行做法，符合国际惯例。

《香港国安法》第三十九条规定："本法施行以后的行为，适用本法定罪处刑。"这既是法不溯及既往原则的体现，同时也明确了相关刑事条款仅适用于香港国安法施行以后的行为，即2020年6月30日之前的相关行为不适用香港国安法。

此外，《香港国安法》"附则"部分第六十二条明确规定："香港特别行政区本地法律规定与本法不一致的，适用本法规定。"这意味着当香港国安法与香港本地法律规定冲突时，均适用香港国安法。这是因为，香港国安法作为全国性法律，其法律位阶高于香港本地法律。

（七）案件管辖

《香港国安法》第四十条规定："香港特别行政区对本法规定的犯罪案件行使管辖权，但本法第五十五条规定的情形除外。"根据第五十五条规定，经特区政府或者中央人民政府驻香港特别行政区维护国家安全公署提出，并报中央批准后，中央人民政府驻香港特别行政区维护国家安全公署在三种情形下行使管辖权，分别是：案件涉及外国或者境外势力介入的复杂情况，香港特区管辖确有困难的；出现香港特区政府无法有效执行香港国安法的严重情况；出现国家安全面临重大现实威胁的情况。

上述规定明确了中央和香港在管辖权方面的分工，既彰显了中央维护国家安全的根本责任，也体现了香港维护国家安全的宪制责任，是"一国两制"原则的集中体现。首先，维护国家安全属中央事权，其管辖权整体上归属中央，从权力来源上看中央有权直接管辖。中央授权香港特区管理大多数案件，体现了授权与被授权的关系。其次，也体现了中央对香港特区全面管治权和香港高度自治权的有机结合。中央对香港的全面管治权包括中央直接行使的权力，中央授予香港行使的高度自治权，以及中央的监督权。香港国安法建立的案件管辖制度以及其他相关规定与之相互对应。最后，第五十五条的规定明确彰显了"一国两制"下维护国家安全应有的底线思维。

根据第五十六条，在适用第五十五条的情形下，相关案件由中央人民政府驻香港特别行政区维护国家安全公署立案侦查，由最高检指定机关行使检察权，最高法指定法院行使审判权；根据第五十七条，相关诉讼程序事宜适用刑事诉讼法。驻港国安公署和国家检察机关、司法机关行使相关管辖权,"针对的只是极少数情节严重、性质恶劣、影响重大的案件,并严格依照法定程序进行"。[①] 此外,香港管辖的涉及危害国家安全犯罪的案件范围还包括基本法第二十三条规定的七类危害国家安全犯罪,以及香港本地法律规定的相关犯罪。

(八)保守秘密和保护隐私

《香港国安法》第六十三条规定:"办理本法规定的危害国家安全犯罪案件的有关执法、司法机关及其人员或者办理其他危害国家安全犯罪案件的香港特别行政区执法、司法机关及其人员,应当对办案过程中知悉的国家秘密、商业秘密和个人隐私予以保密。担任辩护人或者诉讼代理人的律师应当保守在执业活动中知悉的国家秘密、商业秘密和个人隐私。配合办案的有关机构、组织和个人应当对案件有关情况予以保密。"

该条明确规定了三类主体保守国家秘密、商业秘密和个人隐私的保密义务。第一类是办理相关危害国家安全犯罪案件的执法、司法机关及其人员,以及办理其他危害国家安全犯罪案件的香港特区执法、司法机关及其人员。前者包括中央驻港的相关办案机关及其人员。第二类是担任辩护人、诉讼代理人的律师。第三类是配合办案的有关机构、组织和个人。其中,前两类主体均应当对其知悉的国家秘密、商业秘密和个人隐私予以保密。第三类主体的保密义务是针对案件的有关情况。

---

① 沈春耀:《关于〈中华人民共和国香港特别行政区维护国家安全法(草案)〉的说明》,载《全国人民代表大会常务委员会公报》2020年第3期。

三 焦点案例：全国人大常委会就黎智英案对香港国安法进行释法

（一）案件背景

香港居民黎智英系香港壹传媒创办人，是策动港版"颜色革命"的罪魁祸首之一。2020年8月10日，香港警务处国家安全处拘捕了黎智英等7人。黎智英在香港高等法院刑事案件2022年第51号案中被控四项罪行，包括《香港国安法》第二十九条规定的串谋勾结外国或者境外势力危害国家安全罪。黎智英申请聘请英国律师蒂姆·欧文作为其在本案中的代表大律师。但欧文无香港本地全面执业资格，且不懂中文，不能自行理解香港国安法的官方文本。2022年10月9日，香港高等法院首席法官潘兆初根据《法律执业者条例》第二十七条行使其自由裁量权，批准欧文以专案认许方式代表黎智英。2022年11月9日，香港高等法院上诉法庭副庭长关淑馨、朱芬龄和法官区庆祥组成的上诉庭驳回了律政司的上诉请求，其理由包括继续肯定了欧文作为著名法律专家能对该案带来积极作用，尊重原讼法官的自由裁量权，并认为案件"涉及对公众具有重大意义的法律问题的解决，这些问题将对国家安全法判例和煽动叛乱罪的发展产生重大影响。公众对审判公正性的看法对司法至关重要。法庭必须采取灵活和理智的方法，作出最符合公众利益的裁决"。2022年11月28日，香港终审法院首席法官张举能，常任法官李义、霍兆刚组成的上诉委员会作出裁定，最终拒绝了律政司的上诉申请。

（二）释法过程

2022年11月28日，行政长官李家超向国务院呈报了《关于黎智英案所涉香港国安法有关情况的报告》，建议提请全国人大常委会对香港国安法有关条款作出解释，阐明没有本地全面执业资格的海外律师参与国安案件是否符合国安法的立法原意和目的。国务院认为，有关问题关系香港国安法的正确实施，向全国人大常委会提交了《国务院关于提请解释〈中华人民共和国香港特别行政区维护国家安全法〉有关条款的议案》（下文称国务院释法议案）。

2022年12月27日，全国人大宪法和法律委员会向全国人大常委会提交了关于国务院释法议案的审议意见，认为"当前香港社会对于海外律师能否参与国安案件、香港国安法如何适用等问题产生了重大分歧"，全国人大常委会根据《宪法》第六十七条第四项和《香港国安法》第六十五条的有关规定对香港国安法有关条款进行释法是必要、恰当的。

2022年12月30日，第十三届全国人大常委会第三十八次会议审议了国务院释法议案，通过了《全国人民代表大会常务委员会关于〈中华人民共和国香港特别行政区维护国家安全法〉第十四条和第四十七条的解释》（下文称该解释）。

（三）释法结果

该解释首先明确了香港国安委根据《香港国安法》第十四条的规定承担香港特别行政区维护国家安全的法定职责，有权对是否涉及国家安全问题作出判断和决定,其工作信息不予公开,其决定不受司法复核,具有可执行的法律效力。香港任何行政、立法、司法等机构和任何组织、个人均不得干涉其工作,均应当尊重和执行香港国安委的决定。

其次,该解释明确了《香港国安法》第四十七条规定的含义。根据该条,特区法院在审理危害国家安全犯罪案件时,如果遇到关于有关行为是否涉及国家安全,或者有关证据材料是否涉及国家秘密的认定问题,应当向行政长官提出并取得行政长官发出的相关证明书,上述证明书对法院有约束力。

最后,该解释还明确了对相关情况、问题适用的法律依据。该解释指出,不具有全面执业资格的海外律师是否可担任危害国家安全犯罪案件的辩护人或者诉讼代理人的问题,属于《香港国安法》第四十七条所规定的需要认定的问题,应取得行政长官发出的证明书。如特区法院没有向行政长官提出并取得相关证明书,香港国安委应当根据《香港国安法》第十四条的规定履行法定职责,对有关情况和问题作出判断和决定。

2023年1月3日,欧文向香港入境处撤回其在工作签证下兼任黎智英案代表大律师的工作申请。2023年1月11日,香港国安委举行会议,讨论落实该解释。鉴于特区法院并未就欧文相关专案认许问题向行政长官提出并取得证明书,香港国安委决定,欧文"在本案中代表黎智英一事涉及国家安全,可能构成国家安全风险,不利于国家安全"。2023年2月17日,黎智英向高等法院原讼法庭提出原诉传票程序,要求宣告该解释不影响早前对欧文的专案认许批准的三次判决,或作出交替命令,由原讼法庭向行政长官提出并取得另两项问题的证明书。

2023年4月11日，黎智英提出司法复核程序申请，要求高等法院原讼法庭对香港国安委的决定，以及入境处处长拒绝欧文的兼任工作申请的决定作出司法复核。2023年5月19日，香港高等法院首席法官张举能对两项法律程序作出判决，一并撤销了该两项程序申请。

个人信息保护法

第十二讲
CHAPTER 12

第十二讲　个人信息保护法

扫码查阅法律

在信息化时代，个人信息保护已成为广大人民群众最关心、最直接、最现实的利益问题之一。2021年8月20日，个人信息保护法由第十三届全国人大常委会第三十次会议通过，自2021年11月1日起施行。本法坚持贯彻以人民为中心的法治理念，牢牢坚持保护人民群众个人信息权益的立法定位，聚焦个人信息保护领域的突出问题和人民群众的重大关切，在有关法律的基础上，进一步细化、完善个人信息保护应遵循的原则和个人信息处理规则，明确个人信息处理活动中的权利义务边界，健全个人信息保护工作体制机制，切实将广大人民群众网络空间合法权益维护好、保障好、发展好，努力使广大人民群众在数字经济发展中享受更多的获得感、幸福感、安全感。

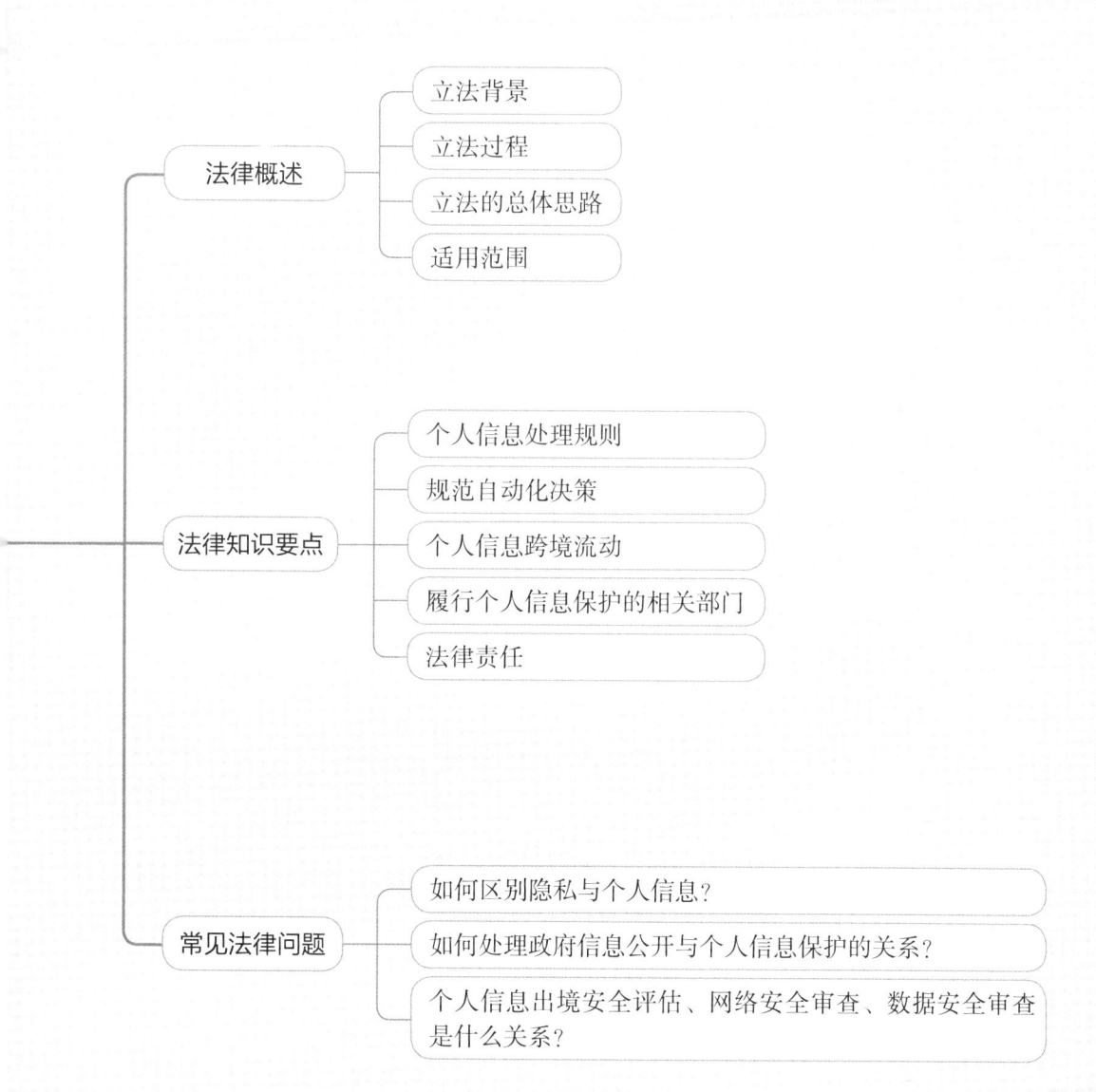

```
                    ┌─ 立法背景
                    ├─ 立法过程
        法律概述 ───┤
                    ├─ 立法的总体思路
                    └─ 适用范围

                        ┌─ 个人信息处理规则
                        ├─ 规范自动化决策
        法律知识要点 ───┤─ 个人信息跨境流动
                        ├─ 履行个人信息保护的相关部门
                        └─ 法律责任

                        ┌─ 如何区别隐私与个人信息？
        常见法律问题 ───┤─ 如何处理政府信息公开与个人信息保护的关系？
                        └─ 个人信息出境安全评估、网络安全审查、数据安全审查是什么关系？
```

一 法律概述

个人信息保护法是我国第一部个人信息保护方面的专门法律,加强了我国个人信息保护的法律制度保障,从而在个人信息保护方面形成更加完备的制度、提供更有力的法律保障;科学地协调个人信息权益保护与个人信息合理利用的关系,建立了权责明确、保护有效、利用规范的个人信息处理规则,从而在保障个人信息权益的基础上,促进了包括个人信息在内的数据信息的自由安全地流动与合理有效地利用,推动了数字经济的健康发展。

(一)立法背景

随着信息化与经济社会发展持续深度融合,网络已成为生产生活的新空间、经济发展的新引擎、交流合作的新纽带。近年来,我国个人信息保护力度不断加大,但在现实生活中,一些企业、机构甚至个人,从商业利益等出发,随意收集、违法获取、过度使用、非法买卖个人信息,利用个人信息侵扰人民群众生活安宁、危害人民群众生命健康和财产安全等。社会各界广泛呼吁出台专门的个人信息保护法,全国人大代表340人次提出39件议案、建议,全国政协委员提出32件提案。党中央高度重视网络空间法治建设,对个人信息保护立法工作作出部署。习近平总书记多次强调,要坚持网络安全为人民、网络安全靠人民,保障个人信息安全,维护公民在网络空间的合法权益,对加强个人信息保护工作提出明确要求。为及时回应广大人民群众的呼声和期待，落实党中央部署要求，制定一部个人信息保护方面的专门法律，将广大人民群众的个人信息权益实现好、维护好、发展好，具有重要意义。

（二）立法过程

制定个人信息保护法列入了第十三届全国人大常委会立法规划和年度立法工作计划。中央领导同志高度重视这项立法工作，多次作出指示批示。2018年，全国人大常委会法制工作委员会会同中央网络安全和信息化委员会办公室，着手研究起草个人信息保护法草案。在起草过程中，认真梳理研究近年来全国人大代表、全国政协委员提出的意见建议，召开座谈会听取部分全国人大代表的意见；委托专家组开展专题研究，搜集整理国内外立法资料，形成研究报告；通过多种方式深入调研，广泛征求有关部门、企业和专家等各方面意见。在上述工作基础上，经反复研究修改，形成《中华人民共和国个人信息保护法（草案）》。2021年8月20日，个人信息保护法由第十三届全国人大常委会第三十次会议通过，自2021年11月1日起施行。

（三）立法的总体思路

第一，坚持立足国情与借鉴国际经验相结合。从我国实际出发，深入总结网络安全法等法律法规、标准的实施经验，将行之有效的做法和措施上升为法律规范。从20世纪70年代开始，经济合作与发展组织、亚太经济合作组织和欧盟等先后出台了个人信息保护相关准则、指导原则和法规，有140多个国家和地区制定了个人信息保护方面的法律。个人信息保护法充分借鉴有关国际组织和国家、地区的有益做法，建立健全适应我国个人信息保护和数字经济发展需要的法律制度。

第二，坚持问题导向和立法前瞻性相结合。既立足于个人信息保护领域存在的突出问题和人民群众重大关切，建立完善可行的制度规范，又对一些尚有争议的理论问题，在个人信息保护法中留下必要空间，对新技术新应用带来的新问题，在充分研究论证的基础上作出必要规定，体现法律的包容性、前瞻性。

第三，处理好与有关法律的关系。我国分别于2012年通过《关于加强网络信息保护的决定》，确立了个人信息保护的基本原则；2016年通过网络安全法，建立了个人信息保护的主要制度规则；2020年通过民法典，将个人信息保护作为一项重要的民事权利作出规定。此外，在修改消费者权益保护法、广告法、刑法以及制定电子商务法时，对个人信息保护的有关问题作了规定。把握权益保护的立法定位，与民法典等有关法律法规相衔接、细化，充实个人信息保护制度规则。同时，与网络安全法、数据安全法相衔接，对于网络安全法、数据安全法确立的网络和数据安全监管相关制度措施，本法不再作规定。[1]

（四）适用范围

在中华人民共和国境内处理自然人个人信息的活动，适用本法。在中华人民共和国境外处理中华人民共和国境内自然人个人信息的活动，有下列情形之一的，也适用本法：（1）以向境内自然人提供产品或者服务为目的；（2）分析、评估境内自然人的行为；（3）法律、行政法规规定的其他情形。

---

[1] 《中华人民共和国个人信息保护法》，法律出版社2021年版，第25页。

三 法律知识要点

《个人信息保护法》共8章74条，涉及个人信息处理规则、依个人信息跨境提供的规则、个人在个人信息处理中的权利、个人信息处理者的义务、相关部门履行个人信息保护职能，以及相关法律责任等制度规范。

（一）个人信息处理规则

根据个人信息保护法的规定，个人信息的处理规则聚焦于以下三个层面：一是个人信息处理的一般规定。个人信息处理的法定事由具有具体性和明确性，且与知情同意处于平等地位。二是敏感个人信息的处理需要受到更加严格的限制。通过同意形式的强制、告知义务的强化、未成年人信息的保护，防止敏感个人信息被滥用。三是国家公权力机关的个人信息处理行为同样需要适用本法。国家机关的个人信息处理行为应当依照法律、行政法规规定的权限和程序进行，并符合必要性原则，不得超出履行法定职责所必需的范围和限度。

1. 个人信息处理一般规定

《个人信息保护法》第十三条为个人信息处理者处理个人信息提供了七种合法途径，而"取得个人的同意"（即"告知－同意"原则）仅为其中之一，这一立法原则，平衡了保护个人信息与促进个人信息合法利用，以及维护公共利益之间的关系。

首先，"告知－同意"为个人信息处理原则性条件。《个人信息保护法》第十三条明确规定了个人信息的处理规则。这一规定的目的在于规范个人信息处理活动、保障个人信息权益。处理个人信息应当在事先充分告知的前提下取得个人同意，也被称为"告知－同意"原则，是法律确立的个人信息保护核心规则，也是保障个人对其个人信息处理的知情权和决定权的重要手段。而针对现实生活中社会反映强烈的"一揽子"授权、强制同意等问题，《个人信息保护法》同样规定：个人信息处理者在处理敏感个人信息、向他人提供或公开个人信息、跨境转移个人信息等环节应取得个人的单独同意；明确个人信息处理者不得过度收集个人信息，不得以个人不同意为由拒绝提供产品或者服务；赋予个人撤回同意的权利，在个人撤回同意后，个人信息处理者应当停止处理或及时删除其个人信息。

其次，第十三条也同样规定了其他几类个人信息处理的合法事由。为了维护他人的合法权益、公共利益或者国家利益，特定情形之下法律允许处理者无须取得个人同意即可处理其信息。这些情形是法律对于个人信息权益的限制，它使得客观上属于"侵害"个人信息权益的处理行为，不被评价为不法行为，法律上不认为它是对法律秩序的破坏。

2. 敏感个人信息处理规则

《个人信息保护法》第二章第二节规定了敏感个人信息的处理规则。总的来看，敏感个人信息的处理规则是个人信息保护中最重要的部分之一，涉及多个部门法协力保护。从规范位阶上看，除民法典、刑法这些位阶较高的法律之外，对其具体处理规则细化的多为部门规章及规范性文件，故个人信息处理方应对这些细化规则予以充分注意。第二十八条第一款是对敏感个人信息的定义条款，采用属加种差的方式予以规定。

敏感个人信息属于个人信息的下位概念。2020年3月6日发布的《信息安全技术　个人信息安全规范》对该概念的规定是"一旦泄露、非法提供或滥用可能危害人身和财产安全，极易导致个人名誉、身心健康受到损害或歧视性待遇等的个人信息"，而本法对于敏感个人信息的定义与其基本保持一致，但是将"个人名誉、身心健康受到损害或歧视性待遇"抽象概括为"人格尊严"，与宪法、民法典人格权编中有关人格尊严保护的规定相衔接，提高了保护力度，扩大了保护范围，保持了法律体系的统一。《个人信息保护法》第二十九条同样为处理敏感个人信息的情形设置了单独同意规则。同时对法律、行政法规在例外情况下收集敏感信息的规则设置了更高的门槛，要求必须取得书面同意。例如《征信业管理条例》就处理涉及金融类个人敏感信息时要求必须取得书面同意进行了规定。

3.国家机关处理个人信息特殊规则

《个人信息保护法》第三十四条规定，国家机关为履行法定职责处理个人信息，应当依照法律、行政法规规定的权限、程序进行，不得超出履行法定职责所必需的范围和限度。本条规定了国家机关处理个人信息的一般原则。在国家机关作为处理者时，个人信息处理活动体现出更为明显的主体地位的不平等性和单方强制性，为避免国家权力被滥用或过度扩张，本条在国家机关处理个人信息活动中引入了法治国家的二项原则，即职权法定、程序法定和比例原则，来限制国家权力行使。《数据安全法》第三十八条也作出了类似限制："国家机关为履行法定职责的需要收集、使用数据，应当在其履行法定职责的范围内依照法律、行政法规规定的条件和程序进行；对在履行职责中知悉的个人隐私、个人信息、商业秘密、保密商务信息等数据应当依法予以保密，不得泄露或者非法向他人提供。"

对国家机关处理个人信息的规则，可以从以下三个方面理解：一是坚持职权法定，即国家机关处理个人信息，必须具有法律、行政法规的明确授权，即不得在法定授权之外行事。与私人主体处理个人信息须经信息主体授权同意不同，本法第十三条和第三十四条明确了国家机关为履行法定职责或者法定义务"所必需"不需要取得个人同意。其正当性基础在于，国家机关所享有的国家权力本身即公民集体以立法形式将其权利向国家机关的让渡，内在地赋予其为履行公共职能处理个人信息的法定职责，即"同意"本身以立法规范的形式确定下来。这一正当性基础决定了国家机关处理个人信息必须严格依照法定授权进行。关于职权法定的法律渊源范围，实践中存在宪法、法律、行政法规、地方性法规以及行政规章授权等不同形式，本条在此也明确了仅法律、行政法规授权能够成为个人信息处理的合法性基础，其他情形被排除在外。二是坚持程序法定原则，即国家机关为履行法定职责处理个人信息，应当依照法律、行政法规规定的程序进行。依此原则，国家机关任何减损公民、法人和其他组织合法权益或者增加其义务的行为，都应当依照法定程序进行，不得在法定程序之外增减程序，从而避免当事人遭受不公正的待遇并保障其获得救济。在个人信息处理中也应当遵循此原则，未经法定条件和程序，即使在法定职责范围内也不得收集个人数据。举例而言，如根据《刑事诉讼法》第一百三十八条第一款，进行搜查，必须向被搜查人出示搜查证，否则将构成对法定程序之违反而不具有个人信息收集的正当性。三是严守比例原则，即国家机关为履行法定职责处理个人信息，不得超出履行法定职责所必需的范围和限度。虽然国家机关权力的行使有法律上的依据，但必须选择使相对人利益受到限制或损害最小的方式来行使，并且使其对相对人个人利益造成的损害与所追求的行政目的或所要实现的公共利益相适应，从而达到既实现公共利益又保护公民合法权益的目的。具体则包括妥当性原则、必要性原则和狭义的比例原则。妥当性原则要求国家机关收集个人信息必须是符合履行法定职责的手段；必要性原则要求国家机关在履行法定职责时，应选择对公民权益损害最少的方式，即在最小范围内处理个人信息；狭义的比例原则是指国家机关措施与目的之间必须合比例或相称，即其职责履行与对公民个人信息处理手段之间不能显失均衡。

（二）规范自动化决策

《个人信息保护法》第二十四条规定：个人信息处理者利用个人信息进行自动化决策，应当保证决策的透明度和结果公平、公正，不得对个人在交易价格等交易条件上实行不合理的差别待遇。通过自动化决策方式向个人进行信息推送、商业营销，应当同时提供不针对其个人特征的选项，或者向个人提供便捷的拒绝方式。通过自动化决策方式作出对个人权益有重大影响的决定，个人有权要求个人信息处理者予以说明，并有权拒绝个人信息处理者仅通过自动化决策的方式作出决定。

1. 自动化决策的界定

所谓自动化决策（automated decision-making），《个人信息保护法》第七十三条将其界定为"通过计算机程序自动分析、评估个人的行为习惯、兴趣爱好或者经济、健康、信用状况等，并进行决策的活动"。

自动化决策应用范围越来越广，也带来了很多的问题，对隐私和个人信息保护，甚至社会公共利益以及国家利益造成不同程度的挑战。一方面，从决策程序上来看，自动化决策存在决策责任人缺失，受自动化决策影响的个人没有质疑、反对或参与决策的机会，失去正当程序的保障。另一方面，从决策的结果来看，自动化决策对个体偏好的预测与迎合，将威胁个人隐私和自由，损害公民个体的自主性，操控人们生活。

因此，《个人信息保护法》第二十四条对利用个人信息进行自动化决策作出了相应的调整。一是要求个人信息处理者利用个人信息进行自动化决策时，必须保证决策的透明度和结果的公平、公正，尤其是不得对个人在交易价格等交易条件上实行不合理的差别待遇。二是要求个人信息处理者通过自动化决策方式进行信息推送、商业营销时，应当同时提供不针对其个人特征的选项，或者向个人提供便捷的拒绝方式。三是赋予个人要求处理者予以说明的权利和拒绝权，即通过自动化决策方式作出对个人权益有重大影响的决定的，个人有权要求个人信息处理者予以说明，并有权拒绝个人信息处理者仅通过自动化决策的方式作出决定。

2.强化个人信息处理者的义务

首先，利用个人信息进行自动化决策，应当保证决策的透明度和结果公平、公正，不得对个人在交易价格等交易条件上实行不合理的差别待遇。自动化决策最大的问题就是算法的不透明，因此保证决策的透明度也就保障了自动化决策的可追责性，将责任主体直接确定为利用个人信息进行自动化决策的处理者。其次，利用个人信息进行自动化决策的个人信息处理者还要保证结果的公平与公正，不得对个人在交易价格等交易条件上实行不合理的差别待遇。

3. 信息主体拥有要求说明和拒绝的权利

通过自动化决策方式作出对个人权益有重大影响的决定，个人有权要求个人信息处理者予以说明，并有权拒绝个人信息处理者仅通过自动化决策的方式作出决定。个人在处理者通过自动化决策方式而作出对个人权益有重大影响的决定时，有要求个人信息处理者予以说明的权利。如果处理者不予说明，个人有权向履行个人信息保护职责的部门进行投诉和举报。要求说明的权利在一定程度上矫正了自动化决策中正当程序保障的缺失，保障个人对自动化决策的知情权和参与权。

（三）个人信息跨境流动

事实上，网络安全法和数据安全法已对数据跨境流动作出相关规范。与此同时，个人信息保护法在前述两部法律的基础上，对于个人信息跨境提供作出了具体的规定。首先，《个人信息保护法》第四十条不仅要求关键信息基础设施运营者，而且要求处理个人信息达到国家网信部门规定数量的个人信息处理者，均应将在我国境内收集和产生的个人信息存储在境内。如果前述两类主体确需向境外提供个人信息的，应当通过国家网信部门组织的安全评估，除非法律、行政法规和国家网信部门规定可以不进行安全评估。至于关键信息基础设施运营者以及处理个人信息达到国家网信部门规定数量的个人信息处理者以外的其他个人信息处理者，如因业务等需要，确需向我国境外提供个人信息的，依据《个人信息保护法》第三十八条，这些处理者在符合一定的条件时可以提供，从而保障数据跨境的自由流动。其次，针对国际执法合作中要求提供存储在我国境内的个人信息的情形，《个人信息保护法》第四十一条规定，我国主管机关根据有关法律和我国缔结或者参加的国际条约、协定，或者按照平等互惠原则，处理外国司法或者执法机构关于提供存储于境内个人信息的请求。非经我国主管机关批准，个人信息处理者不得向外国司法或者执法机构提供存储于中华人民共和国境内的个人信息。再次，为了将来我国和其他国家缔结的条约或者参加的国际条约、协定中对于跨境提供个人信息作出相应的安排，《个人信息保护法》第三十八条第二款规定，我国缔结或者参加的国际条约、协定对向我国境外提供个人信息的条件等有规定的，可以按照其规定执行。最后，为了保障个人权利，防止个人信息跨境提供损害个人权益，《个人信息保护法》第三十九条规定，个人信息处理者向我国境外提供个人信息的，应当向个人告知境外接收方的名称或者姓名、联系方式、处理目的、处理方式、个人信息的种类以及个人向境外接收方行使个人信息保护法规定权利的方式和程序等事项，并取得个人的单独同意。

（四）履行个人信息保护的相关部门

个人信息保护法明确了负责个人信息保护的部门、层级以及职责。个人信息保护是复杂的工作：一方面涉及保护，防控个人信息被滥用的风险；另一方面涉及发展，需要推动数据开放利用促进数字化发展。在这两种相互冲突的价值间取得较好的平衡是个人信息保护工作的重点。由于价值的多元化，因此很难由一个部门独立负责管理，需要通过各相关部门在自身职责范围内共同驱动，才能有效实现个人信息保护工作的稳步开展。根据目前个人信息保护工作实践，涉及的部门包括网信办、工信部、公安部、市场监督管理总局，同时还有交通运输部、文旅部、银保监会等部门从行业主管的角度开展本行业个人信息保护和监管工作。

《个人信息保护法》第六十条规定：国家网信部门负责统筹协调个人信息保护工作和相关监督管理工作。国务院有关部门依照本法和有关法律、行政法规的规定，在各自职责范围内负责个人信息保护和监督管理工作。县级以上地方人民政府有关部门的个人信息保护和监督管理职责，按照国家有关规定确定。

这一规定延续了《网络安全法》第八条确立的"网信部门统筹协调＋有关部门分散监管"的立法模式。其中，国家网信部门负责统筹协调网络安全工作和相关监督管理工作，国务院电信主管部门、公安部门和工信部门应当依照有关法律、行政法规的规定在各自职责范围内承担相应的个人信息保护职责，而"其他有关机关"主要指的是电子商务法、电子签名法、商业银行法、消费者权益保护法、传染病防治法、居民身份证法、护照法、测绘法、档案法、律师法、执业医师法、旅游法、广告法等法律对应的主管部门，这些机关都应当在各自职责内依法履行监管职能。

总之，个人信息保护法中明确形成由网信办统筹协调，各相关部门分别在职责范围内履责的个人信息监管模式。而随着个人信息保护法的落地实施，个人信息监管执法措施将会越来越多元化。例如，从第六十三条规定来看，除了常规的询问、调查手段外，由于个人信息保护的技术性，监管执法将更多采取技术措施，如在实施现场检查时，对个人电脑和服务器封存后进行技术检验，与相关合同、记录交叉验证后确认个人信息处理活动是否违法违规。随着企业尤其是互联网企业的技术突飞猛进，监管部门也需要与时俱进，及时、充分了解数据处理、存储等的前沿技术，协同技术人员进行个人信息保护的监管执法，才能确保无死角地消除个人信息安全隐患。

（五）法律责任

"个人信息保护法"设专章说明违反个人信息保护法所触发的行政责任、民事责任和刑事责任，并为个人权益保护引入了公益诉讼制度。违法主体承担行政责任不仅依据个人信息保护法的内容，也受刑法、治安管理处罚条例、公职人员政务处分法等法规的约束。因此，个人信息保护相关的行政处罚具有专门性行政处罚和一般性行政处罚相结合的特点。

首先，在行政责任方面，根据个人信息处理的不同情况，对违法处理个人信息的行为设置了不同梯次的处罚。对未造成严重后果的轻微或一般违法行为，可由执法部门责令改正、给予警告、没收违法所得，对拒不改正的最高可处一百万元罚款；对情节严重的违法行为，最高可处五千万元或上一年度营业额百分之五的罚款，并可以对相关责任人员作出相关从业禁止的处罚。同时，个人信息保护法还专门规定，对违法处理个人信息的应用程序，可以责令暂停或终止提供服务。

其次，在民事责任方面，个人信息保护法明确：处理个人信息侵害个人信息权益造成损害的，个人信息处理者如不能证明自己没有过错，应当承担损害赔偿等侵权责任。同时，个人信息保护法还对侵害众多个人权益的民事公益诉讼作了规定。

最后，在刑事责任方面，违法主体承担刑事责任需严格遵循"罪刑法定"原则。《刑法修正案（九）》将"出售、非法提供公民个人信息罪"、"非法获取公民个人信息罪"调整为"侵犯公民个人信息罪"，同时对特殊主体予以加重处罚,明确了单位构成该罪应并罚,并扩大了刑罚处罚区间。由此,"侵犯公民个人信息罪"成为违反个人信息法律规定的主要刑事责任类型。与此同时,侵犯公民个人信息罪与非法利用信息网络罪、拒不履行信息网络安全管理义务罪等罪名具有关系。犯罪类型的发展变化趋势反映了个人信息权益保护的客观需求,有利于实现对个人信息的全面、有效保护。

三 常见法律问题

(一)如何区别隐私与个人信息?

《民法典》人格权编第六章"隐私权与个人信息保护"将隐私权与个人信息保护规定在一起,是因为二者存在密切的联系,但作为两个不同的权益,它们也存在明显的差异,具体表现在以下几方面。

一是性质不同。隐私权作为一项人格权,性质上属于绝对权和支配权,具有对世效力,任何组织或个人都必须尊重隐私权,不得对之加以侵害或妨碍。但是,我国民法典并未将个人信息权益确认为绝对权和支配权,对个人信息的保护必须协调自然人权益的保护与信息自由和合理使用之间的关系。二是侵害行为的类型不同。侵害隐私权行为的类型很多,未经权利人明确同意而处理私密信息的行为只是侵害隐私权的行为中的一类。而且,未经同意而处理他人的私密信息这一侵害隐私权行为的主体可以是任何主体。而个人信息的保护主要适用于个人信息处理活动,规范的是处理者从事个人信息的收集、存储、使用、加工、传输、提供、公开等活动。纯粹的私人或家庭活动中对个人信息的处理活动，不适用个人信息保护的规定。三是许可使用上的不同。隐私权人可以自行处分权利，但原则上是不能许可他人使用或商业化利用。但个人信息，尤其是非私密的个人信息，自然人可以许可他人使用，从而促进网络信息产业和数字经济的发展。

（二）如何处理政府信息公开与个人信息保护的关系？

政府信息是指行政机关在履行行政管理职能过程中制作或者获取的，以一定形式记录、保存的信息（《政府信息公开条例》第二条）。要保证人民的知情权，使人民能够监督政府，就必须实现政府信息公开。依据《政府信息公开条例》，行政机关公开政府信息，应当坚持以公开为常态、不公开为例外，遵循公正、公平、合法、便民的原则。除了该条例第十四至十六条规定的政府信息外，政府信息应当公开。该条例第十五条规定："涉及商业秘密、个人隐私等公开会对第三方合法权益造成损害的政府信息，行政机关不得公开。但是，第三方同意公开或者行政机关认为不公开会对公共利益造成重大影响的，予以公开。"

由此可见，原则上对于涉及个人信息甚至隐私的政府信息，公开会损害他人的合法权益，故此不得公开，但是第三方同意公开或行政机关认为不公开会对公共利益造成重大影响的，即便该政府信息涉及个人隐私或个人信息，也应当公开。即基于公共利益的考虑而对自然人的隐私权和个人信息权益作出限制。此外，依据《最高人民法院关于审理政府信息公开行政案件若干问题的规定》第五条第二款的规定，因公共利益决定公开涉及商业秘密、个人隐私政府信息的，则应当对认定公共利益以及不公开可能对公共利益造成重大影响的理由进行举证和说明。

（三）个人信息出境安全评估、网络安全审查、数据安全审查是什么关系？

网络安全审查是依据国家安全法、网络安全法的规定建立的制度。《国家安全法》第五十九条规定，国家建立国家安全审查和监管的制度和机制，对影响或者可能影响国家安全的外商投资、特定物项和关键技术、网络信息技术产品和服务、涉及国家安全事项的建设项目，以及其他重大事项和活动，进行国家安全审查，有效预防和化解国家安全风险。《网络安全法》第三十五条规定，关键信息基础设施的运营者采购网络产品和服务，可能影响国家安全的，应当通过国家网信部门会同国务院有关部门组织的国家安全审查。数据安全审查则是《数据安全法》明确规定的制度，该法第二十四条规定："国家建立数据安全审查制度，对影响或者可能影响国家安全的数据处理活动进行国家安全审查。依法作出的安全审查决定为最终决定。"

个人信息跨境提供中的安全评估与网络安全审查、数据安全审查既有联系也有区别。联系在于，个人信息跨境提供时，如果提供个人信息的是关键信息基础设施运营者和处理个人信息达到国家网信部门规定数量的个人信息处理者，该处理者不仅应当通过国家网信部门组织的安全评估，还必须进行网络安全审查和数据安全审查。而且，国家网信部门组织的安全评估本身也是网络安全审查的重要组成部分。但是，网络安全审查和数据安全审查的范围要大于个人信息跨境提供时的安全评估。依据网络安全法和数据安全法的规定，关键信息基础设施运营者采购网络产品和服务，数据处理者开展数据处理活动，只要影响或可能影响国家安全的，都必须进行网络安全和数据安全审查。